Hieroglyphen lesen

Aus dem vierten Jahrhundert nach Christus datieren die letzten Hieroglyphen, die heiligen Schriftzeichen der altägyptischen Bilderschrift. Sie wurden von Bildhauern in den Stein prachtvoller Tempelbauten gehauen. Dann verschwand diese Handwerkskunst auf immer, und das Rätsel um die Bedeutung und Entzifferung der sprichwörtlichen »Geheimschrift« des ohnehin von Geheimnissen umgebenen alten Ägypten ließ Forscher, Gelehrte, Reisende und Amateure nicht ruhen. Jean-François Champollion gelang es 1822, die Hieroglyphen zu entschlüsseln. Ihre Faszination und Magie sind geblieben: Wer steht nicht staunend in den Museen der Welt und wünschte, ein paar von diesen »Gotteswörtern« lesen zu können? Das ist gar nicht so schwer, vermittelt Hilary Wilson in diesem anschaulichen Führer. Schritt für Schritt erschließt sie einen praktikablen »Grundwortschatz«, der zum Lesen einlädt und auch einen spannenden Einblick in das altägyptische Leben bietet.

Hilary Wilson, geboren in Middlesex, England, Mathematikdozentin an der University of Leicester, ist passionierte Ägyptologin und unterrichtet ihr Fach an der University of Southampton. Sie verfaßte Unterrichtswerke auch für die Erwachsenenbildung, und 1988 erschien ihr erstes Buch ›Egyptian Food and Drink‹. Hilary Wilson lebt mit Mann und vier Kindern in Southampton.

Hilary Wilson

Hieroglyphen lesen

Aus dem Englischen von Peter E. Maier

Bechtermünz

Dieses Buch beinhaltet die schriftliche Aufarbeitung eines Kurses mit dem Titel »Name, Rang und Zahl im Alten Ägypten«, den ich im Mai 1992 in Southampton abgehalten habe. Es verdankt seine Entstehung der Begeisterung und Einsatzbereitschaft meiner Studenten sowie der Unterstützung und dem Verständnis meiner Familie.
Die Landkarten hat Peter Funnell, ein befreundeter Ägyptenfan, entworfen.

Titel der englischen Originalausgabe: Understanding Hieroglyphs

Genehmigte Lizenzausgabe für Weltbild Verlag GmbH, Augsburg 2001

Gestaltung, Layout und Satz: Offizin Wissenbach, Höchberg bei Würzburg
Einbandgestaltung: Studio Höpfner-Thoma, München
Einbandmotiv: AKG, Berlin
Gesamtherstellung: Clausen & Bosse, Leck
Printed in Germany
ISBN 3-8289-0770-9

2004 2003 2002 2001

Die letzte Jahreszahl gibt die aktuelle Lizenzausgabe an.

INHALT

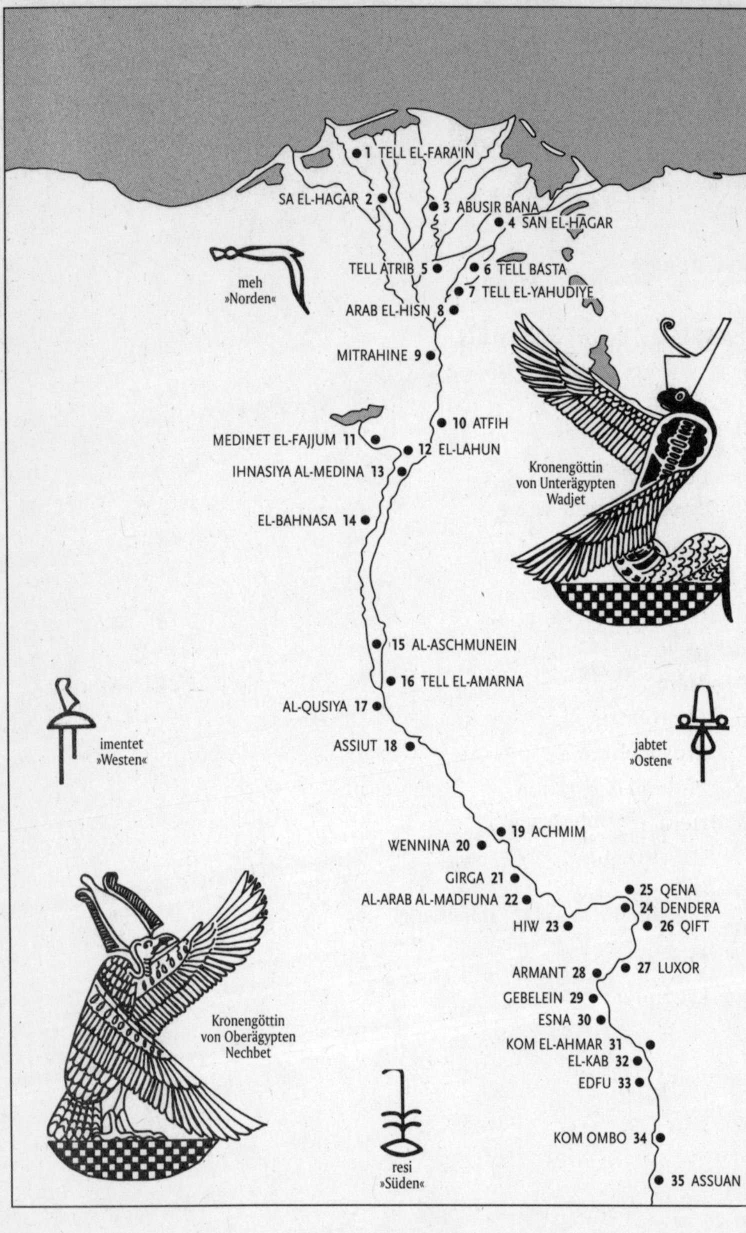
1 TELL EL-FARA'IN
SA EL-HAGAR 2
3 ABUSIR BANA
4 SAN EL-HAGAR
TELL ATRIB 5
6 TELL BASTA
7 TELL EL-YAHUDIYE
ARAB EL-HISN 8
MITRAHINE 9
10 ATFIH
MEDINET EL-FAJJUM 11
12 EL-LAHUN
IHNASIYA AL-MEDINA 13
EL-BAHNASA 14
15 AL-ASCHMUNEIN
16 TELL EL-AMARNA
AL-QUSIYA 17
ASSIUT 18
19 ACHMIM
WENNINA 20
GIRGA 21
AL-ARAB AL-MADFUNA 22
HIW 23
24 DENDERA
25 QENA
26 QIFT
27 LUXOR
ARMANT 28
GEBELEIN 29
ESNA 30
KOM EL-AHMAR 31
EL-KAB 32
EDFU 33
KOM OMBO 34
35 ASSUAN
meh
»Norden«
Kronengöttin
von Unterägypten
Wadjet
imentet
»Westen«
jabtet
»Osten«
Kronengöttin
von Oberägypten
Nechbet
resi
»Süden«

KLASSISCHE ORTSNAMEN

1	Buto	19	Panopolis
2	Sais	20	Athribis
3	Busiris	21	Thinis
4	Tanis	22	Abydos
5	Athribis	23	Diospolis Parva
6	Bubastis	24	Tentyris
7	Leontopolis	25	Kaine
8	Heliopolis	26	Coptos
9	Memphis	27	Theben, Diospolis Magna
10	Aphroditopolis	28	Hermonthis
11	Krokodilopolis	29	Aphrodiopolis
12	Ptolemais Hormos	30	Latopolis
13	Herakleopolis Magna	31	Hierakonpolis
14	Oxyrhynchus	32	Eileithyiaspolis
15	Hermopolis	33	Apollinopolis Magna
16	–	34	Ombos
17	Cusae	36	Syene
18	Lycopolis		

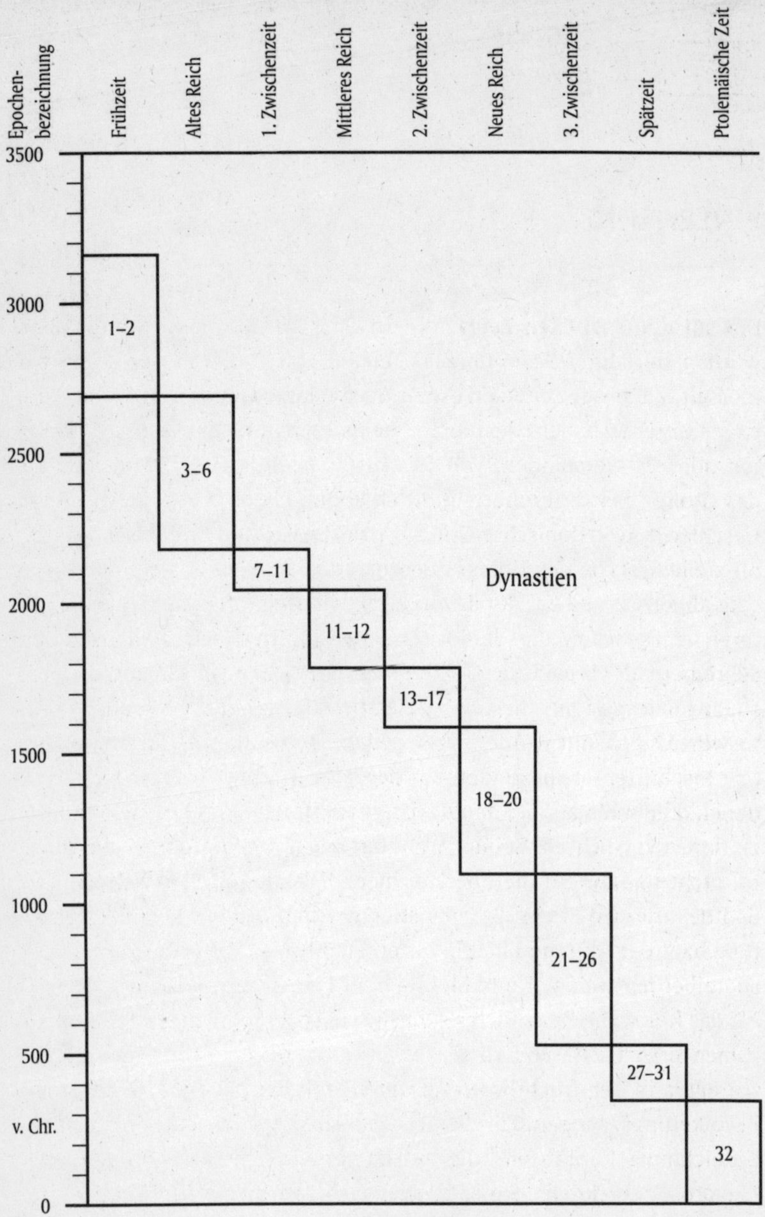
Epochen-
bezeichnung
Frühzeit
Altes Reich
1. Zwischenzeit
Mittleres Reich
2. Zwischenzeit
Neues Reich
3. Zwischenzeit
Spätzeit
Ptolemäische Zeit
3500
3000
2500
2000
1500
1000
500
v. Chr.
0
1–2
3–6
7–11
11–12
13–17
18–20
21–26
27–31
32
Dynastien

mdu-netjer
»Gotteswörte«

EINLEITUNG

Die auf den spätesten Zeitpunkt datierten ägyptischen Hieroglyphen wurden im Jahre 394 n. Chr. im Tempel von Philae in den Stein gemeißelt. Zu dieser Zeit kann es nur noch relativ wenige ägyptische Bildhauer gegeben haben, die die Zeichen, die man sie meißeln ließ, kannten oder gar verstanden. Von 323 bis 30 v. Chr., vom Tod Alexanders des Großen bis zur Eroberung durch Rom, herrschte über Ägypten ein Geschlecht makedonischer Griechen, die Ptolemäer. Griechisch war die offizielle Sprache des Hofes. Wichtige Dekrete wurden aber zweisprachig abgefaßt, und bei der ägyptischen Version trat an die Stelle der älteren hieratischen die demotische Verwaltungsschrift, die von den Schreibern als »Schrift der Dokumente« bezeichnet wurde und die man sogar für Inschriften in Stein einsetzte. Hieroglyphen, die auch »Gotteswörter« genannt wurden, verwendete man weiterhin für monumentale Inschriften, insbesondere an den prachtvollen Tempelbauten, mit denen die Ptolemäer bei den Ägyptern und ihren Göttern Anerkennung zu finden versuchten. Bei der Wahl der Zeichen achtete man allerdings oft nicht so sehr auf die überkommene Schreibweise als vielmehr auf den dekorativen Effekt. Bei manchen Zeichen änderte sich die Bedeutung bzw. der Laut, und häufig unterliefen Fehler, wenn die Vorlage der Schreiber mit Hammer und Meißel oder Pinsel umgesetzt wurde.
Als das Römische Reich sich schließlich auch Ägypten einverleibt hatte, kamen griechische und römische Einwanderer ins Land. Sie stellten, vor allem in den fruchtbaren Agrargebieten des Nordens, recht große Bevölkerungsgruppen. Für die gewöhnlichen Ägypter bürgerte sich die Bezeichnung Kopten ein, die auf das griechische Wort für Ägypten, Aigyptos, zurückgeht. Sie bedienten sich natürlich weiterhin der Lan-

dessprache, aber da sie zum größten Teil Analphabeten waren, erlebte die Schriftsprache einen raschen Niedergang. Die Einwanderer kamen mit keiner der ägyptischen Schriften zurecht: sie sprachen griechisch. Die ägyptische Volkssprache – das Koptische – wurde erst in christlicher Zeit wieder geschrieben. Die koptische Schrift erlebte erst ab dem 3. Jahrhundert n. Chr. ihren Aufschwung. Man schrieb mit Hilfe des griechischen Alphabets und sieben Zusatzzeichen, die aus dem Demotischen abgeleitet waren und für Laute gebraucht wurden, die im Griechischen nicht vorkamen.

Der Hieroglyphenschrift bedienten sich während der letzten Jahrhunderte ihrer Existenz immer weniger Schreiber mit immer dürftigeren Fertigkeiten. Bedeutende Arbeiten von Gelehrten waren griechisch geschrieben – nicht zuletzt die um das 3. Jahrhundert entstandene Geschichte Ägyptens des ägyptischen Priesters Manetho. Im 5. Jahrhundert n. Chr. verfaßte ein anderer ägyptischer Priester mit dem griechisch-ägyptischen Namen Hor-Apollo ein Buch, das für viele Jahrhunderte einen sehr großen Einfluß auf die Erforschung der Hieroglyphen haben sollte. Hor-Apollo listet Hieroglyphen auf und interpretiert sie, hat die Schrift seiner Vorfahren aber gründlich mißverstanden, was man schon daran sieht, daß er darauf beharrt, daß jedes Zeichen eine einzige bildidentische oder symbolische Bedeutung habe. Leider galt Hor-Apollo als Kenner, und sein Werk diente allen, die sich nach ihm mit den Hieroglyphen befaßten, als Wegweiser.

Die koptische Schrift wurde ab dem 3. Jahrhundert n. Chr. immer bedeutsamer. Grund dafür war, daß mit dem aufkommenden Christentum die Bibel und andere christliche Texte ins Ägyptische übersetzt wurden. Neben den Übersetzungen wurden auch Originaltexte geschrieben, und selbst im administrativen Bereich verdrängte die geschriebene koptische Sprache zum Teil das Griechische.

Das Koptische überlebte sogar die arabische Eroberung in den Jahren 639–642 n. Chr. und dient noch heute als Sprache der Liturgie der christlich-orthodoxen Kirche Ägyptens. Als erster europäischer Gelehrter identifizierte Pater Athanasius Kircher das Koptische als Überbleibsel der Volkssprache der alten Ägypter. Seine These setzte sich jedoch nicht durch, und seine Versuche, hieroglyphische Inschriften zu übersetzen, fielen äußerst spekulativ, um nicht zu sagen unsinnig aus. Das Wörterbuch und die Grammatik des Koptischen, die er veröffentlichte, weil er die Bedeutung dieser Sprache für die Entzifferung der Hieroglyphen erkannt hatte, wurde hingegen zum unerläßlichen Handwerkszeug aller angehenden Ägyptologen. Einer von ihnen war Jean-François Champollion, dem es schließlich gelang, die Hieroglyphenschrift zu entschlüsseln, und der 1823 sein *Précis du Système hiéroglyphique* veröffentlichte.

So war die Hieroglyphenschrift mehr als 1500 Jahre lang unlesbar gewesen. Angesichts ihres ästhetischen Reizes und ihres Gebrauchs in unverkennbar sakralen Bauten wie den großen Tempeln, die seit Jahrhunderten bereits europäische Touristen anzogen, verwunderte es nicht, daß man in diesen wundervollen Bildern zahlreiche esoterische Geheimnisse vermutete. Man sah in Ägypten einen Quell des Geheimnisvollen und Magischen. Ein gutes Beispiel dafür ist die englische Bezeichnung der Zigeuner, ein Volk, das ebenfalls als geheimnisvoll galt und dem man mit Mißtrauen begegnete. »Gypsies« wurden sie genannt, was eindeutig von egyptians, »Ägypter«, abzuleiten ist. Die enge Verknüpfung alles Ägyptischen mit dem Geheimnisvollen findet man auch in der Alchemie, der pseudowissenschaftlichen Suche nach dem Stein der Weisen, der seinem Besitzer die Kraft verleihen sollte, unedle Metalle in Gold zu verwandeln. Das Wort »Alchemie« geht auf den arabischen Ausdruck »das von *Kem*« zurück, und *Kemmet* ist die altägyptische Bezeichnung für Ägypten. Folglich verdankt auch der seriöse Abkömmling der Alchemie, die Wissenschaft Chemie, ihren Namen, wenn auch nicht ihren Ursprung, dem alten Ägypten.

Der Schlüssel zum Verständnis der Hieroglyphenschrift wurde aus ganz verschiedenen Gründen gesucht. Manche Philosophen hofften, eine alte, dem Vergessen anheimgefallene Weisheit zu finden. Religiöse Gelehrte erhofften sich die Bestätigung biblischer Geschichten und den Nachweis, daß Gestalten wie Abraham, Josef und Moses wirklich gelebt hatten. Eigennützigere Forscher glaubten, daß ihnen die Entzifferung der Hieroglyphen das Geheimnis der Schätze der Pharaonen enthüllen und zu unermeßlichem Reichtum verhelfen würde. Nur die echten Wissenschaftler betrachteten die Entzifferung der Schrift als Ziel an sich, und nur sie wurden nicht enttäuscht. Bei all ihrer dekorativen Wirkung sind Hieroglyphen eben doch nur ein Mittel zum Aufschreiben von Wörtern. Gelegentlich haben diese Wörter einen philosophischen, historischen oder religiösen Inhalt, meistens handelt es sich aber um ganz einfache Texte mit sich häufig wiederholenden Standardformeln. In den großen Museen der Welt findet man viele großartige ägyptische Kunstwerke, darunter auch Statuen, Reliefs und Gemälde mit Hieroglypheninschriften. Als man sie übersetzen konnte, stellte sich heraus, daß es sich bei den am häufigsten vorkommenden Wörtern und Wortfolgen um Namen und Titel von Göttern und Königen handelt sowie um einfache Formeln und Gebete. Selbst bei den großartigsten Baudenkmälern, wie in der Tempelstadt von Karnak und den Grabbauten im Tal der Könige, kommen in den Inschriften immer und immer wieder diese Namen und Beinamen vor. Namen, Titel und Beifügungen, wie die teilweise aus Zahlen bestehenden Datumsangaben, gehören zu den hieroglyphischen Inschriften, die am leichtesten zu erkennen und häufig in den verfügbaren Inschriften zu finden sind. Sie können als ideales Übungsfeld für Hobbyägyptologen gelten, die Grundkenntnisse im Lesen des Ägyptischen erwerben wollen. Außerdem vermitteln sie Hintergrundinformationen über die kulturelle und gesellschaftliche Bedeutung dieser Ausdrücke und ermöglichen neben einer einfachen Leseübung eine Annäherung an die Gesellschaft, die sie hervorgebracht hat.

GRUNDREGELN FÜR DAS LESEN VON HIEROGLYPHEN

Ägyptische Hieroglyphen wurden in Zeilen oder Kolumnen geschrieben, mal von rechts nach links, mal von links nach rechts. Um zu sehen, in welche Richtung ein Text zu lesen ist, braucht man sich nur die Menschen- und Tierfiguren anzusehen, die stets dem Beginn der Zeile oder der Anfangskolumne zugekehrt sind. Die zweite Grundregel besagt, daß man von oben nach unten liest. Das gilt nicht nur für die Kolumnen, sondern auch dann, wenn in einer Zeile mehrere Zeichen untereinander geschrieben sind, um den verfügbaren Platz ganz auszufüllen.

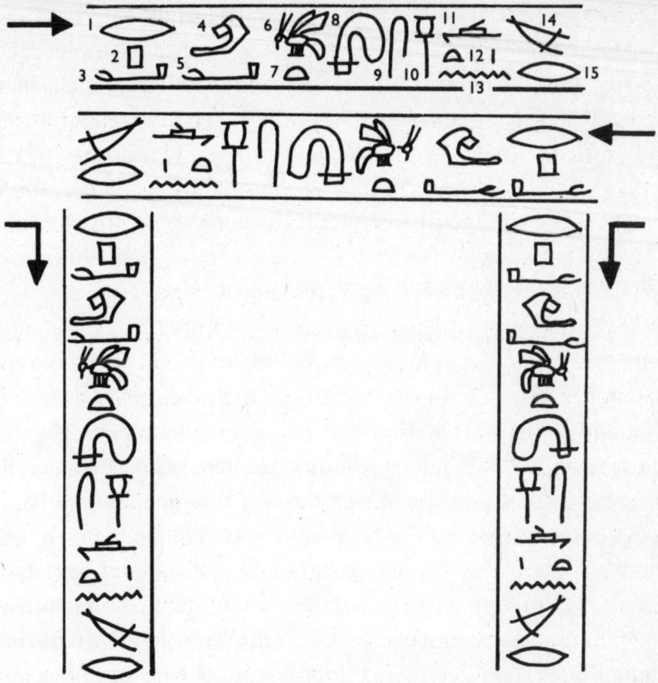

Abb. 1: Die vorliegende in vier Varianten ausgeführte Textpassage beinhaltet eine Beamtentitulatur.
Übersetzung: *Der Erbfürst und Graf, der königliche Siegelbewahrer, der einzige Freund Ni-meri.*

Beispiele für die Arten, auf die ein Text geschrieben werden konnte, liefert die Abbildung 1. Die Zahlen geben an, in welcher Reihenfolge die Zeichen zu lesen sind. Die Reihenfolge, in der man die Zeichen liest, ändert sich nicht, wenn die Inschrift umgedreht wird; das Zeichen, das mit der Zahl 3 gekennzeichnet ist, bleibt das dritte Zeichen des Texts.

König von Ober- und Unterägypten:
Neb-cheperu-Re
Sohn des Re: Tut-anch-Amun
Herrscher von Theben

1. WAS BEINHALTET EIN NAME?

Neben der Überschrift dieses Kapitels sind die beiden Kartuschen Tut-anch-Amuns, des heute bekanntesten ägyptischen Königs, abgebildet. »Kartusche« ist kein ägyptisches Wort, sondern kommt von *cartouche*, dem französischen Wort für Patrone: Man sah in der äußeren Form der länglich-ovalen Linie, die die Namen der Könige umschloß, eine Ähnlichkeit mit dem wurstförmigen Pulver- und Kugelsack, mit dem die französischen Artilleristen im 18. Jahrhundert ihre Kanonen luden. Schon lange vor der Entdeckung des Grabschatzes des Tut-anch-Amun war sein Name durch verschiedene Denkmäler bekannt. Aber erst als Theodore Davis 1908 beschriftete Überreste der Bestattungszeremonie des Königs im Tal der Könige entdeckte, war klar, daß sich auch sein Grab dort befinden mußte. Auf Grund dieses Befundes war Howard Carter überzeugt, daß das Grab zu finden sein müßte, und 1922 machte er schließlich seine große Entdeckung. All das gelang, obwohl der Name des Tut-anch-Amun bald nach seinem Tod von seinen Nachfolgern aus allen Aufzeichnungen getilgt wurde, was ihn zu einer Unperson machte, die es offiziell gar nicht gegeben hatte. Mit der Wiedererweckung seines Namens durch die Ägyptologie erlangte er dann freilich nach ägyptischen Vorstellungen Unsterblichkeit. Wir nennen seinen Namen, so schlecht wir ihn auch aussprechen mögen, und erinnern somit an ihn. Dadurch ist die entscheidende Voraussetzung geschaffen, daß sein Geist im nächsten ewigen Leben weiter existieren kann, denn wenn der Name lebt, lebt auch die Person.

Der Name war im alten Ägypten nicht nur ein Anhängsel zur Benennung einer Person, sondern Bestandteil seines Wesens, hatte also sehr viel größere Bedeutung als in der modernen westlichen Welt. Kannte man den wahren Namen von etwas, hatte man Macht darüber. Nach der ägyptischen Mythologie brauchte der Gott Re-Atum sich nur etwas vorzustellen und beim Namen zu nennen, um es ins Leben zu rufen, und da er allem bei der Erschaffung den Namen gegeben hatte, besaß er allein Macht über alle Geschöpfe. Die gleiche Idee kommt in Genesis 2,19–20 zum Ausdruck, wo beschrieben wird, wie Gott Adam die Macht verlieh, alle Tiere der Schöpfung zu benennen, um den Menschen die Herrschaft über das Tierreich zu geben:

> »Gott, der Herr, formte aus dem Ackerboden alle Tiere des Feldes und alle Vögel des Himmels und führte sie dem Menschen zu, um zu sehen, wie er sie benennen würde. Und wie der Mensch jedes lebendige Wesen benannte, so sollte es heißen. Der Mensch gab Namen allem Vieh, den Vögeln des Himmels und allen Tieren des Feldes.« Gen. 2,19

Bei einigen Stammesgesellschaften gibt es auch heute noch die Vorstellung, daß man seinen wahren Namen nur dem Stammeshäuptling und allenfalls noch den engsten Angehörigen verraten darf. Im alten Ägypten glaubte man, daß selbst Re einen geheimen Namen besaß, den nur er selber kannte. Eine Geschichte, die ein Papyrus aus der Zeit der 19. Dynastie (heute in Turin) überliefert, handelt davon, wie die Göttin Isis den geheimen Namen des Re in Erfahrung bringt. Von Re hieß es, daß er bei seinen Wanderungen auf der Erde als alter Mann mit schwachen Gliedern und gebeugtem Rücken in Erscheinung trat, der mit dem Kopf wackelte und wie ein kleines Kind Speichel verlor. Als Isis ihn so sah, beobachtete sie, welchen Weg er nahm, und merkte sich, wo sein Speichel auf den Boden fiel. Sie hob den Boden auf, den der Speichel des Gottes aufgeweicht hatte, formte daraus eine Schlange und erweckte sie zum Leben – denn nicht umsonst war Isis die Herrin der Magie. Da die Schlange aus dem gemacht war, was aus dem Mund des Re kam, war sie ein echtes Geschöpf, und doch besaß Re keine Macht über sie, weil er sie nicht benannt hatte. Nur Isis kannte den Namen der Schlange. Sie legte sie auf den Weg, den Re nahm, und als er das nächste Mal vorbeikam, biß ihn die Schlange in die Ferse. Als das Gift wie Feuer durch seine Glieder kreiste, befahl Re jedem giftigen Tier, das er geschaffen hatte, ihn von dem Schmerz zu befreien. Die wirkliche Übeltäterin erreichte er aber nicht, da er sie nicht selbst geschaffen hatte. Schließlich wandte er sich an Isis, die einen guten Ruf als Heilerin hatte und insbesondere bei Bissen und Stichen als Autorität galt. Sie versprach ihn zu heilen, sofern er ihr seinen wahren Namen verriet. Er versuchte sie zu täuschen, indem er ihr mehrere seiner weniger bekannten Namen nannte, aber Isis ließ sich nicht so einfach narren. Schließlich litt Re so schreckliche Qualen, daß er sich bereit erklärte, ihr das machtvollste aller Geheimnisse zu enthüllen. Isis war damit noch nicht zufrieden, sondern bestand darauf, daß er ihr zugestand, den Namen auch ihrem Sohn Horus zu verraten. In seinem Fieber gab Re nach. Er verriet Isis den Namen, und die Göttin nahm seine Schmerzen fort.

Von den vielen Zügen, die Isis haben konnte, betont diese Geschichte ihre Listigkeit und ihre Liebe zu ihrem Sohn, für den sie sich das größte Geschenk beschaffte, das es gab – die Kenntnis vom wahren Namen des Re.

Die Vorstellung von einem geheimen Namen Gottes findet ein Echo in der islamischen Geschichte von den hundert Namen Allahs: Dem Propheten wurden alle hundert Namen mitgeteilt und neunundneunzig gab er an die Gläubigen weiter, während er den hundertsten Namen seinem Kamel zuflüsterte. Daher hat das Kamel seinen überlegenen Gesichtsausdruck: Es weiß etwas, was die Menschen nicht wissen, es kennt einen machtvollen Namen.

Auch ägyptische Götter hatten viele Namen. In manchen religiösen Texten gibt es lange Passagen, in denen die Namen von Göttern in allen ihren Funktionen und Erscheinungsformen aufgezählt sind, damit man für den jeweiligen Zweck einen Gott in der geeigneten Form anrufen konnte. Der Sonnengott zum Beispiel war unter vielen Namen bekannt, und jeder konnte als eigenständige Gottheit aufgefaßt werden. Der Gott des höchsten Sonnenstandes am Tage war Re (oder Ra). Er wurde üblicherweise als Mann mit dem Kopf eines Falken und der Sonnenscheibe als Krone dargestellt. Der Schöpfergott Atum wurde ebenfalls mit der Sonne in Verbindung gebracht und häufig Re-Atum genannt. Er wurde mit Abstieg und Untergang der Sonne im Westen in Verbindung gebracht, aber auch mit der Fahrt durch die gefährlichen Gefilde der Unterwelt, die sie jede Nacht unternehmen mußte, um am nächsten Morgen im Osten wieder aufgehen zu können. Er wurde als älterer und daher weiser Mann dargestellt.

Harachte, was soviel bedeutet wie »Horus der zwei Horizonte«, war der Gott der auf- und untergehenden Sonne und wurde als Falke im Steig- oder Sturzflug dargestellt. Der Sonnengott, den man am Morgen aufsteigen sah, war Chepri, der Skarabäus, der die Sonne vorwärtsschob wie ein Mistkäfer seine Mistkugel. Der Name Chepri geht auf das Verb cheper »werden« oder »entstehen« zurück und hat denselben Wortstamm wie das Substantiv »Form« oder »Gestalt«.

Der Thronname des Tut-anch-Amun läßt sich mit »zahlreich sind die Erscheinungsformen des Re« übersetzen. Man könnte aber genausogut »zahlreich sind die Namen des Re« sagen, da der Name, wie wir gesehen haben, essentieller Bestandteil der Erscheinungsform war. In der Sonnenlitanei, einem religiösen Text, von dem sich ein Exemplar auf den Wänden im Grab des Königs Thutmosis III. befindet, sind nicht weniger als fünfundsiebzig Erscheinungsformen des Re aufgelistet. Ein ganzes Kapitel des Buches Amduat (Übersetzung des Titels: »das, was in der Unterwelt ist«), eines Unterwelttextes, befaßt sich unter anderem mit den Namen des Osiris. Die Überschrift lautet: *Die Namen des Osiris kennen an jedem seiner Sitze, wo er zu sein wünscht.* Die Vielfalt von Namen oder Titeln kommt in den ersten Zeilen eines Hymnus an Osiris auf einer Stele aus der Zeit der 18. Dynastie zum Ausdruck, die sich heute im Louvre befindet:

> Heil dir, Osiris,
> Herr der Ewigkeit, König der Götter,
> Mit vielen Namen, mit heiligen Formen

Im Fortgang dieser Strophe werden die Namen und »heiligen Formen« aufgezählt. Bei der Benennung von Gottheiten kam es auf Genauigkeit

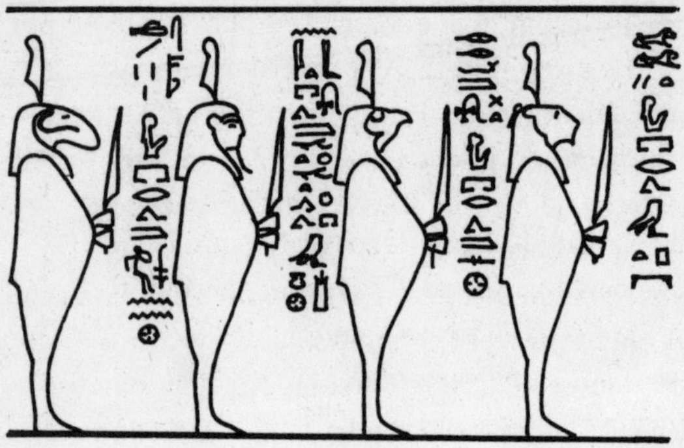

Abb. 2: Vier der 42 Richter-Götter, vor denen man das »Negative Sündenbekenntnis« ablegte. Vor jeder Figur steht der Name und Beiname, mit dem der Verstorbene die Gottheit ansprechen mußte.

Übersetzung *(von rechts nach links):*

1. *Doppellöwe, der vom Himmel kommt. (Man stellte sich vor, daß der östliche und der westliche Horizont von je einem Doppellöwen gebildet wurden, über deren Rücken die Sonne erschien.)*
2. *Der mit brennenden Augen, der aus Sa kommt [Sais?].*
3. *Der Feurige, der rückwärts aus Junu hervorkommt [Heliopolis].*
4. *Der Knochenbrecher, der aus Nen-nisut kommt [Herakleopolis].*

an, da man einen Gott auf keinen Fall mit einer unhöflichen Anrede beleidigen durfte. Bei der Reise vom Diesseits ins Jenseits, auf den gefährlichen Wegen durch die Unterwelt, mußte der Verstorbene zahlreiche Namen kennen. Es mußten Tore geöffnet und Wasser überquert werden, und jedesmal mußte man den Torhüter oder Fährmann respektvoll anreden und bei seinem Namen nennen, um weiterzukommen. Die Dämonen und gefährlichen Wesen der Finsternis konnte man nur beschwichtigen oder niederkämpfen, wenn man ihre Namen kannte.

Um Eingang in die Gefilde des Osiris zu finden, mußte man eine Prüfung bestehen, zu der auch das gehörte, was heute als negatives Sünderbekenntnis bezeichnet wird (Abb. 2). Der Verstorbene mußte dabei nicht sagen, was er in seinem Leben falsch gemacht hatte, sondern was er *nicht* getan hatte. Dazu gab es eine Reihe feststehender Aussagen, mit denen sich der Verstorbene an die jeweils richtige Gottheit zu wen-

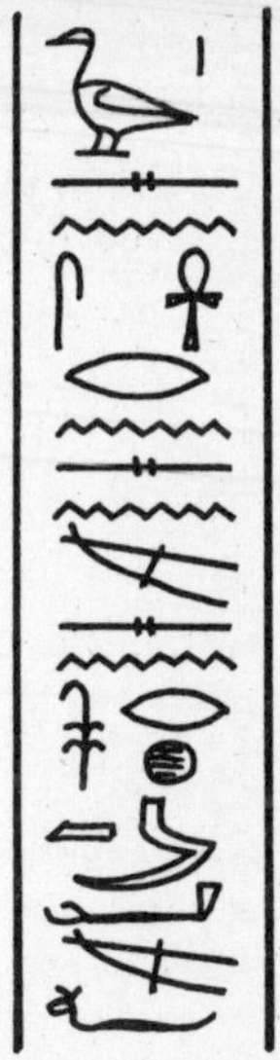

Abb. 3: Ausschnitt eines Textes von einer Grabstele, in dem der Sohn des Grabherrn beschrieben wird.
Übersetzung: *Ihr Sohn, der bewirkt, daß ihre Namen leben, ihr Geliebter, der wahrhafte Bekannte des Königs, sein Geliebter.*

den hatte und die mit dem richtigen Namen und Beinamen anzusprechen war. Da es 42 Richter gab und da man sich für jeden von ihnen eine Formel merken mußte, die sich aus dem Namen, dem Titel und einer Aussage zusammensetzte, verwundert es nicht, daß sich weise Männer ihre negative Beichte in schriftlicher Form ins Grab legen ließen – als Spickzettel! War die Beichte erfolgreich abgelegt, kam das »Wiegen des Herzens«. Diese Szene ist häufig an den Wänden von Gräbern des Neuen Reiches und auch auf Papyrusrollen mit dem Totenbuch dargestellt.

Hatte der Verstorbene nicht die Wahrheit gesagt und nicht so untadelig gelebt, wie er behauptet hatte, war sein Herz schwerer als die Feder der Wahrheit, und das ewige Leben blieb ihm versagt.

War das »Wiegen des Herzens« zur Zufriedenheit verlaufen, wurde darauf erkannt, daß er »von wahrer Stimme« und somit »gerechtfertigt« war. Er hatte also keine falsche Beichte abgelegt und erhob zu Recht Anspruch auf das ewige Leben.

Dieses Ritual setzte natürlich voraus, daß der Verstorbene sprechen konnte. Die Stimme und auch alle anderen Sinne wurden dem Körper beim rituellen »Öffnen des Mundes« wiedergegeben, das traditionell eine der letzten Begräbnisriten war. Er bestand unter anderem darin, daß verschiedene Öle und Salben auf die Maske der Mumie oder den antropomorphen Sarg oder auch auf eine Statue des Verstorbenen aufgetragen wurde. Die Redefähigkeit wurde durch die Berührung des Mundes mit einem Dechsel, dem Breitbeil der Holzarbeiter, wiederhergestellt. Diese Handlung wurde in der Regel vom ältesten Sohn der Familie vollzogen, was in Texten durch die Phrase »der bewirkt, daß ihre Namen leben« zum Ausdruck gebracht wird (Abb. 3). Ihm oblagen die

Vorbereitung des Begräbnisses, das Bestattungsritual, die Ausstattung des Grabes mit den Beigaben, die Versiegelung des Grabes und die Fortführung der Totenriten sowie die Darbringung der Opfergaben, um das Andenken der Eltern und damit ihr jenseitiges Leben zu erhalten.

Ein kluger Mann traf so viele Vorkehrungen für das Fortleben seines Namens, wie er sich leisten konnte. In der Regel wurde eine Stele vor dem Grab oder in der Grabkapelle errichtet oder in die Grabwand eingelassen. Sie führte die Namen und Titel des Grabherrn und seiner nächsten Angehörigen auf. Im Grab selbst wurden die Namen auf Gemälden und Reliefs, auf Statuen und auf Totenpapyri vielfach wiederholt, um das Fortleben zu sichern. Oft war über dem Zugang zum Grab ein Fries aus gebrannten Tonkegeln eingelassen, bei denen es sich um Nachbildungen von Opferlaiben handeln könnte. In die sichtbaren kreisförmigen Grundflächen solcher Grabkegel waren der Name und die Titel der Person eingeprägt, die drinnen begraben lag. Kisten, Körbe und Schreine waren mit geflochtenen Seilen zugebunden, auf deren Knoten man Tonsiegel mit Namen und Titel des Besitzers setzte. Auch die Deckel von Krügen wurden mit Ton verschlossen und häufig ein skarabäusgestaltiges Siegel eingedrückt.

Die Frau teilte in der Regel das Grab ihres Mannes, desgleichen die jung oder unverheiratet gestorbenen Kinder. Der weitere Familienkreis umfaßte die Lebenden und die Toten, welche häufig auch dann als Erwachsene abgebildet wurden, wenn sie als Kinder gestorben waren. Schon die Erinnerung an seinen Namen garantierte dem Verstorbenen die Unsterblichkeit, aber sicherheitshalber ließ man die Namen auch schriftlich fixieren und von Priestern sprechen, um sich nicht auf das unbeständige Gedächtnis der eigenen Familie verlassen zu müssen. Die Familie bildete die Basis der ägyptischen Gesellschaft und man hoffte inständig, daß alle Familienmitglieder nach dem Tod wieder vereint würden. Daher war es unverzichtbar, daß die Lebenden für ihre toten Verwandten die notwendigen Riten vollzogen, und ihre Nachkommen später auch ihnen gegenüber ihren Pflichten nachkamen. Niemand wollte in der nächsten Welt dem Urgroßvater erklären müssen, warum die Totengaben für ihn irgendwann nicht mehr dargebracht worden waren. Betuchtere Familien brachten ein Stück Land in eine Stiftung ein und bezahlten mit ihren Erträgen Totenpriester für den Vollzug der Riten und die Darbringung der Opfer oder zumindest für das Aufsagen der Namen der Verstorbenen, wie sie auf der Grabstele festgehalten waren. Aber natürlich war es bei weitem vorzuziehen, wenn diese Pflicht jemand versah, dem der Tote am Herzen lag, vorzugsweise der älteste Sohn beziehungsweise der älteste unter den noch lebenden Söhnen. Hatte kein Sohn den Vater überlebt, konnte der nächste männliche Verwandte – Bruder, Enkel, Schwiegersohn – den Ritus der Öffnung des Mundes vollziehen. Bei Tut-anch-Amun vollzog einer Darstellung in seinem Grab zufolge sein Nachfolger Eje dieses Ritual. Von einem überlebenden Kind des Herrscherpaars ist nichts bekannt. Wir wissen nicht, in welcher Beziehung der Thronerbe zu dem Verstorbenen stand, aber da er dessen Nachfolger war, übernahm er diese Aufgabe (Abb. 4, S. 22).

Auf die zehn Plagen, von denen die Bibel spricht, gibt es keinen zeitgenössischen ägyptischen Hinweis. Der Tod des Erstgeborenen war für eine ägyptische Familie hingegen ein schlimmerer Schlag, als es scheinen mag, weil nicht nur seine Generation ausgelöscht zu werden drohte, sondern alle Generationen vor ihm, deren Andenken der Sohn hätte bewahren und weitergeben sollen. Eine solche Heimsuchung traf mit den Lebenden auch die Toten. Die Bedeutung, die dem Sohn zukam, kommt in der babylonischen Sprache darin zum Ausdruck, daß dasselbe Wort sowohl Sohn als auch Name bedeutet.

Die Ägypter hofften, auch im nächsten Leben in den Genuß von all dem zu kommen, was ihnen als Sterblichen zur Verfügung stand. Es gab mehrere Möglichkeiten, Essen, Trinken, Möbel, Kleidung, ja, alles, was dem leiblichen Wohl diente, für das Leben nach dem Tode bereitzustellen. Alle diese Dinge konnten dem Toten als Grabbeigaben mitgegeben werden, die eigens dafür hergestellt oder dem irdischen Besitz des Grabherrn entnommen wurden. Nachahmungen dieser Dinge, z. B. die Darstellung von Broten oder Früchten auf steinernen Opferplatten, erfüllten jedoch denselben Zweck: Sie konnten mit Hilfe des Namens zu echten Gütern gemacht werden. Dasselbe galt für Gemälde oder Reliefs, die zudem besonders langlebig waren und die detaillierte Darstellung umfangreicher Szenen erlaubte. So konnte man mit einem Bild der Getreideernte für den Fall vorbauen, daß die Gaben ausblieben und

die Vorräte im Grab zur Neige gingen, denn der Verstorbene konnte dann immer noch mit Hilfe des Getreides der gemalten Felder mit Brot und Bier versorgt werden. Eine Szene, in der aus dem geernteten Getreide Brot und Bier gemacht wurde, konnte die Versorgung nur noch sicherer machen. So lange es diese Darstellungen gab, konnten sie dadurch aktiviert werden, daß man jedem Bildelement den richtigen Namen gab und jeden Vorgang knapp und präzise beschrieb.
Keinem wohlhabenden Ägypter hätte die Vorstellung behagt, den Pflug zu führen oder die Sichel zu schwingen, also Arbeiten verrichten zu müssen, die zu seinen Lebzeiten Diener für ihn erledigt hatten. Folglich nahm er sie mit in den Tod – nicht als Menschen von Fleisch und Blut, sondern in Form von Abbildungen. Die Sitte, nach dem Tod des Königs seine Diener zu opfern und mit ihm zu begraben, ist nur für eine ganz kurze Periode zu Beginn der dynastischen Geschichte belegt. An die Stelle dieser unnützen Vergeudung trat bald die Ausstattung des Grabs mit Gemälden, Reliefs und Modellen, die Diener bei niedrigen, aber unverzichtbaren Arbeiten wie Backen, Weben oder Holzarbeiten darstellten. Gelegentlich gab man sogar den Namen von Dienern an und gewährte ihnen ein wenig eigenständige Unsterblichkeit. In späterer Zeit wurden den Gräbern keine kunstvollen Dienerplastiken mehr beigegeben und die notwendigen Versorgungstätigkeiten nur noch auf den Grabwänden

Abb. 4: Darstellung aus der Sargkammer im Grab des Tut-anch-Amun. König Eje vollzieht als Nachfolger Tut-anch-Amuns den Ritus der »Öffnung des Mundes« bei seinem Vorgänger, der in der Gestalt des Osiris dargestellt ist. Eje trägt das gefleckte Raubkatzenfell des Sempriesters und die »Blaue Krone«, seine Namen sind in Kartuschen geschrieben.

***Übersetzung** (über Tut-anch-Amun, Kolumnen von rechts nach links):*

1. *Der Gute Gott, Herr der Beiden Länder, Herr der Erscheinungen.*
2. *König von Ober- und Unterägypten: (Neb-cheperu-Re), dem Leben gegeben ist.*
3. *Sohn des Re: (Tut-anch-Amun, Herrscher von Theben) für immer.*

(über Eje, Kolumnen von links nach rechts)

1. *Der Gute Gott, Herr der Beiden Länder, Herr der Kulthandlungen.*
2. *König von Ober- und Unterägypten: (Cheper-cheperu-Re) [ein Skarabäuszeichen hat der Schreiber in der Kartusche ausgelassen].*
3. *Son des Re: (der Gottesvater Eje).*
4. *dem das Leben gegeben ist, wie Re, immer und ewiglich.*

abgebildet. Dafür entwickelte sich aber ein neuer Brauch. Nun erhielt der Grabherr eine große Anzahl von gleichförmigen, mumiengestaltigen Figuren, die meist mit einer Formel und dem Namen des Verstorbenen beschriftet waren. Sie hießen Uschebti, waren manchmal mit Miniaturwerkzeug ausgerüstet und in eigenen Särgen oder Lagerkisten untergebracht. Wenn im Reich des Osiris der Grabherr von dem Gott eine Arbeit zugewiesen bekam, brauchte er nur den Namen des Uschebti zu nennen, damit der mit den Worten »hier bin ich« vortrat und die zugewiesene Arbeit übernahm. Die Bezeichnung Uschebti bedeutet »der Antwortende«. Diese kleinen Figuren wurden – für ägyptische Verhältnisse – in Massenproduktion hergestellt. Die Uschebti hatten stets die gleiche Funktion: sich durch die Nennung des Namens ihres Herrn aktivieren zu lassen. Diesem Namen wohnte große Macht inne, konnte er doch eine unbedingt loyale und unermüdliche Arbeiterschaft mobilisieren.

Abgesehen davon, daß der Name einfach in Vergessenheit geraten konnte, war er auch noch in anderer Weise bedroht. Gemälde und Reliefs konnten von der Wand gemeißelt, Statuen zerschlagen, ihre Inschriften getilgt werden. Ein entschlossener Feind konnte den Namen und damit das unsterbliche Leben einer Person vernichten, hatte es allerdings desto schwerer, je öfter deren Name vorkam. Mehrere solcher Versuche sind gut belegt. Im Grab des Rech-mi-Re, der unter Amenophis (eigentlich: Amen-hotep) II. und Thutmosis (eigentlich: Djehutimose) IV. das Amt des Wesirs bekleidet hatte, wurden überall ganz systematisch das Porträt, der Name und die Titel des Verstorbenen von den Wänden abgeschlagen, allerdings nicht gründlich genug, um eine Identifizierung unmöglich zu machen. Es läßt sich nicht sagen, wer für dieses Zerstörungswerk verantwortlich war und warum es ausgeführt wurde. Es ist nicht unwahrscheinlich, daß Rech-mi-Re als Inhaber des wichtigsten Verwaltungsamts des Landes Feinde hatte. Es ist aber auch möglich, daß er in Ungnade fiel und die Entweihung seines Grabs offiziell gutgeheißen wurde.

Ähnlich erging es dem Architekten Sen-en-Mut, der einer der höchsten Hofbeamten der Königin Hat-schepsut war und ihre Tochter Neferu-Re erzog. Seine Feinde gingen sogar noch weiter und verwüsteten auch noch die Gräber seiner Eltern und anderer Familienmitglieder. Auch mit

dieser geradezu fanatischen Zerstörung von Grabbauten ließen sich die Namen der Grabherren jedoch nicht auslöschen. Man erinnert sich an sie, während die Namen der Grabschänder der Vergessenheit anheimgefallen sind.
Mit größerem Erfolg ging man gegen das Grab eines anderen Beamten der Hat-schepsut vor, der für den Bruch und die Errichtung eines Obeliskenpaars verantwortlich war, dessen eine Hälfte noch heute in Karnak steht. Zwar sind in seinem Grab einige Inschriften erhalten, die ihn als Leiter dieser Arbeiten ausweisen, und auch die Liste seiner Titel läßt sich entziffern, aber sein Name ist nicht auffindbar. Selbst Monarchen waren gegen solche Racheakte nicht gefeit. Auch die Monumente der Hat-schepsut wurden von ihrem Nachfolger und ehemaligen Mitregenten Thutmosis III. entweiht. Bei einem anderen Obeliskenpaar, das sie für Amun vor dem sogenannten Gegenheiligtum in Karnak hatte aufstellen lassen, stellte in der obersten Partie ein Relief dar, wie sie den Segen der Götter empfing. Thutmosis ließ die Namen und die Gestalt seiner Schwiegermutter tilgen und statt dessen zwei unverdächtige Opfertische voller Blumen in den Granit meißeln.
Es gibt auch Beispiele dafür, daß ein Name durch einen anderen ersetzt wurde. Im Grab des Har-em-hab in Memphis ist in mehreren Szenen der Grabherr bei offiziellen Anlässen in Begleitung seines Dieners Sema-taui dargestellt. Sema-taui scheint jedoch vor der Fertigstellung des Grabs gestorben zu sein, denn sein Name wurde entfernt und durch »Ra-mose« ersetzt, dem Namen des Mannes, der seine Pflichten im Haushalt des Hor-em-hab übernahm. In der von Echnaton (eigentlich: Ach-en-Aten) erbauten Stadt Achet-Aten, die heute unter dem Namen Amarna bekannt ist, sind die Namen seiner Gemahlinnen, Nofretete (eigentlich: Neferet-iti) und Kia, zum Teil durch den seiner ältesten Tochter, Merit-Aton, ersetzt. Das könnte darauf hindeuten, daß sie starben oder in Ungnade fielen, wahrscheinlich ersteres. Solche Abänderungen können für den Archäologen ein hilfreiches Merkmal beim Datieren eines Monuments oder bei der Schaffung einer gewissen Ordnung in den vielschichtigen historischen Abläufen sein.
Unter Echnaton kam es auch noch zu einer anderen Art der Entweihung von Namen, und diesmal waren Götter die Opfer. Der König hatte den

Kult des Gottes Aton (bzw. Aten) eingeführt, einer weiteren Sonnengottheit, nämlich der Sonne in ihrer physischen Gestalt als Sonnenscheibe. Schon bald nach seinem Regierungsantritt ließ er die meisten Götterkulte einstellen und befahl den Handwerkern, die Namen dieser Götter zu entfernen. Am meisten hatte Theben, die Stadt des Amun (bzw. Amen), des Gottes, der als größter Rivale Atons betrachtet wurde, unter dieser Bilderstürmerei zu leiden, und selbst aus dem Namen des Vaters des Königs, Amenophis III., wurde das »Amen« entfernt.

Auf einem anderen Obelisken der Hat-schepsut kann man immer noch erkennen, wo die Gestalt und der Name des Amun aus dem Relief entfernt und später, als andere Könige die Gotteslästerung Echnatons wiedergutzumachen versuchten, wieder eingesetzt wurde (Abb. 5).

Spätere Könige sahen die Herrschaft des Echnaton als nicht rechtmäßig an. Um sich die Gunst der Götter zu erhalten, negierten sie sogar seine Existenz. Auch die folgenden drei Herrscher waren von diesem Tabu noch mitbetroffen, so daß sie in den späteren Königslisten ebenfalls übersprungen wurden. Hor-em-hab datierte den Beginn seiner Herrschaft sogar auf den Tod Amenophis' III. zurück. Die Erinnerung an diese Herrscher konnte dadurch nicht völlig ausgelöscht werden, aber ihre offizielle Namenlosigkeit verdeutlichte jedermann, daß sie als Unpersonen galten.

Ansonsten richtete man gegen Leute, die man als seine persönlichen oder als Landesfeinde betrachtete, kurze Schmähtexte, die heute als Ächtungstexte bekannt sind. Mit solchen Texten wurden Individuen, die Bewohner fremder Länder und sogar ganz generelle Übel, etwa eine Krankheit, geschmäht – alles, was eine ernste Bedrohung für einen Grabherrn darstellen konnte. Man schrieb diese Texte auf Steinabschläge oder auf grobe, nicht glasierte Tongefäße, die man dann zerschlug und außerhalb des Grabs vergrub – als könnte man in der Materie, auf die man den Namen des Feindes schrieb, seine Existenz dingfest machen und durch das Zerschlagen des Gefäßes vernichten oder doch schwächen. Man nimmt an, daß sich die Darstellung des Zerschlagens roter Krüge im Grab des Hor-em-hab in Memphis auf dieses Ritual bezieht (Abb. 6).

Die Feinde des Königs wurden als Gefangene dargestellt, denen die Arme an den Ellbogen auf den Rücken gebunden waren. In Auflistungen der siegreichen Schlachten des Königs ist bei jedem bezwungenen

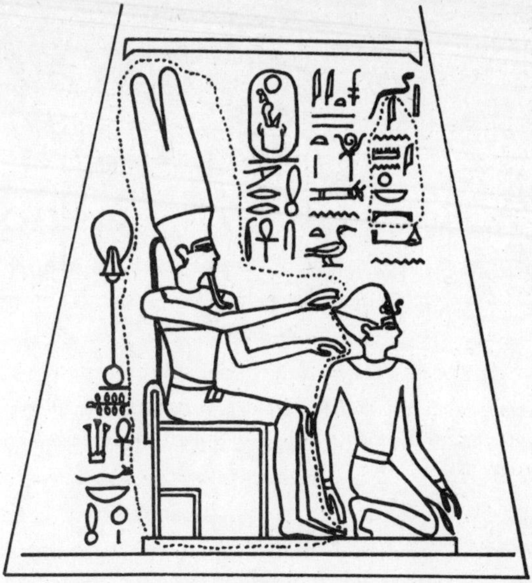

Abb. 5: Darstellung auf der Spitze des Obelisken der Hat-schepsut, der heute in Karnak am Heiligen See liegt. Die Königin erhält den Segen des Amun, dessen Gestalt und dessen Titel auf Befehl des Echnaton entfernt und zu einem späteren Zeitpunkt erneut in den Stein gehauen wurden. Die gepunktete Linie zeigt, was alles entfernt worden war.
Übersetzung *(die Spalten werden von links nach rechts gelesen):*

1. *Worte zu sprechen an Amun-Re, dem Herrn des Himmels: (Ich) gebe.*
2. *das Königtum der Beiden Länder (und damit) das Amt des Atum der Tochter.*
3. *Maat-Ka-Re, (so) wie es ihr gefällt, sie möge leben.*

Abb. 6: Darstellung eines Trauernden im memphitischen Grab des Hor-em-hab beim Ritual des »Zerschlagens der roten Krüge«. Dieses Ritual kann mit den »Ächtungstexten« in Verbindung gebracht werden.

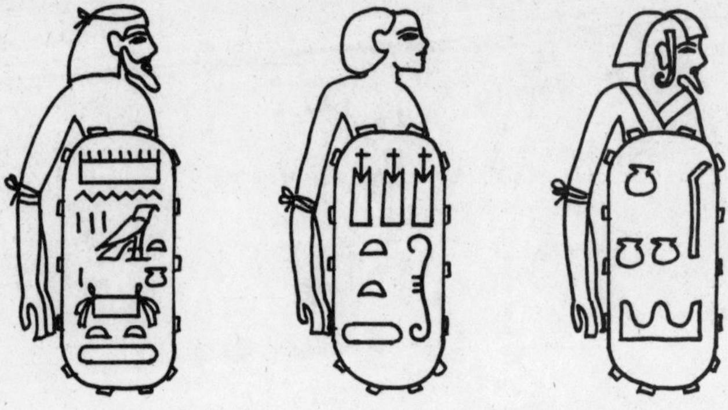

Abb. 7: Darstellung aus dem Grab des Surer in Theben. Drei der feindlichen »Neun-Bogen-Völker« sind als Gefangene abgebildet, deren Körper durch mauerartige Ovale ersetzt sind.
Übersetzung *(von rechts nach links):*
1. Libyer.
2. Nubische Nomaden.
3. Asiatische Nomaden.

Feind der Leib durch ein kartuschenartiges Oval ersetzt, in das der Name des durch ihn repräsentierten Ortes, Stammes oder Volkes eingeschrieben wurde.
Man nannte die Feinde beim Namen und unterschied sie zudem durch rassische Merkmale wie Hautfarbe und Haartracht voneinander. Dargestellt wurden sie als gefesselte Gefangene, wodurch sie in die Gewalt des Königs gebracht werden sollten. Gefesselte Feinde – mit oder ohne kartuschenartigem Körper – wurden häufig in Reliefs als dekorative, aber gleichzeitig magisch wirksame Elemente verwendet, zum Beispiel an den Sockeln der Kolossalstatuen Ramses' (eigentlich: Ra-meses) II. in Abu Simbel oder auf einem Thronpodest Amenophis' III. und der Königin Teje, das im Grab des Cheru-ef abgebildet ist. Auf die gleiche Art wurden in Karnak die Siege dargestellt, die Thutmosis III. bei seinen Feldzügen errang (Abb. 7).
Auf dem in Gips oder Ton gedrückten Siegel der königlichen Nekropole, das an die Türen der Gräber im »Tal der Könige« angebracht wurde, sah

Abb. 8: Die Kartuschen Ramses' II. mit dem Thron- und Geburtsnamen des Königs. Die Bezeichnung Ozymandias im berühmten Gedicht Shelleys geht auf den Thronnamen User-Maat-Re zurück.
Übersetzung:
Links: König von Ober- und Unterägypten: (User-Maat-Re setep-en-Re).
Rechts: Sohn des Re: (Ra-mesi-su Mer-Amun).

man, überragt vom Schakalgott Anubis, neun gefesselte Gefangene, die für die Feinde Ägyptens standen. Der Schakalgott als Hüter der Nekropole hatte auf dem Bild also sämtliche Feinde des Königs in seiner Gewalt. Dieses Siegel, direkt am Zugang zum Grab, diente demselben Zweck wie die Ächtungstexte, nämlich der Abwehr von Gefahren (siehe Abb. 9, S. 30). Ein weiterer wichtiger Namenskatalog ist die Königsliste. In mehreren Monumenten, nicht zuletzt im Tempel Sethos' (eigentlich: Setchi) I. in Abydos, befinden sich an den Wänden Listen mit den Vorgängern des regierenden Monarchen und daneben Darstellungen des Königs und seines ältesten Sohnes, die den Ahnen huldigen. Es genügte, daß die Kartusche der einzelnen Herrscher dargestellt wurde, denn der Name war ja die Person. Für die Ägyptologen sind diese Königslisten von großem chronologischen Wert, wenn sie auch nicht immer vollständig sind. Könige, die nur sehr kurz regiert hatten oder unbedeutend waren, hielt man der Erinnerung nicht für würdig, und auch die Herrscher der Amarnazeit ließ man üblicherweise aus, wie man zum Beispiel an der Königsliste Ramses' (eigentlich: Ra-mesi-su) II. aus Abydos sieht, die sich heute im Britischen Museum befindet. Da der jeweilige König das Monument, das sein Andenken bewahren sollte, selber in Auftrag gegeben hatte, braucht man sich nicht zu wundern, wenn der Name keines seiner ruhmreichen Vorfahren so oft genannt ist wie sein eigener. Um seine Königswürde und Macht zur Schau zu stellen, mußte er seinen Namen und seine Titel groß herausstellen. Ein Monument zum Ruhme Ramses' II. ohne seine tief eingemeißelten Kartuschen war undenkbar (Abb. 8).

Statuen wurden nicht als Kunstwerk, sondern als Ersatz für die reale Person betrachtet. Nur selten kann man mit relativ großer Wahrscheinlichkeit von lebensnahen Porträts sprechen. Die meisten Statuen hatten konventionelle Züge, galten aber dennoch, sofern sie eine Inschrift mit dem Namen des Dargestellten trugen, als getreues Abbild. Der Name schuf Realität. Die *Ka*-Statuen, die den Gräbern beigegeben wurden, galten als zusätzliche Wohnstatt des Geistes des Verstorbenen, seines *Ka*. Aber auch sie bedurften einer inschriftlichen Namensnennung auf oder in der Nähe der Statue, denn ohne eine solche Zuweisung stellte eine Statue niemanden dar. Ohne Namen existierte man im alten Ägypten gar nicht. Aus Furcht vor dem Verlust des Namens und damit des Lebens enthielt auch das Totenbuch ein Gebet darum, daß man im Gedächtnis blieb.

Zauberspruch, der bewirkt, daß man sich des Verstorbenen im Totenreich erinnert:
Ein Name ist mir gegeben worden in den Schreinen Oberägyptens, meines Namens wird gedacht in den Schreinen Unterägyptens, in jener Nacht, in der die Jahre errechnet und die Monate gezählt werden … So wie (auch) für jeden Gott, der (noch) nicht gekommen ist, um mir zu folgen, ich werde seinen Namen denjenigen verkünden, die noch nicht existieren (= die noch nicht geboren wurden).

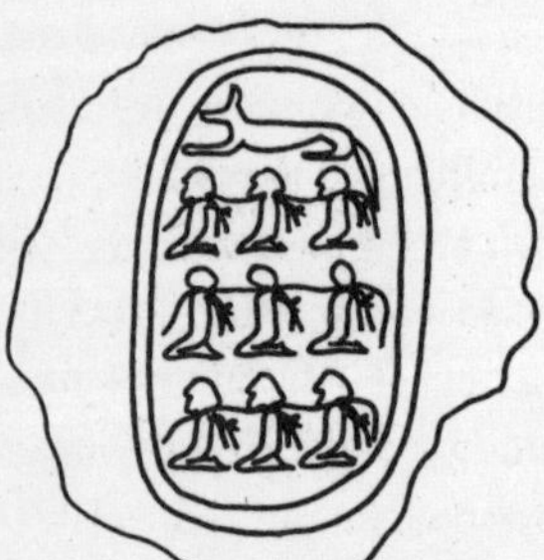

Abb. 9: Siegel der Totenstadt von Theben-West im Neuen Reich.

Idj ren-ef nefer Tep-em-kau
Idj mit schönem Namen Tep-em-kau

2. EIGENNAMEN

Das Ägyptische wurde, wie das Arabische und das Hebräische, ohne Vokale geschrieben. In der Abbildung 10 (S. 32) sind diejenigen Hieroglyphen zu sehen, die wie Buchstaben für einen Laut stehen. Der ungefähre Lautwert ist bei allen diesen Zeichen angegeben, zu denen auch einige Halbvokale oder schwache Konsonanten wie das *Alif* und *Ajin* des Arabischen gehören, die beide in etwa als »a« auszusprechen sind. Nach ägyptologischer Konvention schiebt man, wo zur Aussprache von Wörtern Vokale benötigt werden, ein »e« ein. Das Wort für Namen, das »rn« buchstabiert wird, spricht man somit »ren« aus. Das ist eine praktische Lösung, bedeutet aber nicht, daß das Wort wirklich so ausgesprochen wurde, und nicht einmal, daß »e« der häufigste Vokal im Ägyptischen war. Es ist lediglich ein Mittel zur Vokalisierung der Sprache, auf das man sich geeinigt hat. Die Erforschung des wirklichen Klangs der Sprache ist in den letzten Jahrzehnten in den Mittelpunkt der sprachwissenschaftlichen Untersuchungen gerückt. Erste Regelwerke wurden bereits erstellt, aber noch sind nicht alle Fragen gelöst, so daß hier nicht näher darauf eingegangen werden soll.
Es hat sich eingebürgert, das hieroglyphische »Alphabet« in Anlehnung an die Reihenfolge der Buchstaben in semitischen Sprachen wie dem Arabischen anzuordnen. Bei den mittleren vier Zeichen in der letzten Reihe des abgebildeten Alphabets handelt es sich um häufig gebrauchte Alternativen zu bereits weiter oben dargestellten Zeichen. Die Verwendung des letzten Zeichens, der Löwenhieroglyphe, wird weiter unten beschrieben. Das Mund-Zeichen für »r« stand gelegentlich auch für »l«.
Als im Jahre 1799 der Stein von Rosette gefunden wurde, erkannten französische Wissenschaftler rasch seine Bedeutung. Der inschriftliche Text

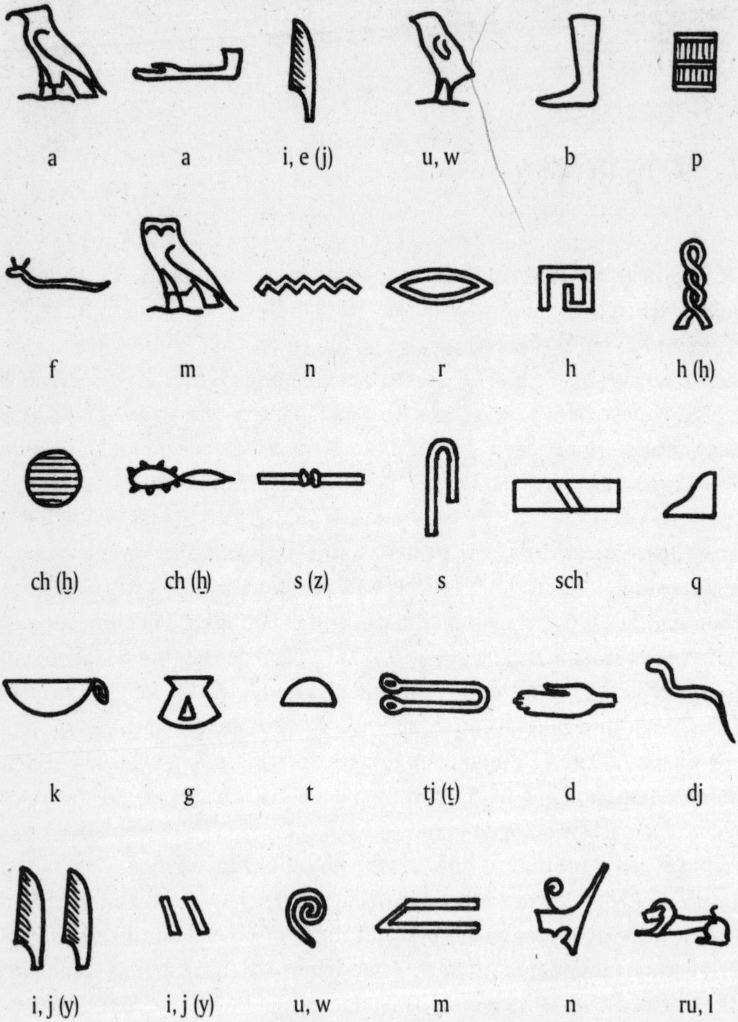

Abb. 10: Sogenanntes Hieroglyphenalphabet, das aus Einkonsonantenzeichen besteht. Aussprachehinweise: h wie in »Haus«, ḥ wie in »hauchen«, ḫ wie in »lachen«, ẖ wie in »Sichel«, z wie in »Rose«, q wie in »Kuh«, ṯ wie in »Matsch«, dj wie in »Dschungel«.

des Steins war in drei verschiedenen Versionen wiedergegeben – in der Hieroglyphenschrift, in der demotischen Schrift und auf griechisch. Man konnte also die griechische Version heranziehen, um die ägyptische zu entziffern. Der britische Physiker Thomas Young kam einen Schritt weiter, als er im demotischen Text einzelne Wörter identifizierte und die wichtige Beobachtung machte, daß die Schrift auch phonetische Elemente zu umfassen schien. Die ägyptologische Forschung war für ihn freilich nur eine Beschäftigung, bei der er sich im Urlaub von seiner eigentlichen Arbeit erholte, aber seine Beobachtungen waren stichhaltig und gelangten höchstwahrscheinlich zur Kenntnis Champollions, der sich in Frankreich mit denselben Texten befaßte.

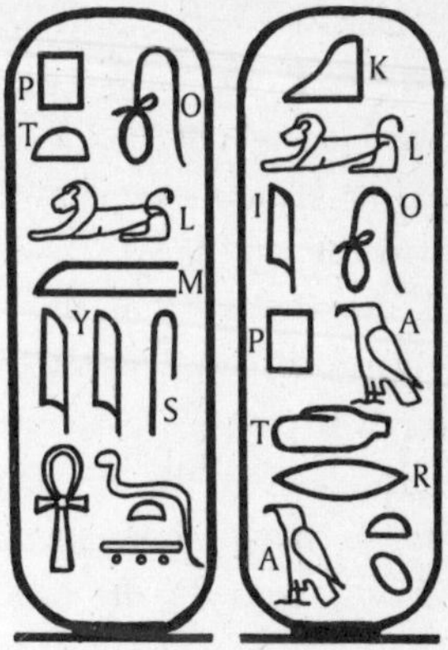

Abb. 11: Die Kartuschen (Ringnamen) von Ptolemaios V. (links) und Kleopatra (rechts). Gezeigt wird, wie die griechischen Namen mit ägyptischen Zeichen geschrieben wurden und wie ihr Lautwert ist.

Champollion konzentrierte sich auf die hieroglyphische Inschrift und stellte fest, daß sie für eine rein piktoriale Schrift viel zu wenige, für eine rein phonetische Schrift hingegen zu viele unterschiedliche Hieroglyphen umfaßte. Außerdem machte er die Beobachtung, daß die Position der Namen im griechischen Text mit den ovalen Kartuschen korrespondieren könnten, mit denen wichtige Wörter oder Wortfolgen im hieroglyphischen Text klar hervorgehoben waren. Die Namen in der Inschrift auf dem Stein von Rosette erwiesen sich denn auch als Schlüssel zur Entzifferung der Hieroglyphenschrift.

Champollion ordnete den Hieroglyphen, die für »Ptolemaios« und für »Kleopatra« standen, Lautwerte zu, weil er zu Recht annahm, daß diese Fremdwörter (aus dem makedonischen Griechisch) keine ägyptische Bedeutung hatten, also phonetisch buchstabiert werden mußten (siehe Abb. 11). Einige Zeichen, die er auf diese Weise als Vokale identifizierte, erwiesen sich bei späteren Untersuchungen als schwache Konso-

nanten oder Zeichen für Doppellaute. Für das »o« steht sowohl bei Ptolemaios als auch bei Kleopatra ein Seil mit einer Schlinge, das den Lautwert »ua« oder »wa« hat. An den beiden Stellen, an denen ein »t« zu erwarten wäre, stehen zwei verschiedene Zeichen, von denen das eine, wie man heute weiß, weicher ausgesprochen wurde als das andere, also wie ein »d«. Die Löwenhieroglyphe, der Champollion den Lautwert »l« zuordnete, stand in Wirklichkeit für eine ägyptische Verlegenheitslösung. Wie im Japanischen kam im Ägyptischen der Laut »l« nicht vor, weshalb den Ägyptern die Aussprache dieses Lauts große Schwierigkeiten bereitete. In Fremdwörtern und ausländischen Namen wurde das »l« meistens entweder durch ein »r« oder durch die Lautverbindung »ru« ersetzt, für die das Löwenzeichen stand. Für den unerfahrenen Hieroglyphenentzifferer könnte demnach Ptolemaios auch Ptuarumis und Kleopatra Kruiuapadr gelesen werden, und nur der Kontext sowie die Datierung der Inschrift ermöglichen die exakte Bestimmung.
Weitere Anhaltspunkte zur Aussprache des Ägyptischen bieten griechische und römische Autoren, die ägyptische Namen hellenisierten bzw. latinisierten, um ihren Lesern das Leben zu erleichtern. Den Anfang dürfte Herodot gemacht haben, der Ägypten um 400 v. Chr. besuchte. Als Tourist, wie ihn sich Reiseführer auch heute noch wünschen, sog er alles auf, was man ihm erzählte. Dann breitete er es in seinem Werk aus und überließ es dem Leser, sich ein Urteil darüber zu bilden, was der Wahrheit entsprach und was ins Reich der Phantasie gehörte. Auch der ägyptische Priester Manetho schrieb griechisch und kam bei den Namen der Sprachgewohnheit der Griechen entgegen.
Dieser hellenisierten Namen bedient man sich auch heute noch. So wurde Aset bzw. Iset zu Isis, und ihr Gemahl Wsir ist besser bekannt unter dem Namen Osiris. Die Könige mit dem Namen Amen-hotep werden Amenophis genannt und die Stadt Men-nefer kennt man fast nur unter dem Namen Memphis. Die Namen wurden also abgewandelt, unterscheiden sich aber doch nicht so sehr von der ägyptischen Form, daß die ursprüngliche Aussprache völlig verdeckt würde. Den Gott, den man im Ägyptischen Imn schrieb, verehrten die Römer, die ihn mit Jupiter in Verbindung brachten, als Ammon, was eine recht klare Vorstellung davon erlaubt, wie sie den Namen hörten und wie man ihn heute vokali-

sieren könnte. Gebräuchlich ist die Schreibweise Amun, aber Amen oder Amon wären ebenfalls denkbar, denn der Vokal zwischen dem »m« und dem »n« wurde in der hieroglyphischen Form ja nicht geschrieben.

Bei manchen Göttern ist der Name allerdings nicht wiederzuerkennen, weil er für Griechen und Römer ein Zungenbrecher war oder weil sie den Gott mit einer Gottheit ihres Pantheons in Verbindung zu bringen versuchten. Den ibisköpfigen Gott der Schrift kennt man als Thot, wie die Griechen das ägyptische Djehuti (siehe Abb. 31, S. 107) aussprachen. Nach heutiger Konvention bedient man sich der griechischen Version des Namens auch dann, wenn er als Teil von Personennamen vorkommt, wobei man dann allerdings mit verschiedenen Schreibweisen rechnen muß, zum Beispiel beim Königsnamen Thutmosis auch mit Thutmose, Tuthmose, Thotmes oder Tahutimes. Von diesen Varianten dürfte die letzte der ursprünglichen Aussprache am nächsten kommen. Noch einmal anders, nämlich als Djehuti-mes, gibt man merkwürdigerweise denselben Namen gewöhnlich dann wieder, wenn sein Träger kein König ist, womit man der ägyptischen Aussprache des Namens noch näher kommt. Es war im übrigen einer der Namen, die als Männer- und Frauennamen verwendet werden konnten, ohne daß eine Endung das Geschlecht anzeigte.

Ein anderes Beispiel für die Hellenisierung von Bezeichnungen besaß gleichzeitig große theologische Bedeutung. In Memphis wurden die mit dem Königskult verbundenen Apis-Stiere verehrt und nach ihrem Tode in Sakkara bestattet. Die göttliche Form der verstorbenen Apis-Stiere wurde als Osiris-Apis bezeichnet, was hellenisiert zu Serapis wurde – und auch heute noch kennt man die Grabstätte der Apis-Stiere mit dem Tempel als das Serapeum. Serapis erlangte große Popularität und wurde in Rom in einem eigenen Tempel in Gestalt eines Mannes verehrt, der in keiner Weise an einen Stier erinnerte und einen ganz und gar unägyptischen zottigen Vollbart trug.

Manchmal stehen Hieroglyphen auch dann am Anfang des Wortes, wenn sie nicht am Anfang ausgesprochen wurden, denn die Namen von Göttern wurden zuerst geschrieben; bei mehreren Götternamen in einem Wort hielt man sich an eine Rangfolge, in der Re die erste Stelle einnahm. Die Probleme, die diese sogenannte Höflichkeitsumstellung

mit sich bringt, lassen sich nicht immer lösen, zumal gelegentlich verschiedene Versionen desselben Namens vorkommen. Auch hier können jedoch griechische und römische Schriften weiterhelfen. Den im Mittleren Reich gebräuchlichen Namen, der mit dem Namen der Göttin Useret (oder Wosret) zusammengesetzt war und Useret-sen geschrieben wurde, gaben die Griechen als Sesostris wieder. Das spricht dafür, daß Useret am Schluß ausgesprochen wurde, der Name also S-en-Useret lautete, wörtlich übersetzt »ein Mann der Useret« oder »ein der Useret ergebener Mann«. Tut-anch-Amun wird Amun-tut-anch geschrieben, aber an der Bedeutung des Namens – »lebendes Abbild des Amun« – sieht man, daß man den Gottesnamen am Schluß aussprechen sollte.
Griechisch und Latein sind jedoch nicht die einzigen Sprachen, die Aussprachehilfen bereitstellen. Die Herrscher fremder Länder bedienten sich in der Korrespondenz mit dem ägyptischen König des Akkadischen, der keilschriftlichen Sprache der Diplomatie in der alten Welt. Die meisten Könige wurden mit dem Thronnamen angesprochen, zu dem oft zwei oder mehr Gottesnamen gehörten. Der hieroglyphischen Schreibweise ist oft kaum zu entnehmen, welcher Gottesname an welcher Stelle des Thronnamens ausgesprochen wurde. Im Akkadischen oder Griechischen wurde er hingegen so geschrieben, wie er in fremden Ohren klang. Zum Beispiel wurde Amenophis III. in Briefen des Königs von Babylon, die im Archiv von Amarna überdauert haben, Nimura genannt. Geschrieben wurde sein Thronname Re-Maat-neb, die akkadische Version läßt jedoch darauf schließen, daß er Neb-Maat-Re gesprochen wurde, was auch als ideologische Aussage mit der Bedeutung »Herr der Weltenordnung ist Re« sinnvoll erscheint.
Auch dem Koptischen, der letzten gesprochenen Form des Ägyptischen, kann man Hinweise darauf entnehmen, wie Wörter ausgesprochen wurden, und der Vergleich koptischer Wörter mit alphabetischen Hieroglyphen kann Aufschluß darüber geben, warum ein bestimmtes Zeichen für einen bestimmten Laut gewählt wurde. Der koptische Begriff für Mund lautete »ro«, der altägyptische, der mit der Hieroglyphe Mund geschrieben wurde, wohl »ra«. Diese Hieroglyphe konnte aber nicht nur für den Begriff »Mund« eingesetzt werden, sondern auch als Zeichen für den Konsonanten »r«. So konnte er als phonetisches Zeichen in jedem Wort ein-

gesetzt werden, das ein »r« enthielt, wie z. B. in »mri«, »lieben«; die ursprüngliche Beziehung des Zeichens zum Begriff »Mund« war dabei nicht mehr vorhanden. Leider war das Koptische schon zur Zeit Champollions eine sterbende Sprache, die nur noch von kleinen und immer kleiner werdenden Gruppen koptischer Mönche gesprochen wurde. Außerdem darf man nicht vergessen, daß zwischen dem Koptischen und dem Ägyptischen des Alten Reichs fast 3000 Jahre liegen. Man vergleiche, wie sehr sich im gleichen Zeitraum das Englische verändert hat: Nicht viele englischsprachige Leser verstehen Angelsächsisch, Altenglisch oder das Mittelenglisch Chaucers, und sogar schon das elisabethanische Englisch Shakespeares bereitet heutigen Schülern Kopfzerbrechen.

Soviel zur Problematik der Aussprache ägyptischer Namen. Man muß sich damit abfinden, daß sich das Ägyptische heute nicht mehr genau vokalisieren läßt. Man kann die Sprache also nicht sprechen, man kann nur die erhaltenen Schriftzeugnisse lesen; wie leicht oder schwer das ist, hängt vom Schreibstil und der Entstehungszeit ab. Da sich in den 3500 Jahren der dynastischen Geschichte die Namen, Titel und Zahlen weniger verändert haben als anderes Sprachmaterial, bilden sie einen idealen Ausgangspunkt, wenn man sich mit der Schrift vertraut machen will. Unsere Versuche, die alten ägyptischen Namen auszusprechen, stehen im Einklang mit dem ägyptischen Glauben an die Macht des Namens, mag unsere Aussprache noch so schlecht sein.

Wie in modernen Gesellschaften war die Beliebtheit einzelner Namen der Mode unterworfen. Manche kamen nur in einem beschränkten Zeitraum vor und verweisen auf eine bestimmte Dynastie oder sogar auf die Regierungszeit eines Königs. Einige der gebräuchlichsten Namen waren kurze Wörter mit ein oder zwei Silben, die wohl keinen Inhalt hatten und nur wegen ihres Klangs gewählt wurden. Insbesondere im Alten Reich waren Namen wie Idu, Pepi, Ipj weit verbreitet. Den Namen Tij gab es in verschiedenen Schreibweisen, die als Ti, Tiji, Tije, Tej, Tia, Tuia, Tjuia, Tuja transkribiert werden. Der Name scheint in keiner seiner Varianten einen Wortinhalt gehabt zu haben und konnte in allen seinen Formen Mädchen und Jungen aller Gesellschaftsschichten gegeben werden. Ein hoher Beamter zur Zeit der fünften Dynastie unter den Königen Nefer-ir-ka-Re und Ni-user-Re hieß Ti. Sein

Grab, in dem sich zahlreiche herrlich detailgenaue Reliefs befinden, liegt im älteren Teil der Nekropole von Sakkara. Die Gemahlin Amenophis III. hieß Teje und ihre Mutter Tuja. Die Gemahlin des Pharaos Eje hieß Tij. Im Grunde trugen sie alle denselben Namen. Am Anfang der 19. Dynastie heiratete die Tochter Sethos' (= Setchi) I. und Schwester Ramses' (= Ra-mesi-su) II., die Tia hieß, einen Mann mit dem gleichen Namen. Das Grab der beiden Tias liegt in der Nekropole von Memphis im selben Teil wie das des Hor-em-hab.

Namen, die in der Königsfamilie gegeben wurden, erfreuten sich stets großer Beliebtheit: Im späten Alten Reich waren Pepi und Teti häufig, im Mittleren Reich kamen An-t-ef, Amen-em-hat und S-en-Useret (= Sesostris) in Mode, und zu Beginn des Neuen Reichs kann die Häufigkeit der Namen An-mose, Amen-hotep (= Amenophis) und Djehuti-mose (= Thutmosis) leicht Verwirrung stiften. Wie wir sehen werden, waren viele dieser Namen mit dem einer Gottheit zusammengesetzt, und die meisten hatten eine sehr klare Bedeutung: Amen-em-hat heißt »Amun ist an der Spitze«, Ah-mose »der vom Mond Geborene« und Amen-hotep »Amun ist zufrieden«. Zur hieroglyphischen Schreibweise der Namen der Götter siehe die Tabellen 10 und 11, Seite 96 f. und 121.

Um Leute mit dem gleichen Namen auseinanderzuhalten, fügte man gewöhnlich einen Beinamen hinzu, der oft ein Verwandtschaftsverhältnis anzeigte. Am Anfang der 18. Dynastie, als es zahllose Ah-mose männlichen und weiblichen Geschlechts gab, ließ ein hochgeehrter Heeresoffizier dieses Namens seine Biographie inschriftlich in seinem Grab festhalten. Sein Vater hieß demnach Baba, was so ungewöhnlich ist, daß es sich um einen Kosenamen handeln könnte. Der Offizier gab jedoch, wie es Brauch war, den Namen der Mutter an: »Ah-mose, geboren von Abana«. Auf den Vater konnte man sich mit den Ausdrücken »gemacht von« oder »von seinem Leib« beziehen. Ebenfalls in der 18. Dynastie, unter Amenophis (= Amen-hotep) III. trug ein Architekt, der zahlreiche königliche Bauprojekte im Raum Theben leitete, den gleichen Namen wie sein König und nannte sich »Amen-hotep, Sohn der Hapu«. Auch ein Archivar des Anubiskults unter Thutmosis IV. trug den gleichen Namen wie der König, nannte sich jedoch Pa-ri – nach seinem Onkel mütterlicherseits, der zugleich sein Schwiegervater war.

Mit »Amen« zusammengesetzte Namen wie Amen-hotep oder Amen-em-hat wurden sehr oft zu Ameni verkürzt; Meri, was mit »geliebt« übersetzt werden kann, war die übliche Kurzform von Namen wie Meri-Atum, Meri-Re und Meri-Ptah. Viele Namen werden auch mit Re gebildet, wobei aus wissenschaftsgeschichtlichen Gründen Re zu Beginn eines Namens meist Ra, am Namensende dagegen Re umschrieben wird; z. B. Ra-mesi-su (= Ramses), aber Ni-user-Re. Kurzformen des Gottesnamens wie Rai sind häufig in der Ramessidenzeit (19./20. Dynastie). Einige Eigennamen waren Götternamen ohne jeden Zusatz. Iset (Isis) und Hathor waren beliebte Mädchennamen. Das war durchaus nicht blasphemisch und zeugt so wenig von Respektlosigkeit wie der Eigenname Jesus im Spanischen und der Eigenname Mohammed (in seinen verschiedenen Formen) in der islamischen Welt. Da man im Englischen in den Namen Christopher und Christine *christ* (Christus) zu Chris verkürzt, ohne sich etwas dabei zu denken, sollte es uns nicht erstaunen, daß von Hathor eine verkleinernde Koseform gebildet wurde, die – aus welchen Gründen auch immer – Hunero lautet.
Spitznamen waren nicht immer Abkürzungen oder Koseformen. So nannte man Leute, die Amen-hotep hießen, manchmal Hui oder Huia, zum Beispiel den Vizekönig von Nubien, der sein Amt unter Tut-anch-Amun antrat. Vielleicht entspricht das der englischen Gepflogenheit, Leute namens Miller »Dusty« und Leute namens Wilson »Tug« zu nennen – ohne daß man noch wüßte, warum diese Namen einander entsprechen. Zusätzliche Namen können aber auch einfach auf den Geburtsort verweisen wie in Ah-mose Pa-Necheb, »Ah-mose aus Necheb«. Andere Spitznamen könnten auf Koseworte in der Familie zurückgehen. Si-Mut, der über die Rinder des Amuntempels von Karnak Buch führte, hieß »Si-Mut, sage von ihm Kiki«, was man am besten als »Si-Mut, bekannt als Kiki« übersetzt (Abb. 12, S. 40). Man kann sich gut vorstellen, daß ein kleines Geschwisterchen, das den Namen des neugeborenen Babys nicht richtig aussprechen kann, Kiki zu ihm sagt, und daß ihm dieser Name bleibt.
Solche Namen, die häufig anstelle des Geburtsnamens verwendet werden, scheinen im alten Ägypten weit verbreitet gewesen zu sein. Ein junger Mann, der im Grab des Pa-heri in el-Kab dargestellt ist, hieß

Abb. 12: Die Titel und Namen des Amen-em-hat, dessen Kosename Surer war. Inschrift aus seinem Grab in Theben-West.
***Übersetzung:** Der Erbprinz und Graf, der höchst Begünstigte, Bekannter des Herrn der Beiden Länder, Schreiber des Königs, Königliches Oberhaupt Amen-em-hat, sage von ihm Surer, der Gerechtfertigte.*

Pa-miu, »der Kater«. Diesen Namen erhielt er wohl kaum bei der Geburt, sondern als Kosenamen, der auf sein anspruchsvolles Wesen, seinen leisen Schritt oder einen anderen katzenartigen Wesenszug angespielt haben könnte. Die Frau des Gärtners Nacht in Theben wurde Ta-hemet genannt. Das kann zwar »Dienerin« oder sogar »Sklavin« heißen, aber man wird wohl kaum so lieblos gewesen sein, ein Kind mit so einem Namen zu strafen. Derselbe Wortstamm kann aber auch »Hoheit« heißen (wie in der Verbindung »Seine Hoheit« als Synonym für den König); *Hem* mit der weiblichen Endung *et* könnte also auch in etwa »kleine Hoheit« heißen, was sehr viel annehmbarer ist.

»Mose«, das heißt »geboren von«, ist ein häufiger Bestandteil von Personennamen, etwa in Min-mose (»geboren von Min«), Amen-mose (»geboren von Amun«) und Meri-mose (»geliebt Geborener«). Ramses (eigentlich Ra-mesi-su) ist eine Variante des gebräuchlichen Namens Ra-mose (geboren von Re). Nach heutiger Konvention werden Könige dieses Namens stets Ramses, andere Träger dieses Namens Ra-mose genannt, während in den Quellen diese Unterscheidung nicht getroffen wird.

Einfach nur Mose war nicht nur ein häufiger Jungenname in der bäuerlichen Bevölkerung, sondern auch eine gängige Abkürzung aller Namen, in denen Mose vorkam. Aus dem ägyptischen Mose wurde das biblische Moses und dann das hebräische Moshe und das arabische Musa – eines der wenigen Beispiele dafür, daß ein ägyptisches Wort in anderen Sprachen fortbesteht.

Am häufigsten sind ganz einfache Namen – oft nur Adjektive wie User (stark), Nedjem (süß) und Nefer (gut oder schön). Als Mädchennamen erhalten sie die feminine Endung -t, die aber nicht immer geschrieben

Abb. 13: Eine Frau bringt ihrem Gemahl als Totenopfer Leinenstoffe dar. Darstellung aus dem Grab des Sen-nefer, des Bürgermeisters von Theben unter Amenophis II. in Theben-West.
***Übersetzung** (von rechts nach links): Seine Schwester [Gemahlin] Merit bringt Leinenstoffe als Gabe für den Bürgermeister der südlichen Stadt [Theben] Sen-nefer, den Gerechtfertigten.*

wird. Die Liste mit Adjektiven, die in Personennamen vorkommen (Tabelle 1, S. 43), gibt stets die maskuline Form an. Die Überschrift der Tabellen 1–3 lautet: »Beleben ihrer Namen«, dazu befinden sich an den oberen Ecken die altägyptischen Bezeichnungen für 1., 2. und 3.

Jedes Adjektiv konnte mit anderen Wörtern oder dem Namen einer Gottheit zusammengesetzt werden wie in Mut-neferet (»Mut ist schön« bzw. »schöne Mut«) oder Amen-user (»Amun ist stark«) (Abb. 13).

Häufig benannte man Kinder nach den Eltern und gab bestimmte Namen in der Familie weiter. Listen in einigen Gräbern ist zu entnehmen, daß mehreren Kindern derselben Eltern der gleiche Name gegeben wurde, was mit der hohen Kindersterblichkeit zusammenhängen dürfte. Djau, der zur Zeit der 6. Dynastie Wesir war, hatte mindestens fünf Brüder, und alle scheinen denselben Namen getragen zu haben. Daß seine zwei Schwestern beide Anch-es-en-Meri-Re hießen, »ihr Leben gehört Meri-Re«, lag freilich an einer Namensänderung: Beide waren mit dem König Pepi I. verheiratet, der den Thronnamen Meri-Re trug.

Die Ägypter behielten ehrenvolle Namen gern in der Familie. Auf einem Kenotaph aus Sakkara, der aus dem Mittleren Reich stammt und heute im

Abb. 14: Die Tochter des Königs Teti und Gemahlin des Wesirs Mereru-ka. Neben ihrem förmlichen Königinnennamen hatte sie auch einen »schönen Namen« oder Kosenamen. Darstellung aus dem Grab des Mereru-ka in Sakkara.

***Übersetzung:** Leibliche Königstochter, Priesterin der Hathor, der Herrin der Sykomore, geliebt von ihm, Watet-chet-her, ihr schöner Name ist Seschseschet.*

Ägyptischen Museum Kairo ist, werden drei Brüder genannt, die alle Seq-waschet hießen und nur verschiedene Beinamen hatten: aa (groß oder älter), heri-ib (der in der Mitte ist) und nedjes (klein). Diese ausgesprochen einfallslose, aber enorm praktische Namensgebung entspricht der römischen Praxis, Ordinalzahlen (Primus, Secundus, Tertius) als Namen zu verwenden. Auch Seq-waschet-Aas Enkel hieß Seq-waschet.

Den Kindern einer Familie den gleichen zweiten Vornamen zu geben ist auch heute noch relativ weit verbreitet, und die Kinder adliger Familien führen häufig den Familiennamen beider Eltern, um auf ihre dynastischen Verbindungen hinzuweisen. In Spanien hat man Kindern schon immer eine ganze Reihe von Familiennamen mitgegeben, und Königin Victoria hat allen ihren Söhnen neben vielen anderen auch den Vornamen Albert und allen Töchtern unter anderem den Vornamen Victoria gegeben.

In anderen Fällen von Namensgleichheit innerhalb einer Familie könnte man Kinder mit dem gleichen Geburtsnamen durch Kosenamen auseinandergehalten haben; die Ägypter sprachen von einem »ren-nefer«, einem »guten« bzw. »schönen Namen«. Wenn ein Kind den gleichen Namen wie der Vater oder die Mutter trug, konnte man mit dem Zusatz »pa-scheri« (mask.) oder »ta-scherit« (fem.), also »jünger« oder »junior« deutlich machen, wer gemeint war. Auf der Scheintürstele des Kai-hap, heute im Britischen Museum, ist auch der älteste Sohn Kai-hap junior und der Lieblingsenkel Kai-hap (III.) genannt.

 1.				*(sanch ren-sen »Beleben ihrer Namen«)*	1. 
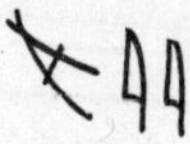	*meri, mer*	*geliebt*		*wer*	*groß*
	*meri, mer*	*geliebt*		*aa*	*groß*
	*nefer, nofer*	*gut, schön*		*netjer*	*göttlich*
	*nacht*	*stark*	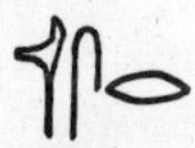	*user*	*mächtig, stark*
	*hetep, hotep*	*zufrieden, befriedigt*		*mes, mose*	*geboren*
	*setep*	*auserwählt*	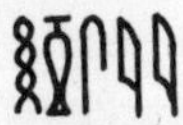	*hesi*	*begünstigt*
 oder 	*tepi*	*erst, oberst*		*imach*	*geehrt, verehrt*
	*chenti*	*erst*		*qeni*	*tapfer, stark*
	*nedjem*	*süß*		*renpi*	*jung, blühend*
	*wab*	*rein*		*seneb*	*gesund*
	*scheps*	*adlig*		*djeser*	*heilig*
	*nub*	*golden*		*hedj*	*weiß, silbern, hell*

Tabelle 1: Bestandteile von Personennamen (Adjektive)

Eine der sechs Prinzessinnen der Amarnazeit hieß Nefer-neferu-Aten ta-scherit. Da ihrer Mutter Nofretete (eigentlich: Neferet-iti) der Name Nefer-neferu-Aten anläßlich eines Sed-Festes ihres Gemahls verliehen wurde, kann die kleine Prinzessin diesen Namen mit dem Zusatz »junior« erst nach diesem Ereignis erhalten haben. Derartige Anhaltspunkte können zur Datierung von Inschriften innerhalb einer Regierungszeit herangezogen werden.

Einige Namen verweisen auf einen Geburtstag zu einer bestimmten Zeit des Jahres. (Es spricht allerdings sehr wenig dafür, daß die Ägypter Geburtstag gefeiert hätten.) Die Endung »-em-heb« bedeutet »im Feste«, der Name Hor-em-hab heißt also »Horus ist im Fest« und legt nahe, daß der Träger des Namens an einem der Festtage des Gottes Horus geboren wurde. Wenn bei einem religiösen Fest eine Prozession stattfand, wurde die Kultstatue des Gottes in einer kleinen heiligen Barke getragen, die wija hieß. Ein Eigenname, der aus dem Namen einer Gottheit und dem Suffix »-em-wija« (»in seiner/ihrer heiligen Barke«) besteht, verweist daher ebenfalls auf Festtage, Mut-em-wija also auf die Festtage der Göttin Mut. Wenn ein Name wie dieser in mehreren Generationen vorkommt, werden allerdings kaum alle, die ihn trugen, zur gleichen Zeit im Jahr geboren sein. Zum Vergleich kann herangezogen werden, daß man heute zwar manchen Kindern, die in der Weihnachtszeit geboren werden, den Namen Noel oder Holly gibt, aber nicht jeder, der Noel oder Holly heißt, in der Weihnachtszeit geboren ist und nicht jeder, der Pascal heißt, an Ostern. Vielleicht verehrte man, wenn der eigene Name mit dem eines Gottes zusammengesetzt war, diesen Gott ganz besonders und betrachtete dessen Festtage als ganz persönliche Feiertage – so wie Katholiken am Tag des Heiligen, der ihr Namenspatron ist, Namenstag feiern.

Zu bestimmten Anlässen oder als besondere Auszeichnung konnten Namen abgeändert oder mit Zusätzen versehen werden. Den Beamten, die er am höchsten schätzte, erlaubte der König im Alten Reich nicht selten, seinen Namen in den ihrigen einzufügen. So kam es, daß bei einigen Beamten, die nicht notwendigerweise mit dem Königshaus verwandt waren, ein Teil des Namens in Kartusche geschrieben wurde. Das Fest anläßlich des Regierungsjubiläums, Heb-sed, war ein geeigneter Zeit-

Abb. 15: Ein Hofbeamter zur Zeit der 5. Dynastie, dem die Ehre zuteil wurde, den Namen des Königs in seinen eigenen einzufügen. Darstellung von einem Relief im Luxor-Museum.
Übersetzung: *Bekannter des Königs, Kammerdiener des Südens, Vorsteher der beiden Scheunen (Unas)-anch.*

punkt für Namensänderungen. Unter Pepi II. kannte man einen Gaufürsten unter dem Namen Pepi-en-Heb-sed (»Pepi ist in seinem Fest des Regierungsjubiläums«) und den Vorsteher der königlichen Nekropole Degem, unter dem Namen Pepi-mer (»Geliebter des Pepi«) (Abb. 15).

Da es viele häufig vorkommende Namen gab, kannte man auch Höflinge oft unter ihrem »guten Namen«. Unter Pepi II. hieß der Hausvorsteher (= Güterverwalter) im Königspalast »Idi, dessen guter Name Tep-em-kau ist« (»Beste der Ka-Seelen«). Dieses Kapitel ist mit seinen Namen überschrieben. Unter Amenophis II. kannte man den Schreiber und Schatzmeister des Königs Djehuti-mose unter dem Namen Djehuti-nefer.

Manche Namen erzählen eine Geschichte. Dem Mädchen Anch-mut-es, »ihre Mutter lebt«, könnte man diesen Namen gegeben haben, weil es ihr wie aus dem Gesicht geschnitten war; vielleicht war die Mutter aber auch bei der Geburt gestorben, und der Name sollte zum Ausdruck bringen, daß das kleine Mädchen in der Zuneigung der Familie nun die Stelle der Mutter einnahm. Zur Zeit der 4. Dynastie bekam ein Kind von zwergenhaftem Wuchs den Namen Seneb, »gesund«, womit seine liebende Mutter ihren Wunsch bekräftigt haben könnte, daß ihr Sohn am

Leben bleiben möge. Falls es so war, ging der Wunsch in Erfüllung, denn Seneb war später trotz seiner körperlichen Schwierigkeiten Leiter der königlichen Leinenweberei. Er hatte zwei Kinder von normaler Größe und war mit einer Frau verheiratet, die den Titel Prinzessin hatte. Es gibt eine reizende Gruppenstatue von dieser Familie, die sich heute im Museum in Kairo befindet.

Ein Papyrus aus dem Turiner Museum umfaßt eine Abschrift vom Protokoll des Prozesses, den man einer Gruppe von Verschwörern gegen Ramses III. machte. Darin werden zum Teil absichtlich falsche Namen verwendet. Niemand hätte sein Kind Mesed-su-Re (»Re haßt ihn«) genannt. Wahrscheinlich trug der Mann, von dem die Rede war, den häufigen Namen Meri-Re (»von Re geliebt«), was man als gotteslästerlich betrachtete, da er dem lebenden Gott, d.h. dem König, nach dem Leben getrachtet hatte. Einer seiner Mitverschwörer, der Bin-em-Waset (»Übel in Theben«) genannt wird, trug wohl eher den damals sehr beliebten Namen Cha-em-Waset (»Ruhm in Theben«). Daß man sich bei einem dritten Beteiligten gar nicht die Mühe machte, den Namen abzuwandeln, sondern ihn einfach Pa-nek, »die Schlange«, oder den Übeltäter nannte, dürfte darauf hindeuten, daß er einer niedrigeren Gesellschaftsschicht angehörte. Auch ein Sohn Ramses' III. war angeklagt. Ihm gab man den Namen Pentaware, was in etwa »der Flüchtige« hieß. Man nahm ihm den Königsnamen, den er seit seiner Geburt getragen haben wird und entehrte ihn dadurch noch mehr als die anderen; er hatte sich gegen den eigenen Vater verschworen, sein Verbrechen wog noch schwerer.

Zwei Könige der 19. Dynastie trugen den Namen Setchi (= Sethos), was »zu Seth gehörig« bedeutet. Seth (bzw. Set oder Sutech) war ein zwiespältiger Gott (Abb. 16). Zum einen galten er und Horus traditionell als die beiden Schutzgötter Ägyptens, zum anderen hatte er sich Horus durch den Mord an dessen Vater, Osiris, zum unversöhnlichen Feind gemacht. Sethos I. konnte daher weder in seinem Grabbau, in dem er sich im nächsten Leben die Vereinigung mit Osiris erhoffte, noch in dem Tempel, den er für Osiris baute, immer und immer wieder Osiris' Mörder darstellen, aber genau das hätte er getan, wenn er seinen Namen in der Sethschen Form geschrieben hätte. Deshalb wurde statt dessen in

Abb. 16: Relief aus dem Grab Sethos' I. im Tal der Könige. Im Namen des Königs ist hier das Zeichen für den Gott Seth durch das Zeichen für den Gott Osiris ersetzt. Über dem Kopf des Königs schwebt die Geiergöttin Nechbet.

Übersetzung: *Nechbet, die Weiße von Nechen, sie gebe Gesundheit, Leben und Wohlsein*

Kolumnen von rechts nach links:

1. *Der lebendige Gute Gott, Sohn des Amun, geboren von Mut, Herrin von.*
2. *Ascheru [Teil des Tempelbezirks von Karnak] im Palast von Ipet-Sut.*
3. *der Osiris-König, Herr der Beiden Länder: (Men-Maat-Re).*
4. *leiblicher Sohn des Re, von ihm geliebt, Herr der Erscheinungen: (Setchi Mer-en-Ptah).*
5. *mit wahrer Stimme [gerechtfertigt] vor Osiris, dem Ersten des Westens.*

der Kartusche das Seth-Tier durch die Gestalt Osiris' ersetzt, denn schließlich hatten Wörter Macht, und Namen waren die machtvollsten von allen.

Die folgenden Tabellen 2 und 3 liefern weitere Bestandteile von Personennamen und einige weitere nützliche Ausdrücke wie zum Beispiel Wörter für Verwandtschaftsverhältnisse. Zusammen mit den alphabetischen Zeichen, den Adjektiven und den Götternamen aus den Tabellen 9 und 10 (S. 94 f. und 96 f.) müßten sie es dem Leser ermöglichen, die meisten häufig vorkommenden Namen und genauere Charakterisierungen auf Denkmälern für Personen mit lateinischen Buchstaben zu umschreiben.

 2.  *(sanch ren-sen »Beleben ihrer Namen«)* 2. 

	*it*	*Vater*		*mut*	*Mutter*
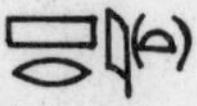	*scherit*	*jünger, junior*		*chered*	*Kind*
	*sa(t)*	*Sohn, Tochter*		*sen(et)*	*Bruder, Schwester*
	*neb(et)*	*Herr, Meister, Herrin*		*henut*	*Herrin*
	*bak(et)*	*Diener, Dienerin*		*tut*	*Bild*
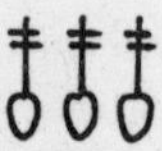	*neferu*	*Schönheit*		*anch*	*Leben*
	*maat*	*Wahrheit, Ordnung, Gerechtigkeit*		*chepesch*	*Arm, Kraft*
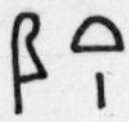	*maat*	*Wahrheit, Ordnung, Gerechtigkeit*	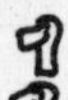	*pechti*	*Kraft*
	*cha*	*Ruhm, Erscheinung*		*waschet*	*Große Halle (eines Tempels)*
	*heb*	*Fest*		*wija*	*heilige Barke (eines Gottes)*
	*cheper*	*Form, Gestalt*		*ib*	*Herz, Wunsch, Verlangen*
	*hat*	*Vorderseite*		*pet*	*Himmel*

Tabelle 2: Bestandteile von Personennamen (Substantive)

 3.			(sanch ren-sen »Beleben ihrer Namen«)	3. 	
	*pa*	*der, dieser*		*ta*	*die, diese*
	*su*	*er, ihn*	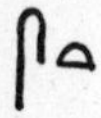	*set*	*sie, ihr*
	*-ef*	*er, sein (Suffix)*		*-es*	*sie, ihr (Suffix)*
	*-u (mask.)* *-ut (fem.)*	*Pluralendung*		*em*	*in, von, aus, bei*
	*en*	*jmd. gehören*		*imi*	*darin, in*
	*enti*	*Relativpronomen*		*er*	*hin, zu, nach*
	*em-chet*	*in Begleitung, nach*		*her*	*auf*
	*mi*	*wie*		*cher*	*bei, durch, zu, unter*
	*cheft*	*vor, bevor*	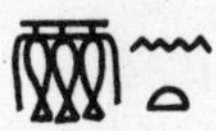	*chent*	*vor, über*
	*heri*	*über, darüber*		*cha*	*hinter, herum*
	*mes-en*	*geboren von (gefolgt vom Namen der Mutter)*		*iri-en*	*geboren von (gefolgt vom Namen des Vaters)*
	neb	*jeder, jede, jedes, alle*		*en-chet*	*von seinem Körper*

Tabelle 3: Bestandteile von Personennamen (Pronomen, Präpositionen etc.)

Horus(-Name): Hor-aha
Nebti(-Name): Men

3. DAS KÖNIGTUM

Wenn man in bezug auf das alte Ägypten von Urkunden spricht, handelt es sich öfter um einen in Stein gemeißelten als um einen auf Papyrus geschriebenen Text. Die erhaltenen hieroglyphischen Urkunden aus der Frühzeit unterscheiden sich sehr von den monumentalen Inschriften, die als typisch für die ägyptische Zivilisation gelten. Die ältesten Urkunden sind häufig fragmentarisch, meistens sehr kurz und setzen sich aus einer recht kleinen Zahl unterschiedlicher Hieroglyphen zusammen. Obwohl viele dieser Zeichen Jahrtausende im Gebrauch blieben, läßt sich nicht immer sagen, in welchem Sinn sie in den frühen, noch sehr einfachen Texten gebraucht wurden. Das liegt unter anderem daran, daß die Schrift, als sie noch in den Kinderschuhen steckte, kaum für fortlaufende, narrative Darstellungen verwendet wurde.
Lesen und Schreiben konnte nur eine Elite, die in ihren Urkunden ihre Macht und Autorität herausstellte, vor allem dadurch, daß sich ihre Mitglieder als Eigentümer auswiesen. Man meißelte Inschriften in Türstürze und -pfosten sowie in Stelen von Denkmälern, schnitt sie aber auch in Elfenbein- und Holzplättchen, die man an Körben und Kisten befestigte, in denen Besitz aufbewahrt wurde. Der wichtigste Bestandteil all dieser Inschriften war der Name des Eigentümers des so gekennzeichneten Gebäudes oder Gegenstands. Und der mächtigste Eigentümer von allen war der König. Bei anderen Zeichen mochte sich im Laufe der Jahrhunderte die Form oder die Bedeutung ändern, die Schreibweise der Königsnamen ging hingegen in das Kulturerbe ein, so daß wir auch bei Inschriften, die für uns ansonsten unlesbar sind, die Königsnamen verstehen.

Es ist kaum verwunderlich, daß die mächtigste Person im Staat mehr Namen hatte als jede andere. Die klassische Königstitulatur bestand aus den fünf Titeln mit den für jeden König neu zu wählenden Großen Namen, von denen zwei schon am Anfang der 1. Dynastie im Gebrauch waren, zwei weitere auf die gleiche Zeit zurückgehen, aber erst später eine feste Darstellungsform erhielten, und einer in der 4. Dynastie gebräuchlich wurde. Das früheste »Datum« in der ägyptischen Geschichte, das die ägyptologische Forschung kennt, ist das der »Vereinigung der Beiden Länder«, die nach derzeitigem Kenntnisstand um 3100 v. Chr. stattfand. Der späteren Überlieferung nach kamen damals zwei eigenständige Staaten, im südlichen Niltal und im Nildelta, also in Ober- und Unterägypten, unter die Herrschaft eines Königs, und zwar desjenigen von Oberägypten, den Herodot Menes nennt. Nachdem er die nördlichen Nachbarn in der Schlacht besiegt hatte, wurde er zum ersten »Herrn der Beiden Länder«. Auf einer riesigen Gedenkplatte aus grünem Schiefer wird eine ebensolche Eroberung einem König Nar-mer zugeschrieben. Diese Platte, heute in Kairo, war im Horus-Tempel von Hierakonpolis begraben, zusammen mit zahlreichen anderen Gedenkstücken – Opfergaben für den Gott, die wohl auch von der Macht und dem Prestige der Opfernden künden sollten. Auch diese Gegenstände sind für die ägyptologische Forschung Urkunden, obwohl nur wenige, altertümliche Hieroglyphen darauf stehen. Auf keinem der Gegenstände, die am Hauptfundplatz zusammen in einer großen Grube gefunden wurden, stehen viel mehr als ein paar Hieroglyphen. Diese wenigen Zeichen sind über die gesamte bildliche Darstellung des Geschehens verstreut in ganz ähnlicher Weise wie die kurzen Textvermerke auf dem berühmten Teppich von Bayeux, auf dem die Eroberung Englands dargestellt ist. Die eigentliche Geschichte erzählt das Bild oder Relief; die Wörter geben meistens nur den Namen oder Titel von Personen an. Stets ist als wichtigste Figur der König dargestellt.

Der König der Reichseinigung scheint aus dem Süden gestammt zu haben und verehrte besonders den Falkengott Horus. Er stellte sich nicht nur, was nahelag, unter den Schutz dieses Gottes, sondern galt selber als »der Horus«, als irdische Inkarnation des großen Himmelsgottes, den man später mit einem anderen Horus, dem Sohn des Osiris,

Abb. 17: Die Stele des Königs »Schlange« aus Abydos, heute im Louvre, auf der in einem Serech der Horusname des Königs zu sehen ist.

verband. Der auf einer Kultstandarte sitzende Horusfalke war die Hieroglyphe für das königliche Pronomen in der dritten Person, Singular, stand also für »Er« oder »Sein«.

Der älteste Königstitel war der Horusname, den man nicht in einer Kartusche, sondern in einen *Serech* schrieb, ein Viereck, das für den Königspalast steht, und zwar sowohl in der Vorderansicht als auch in der Draufsicht (Abb. 17). Der verzierte untere Teil steht für die Fassade, das leere Feld darüber für den Innenhof. Auf dem Dach des Palastes sitzt der Horusfalke und schützt das Gebäude und seinen Bewohner, den König, dessen Name in Hieroglyphenschrift im Innenhof steht. Am Beginn dieses Kapitels ist der Horusname von König Aha, dem Nachfolger Nar-mers, wiedergegeben, der einzige Fall, in dem der Falke durch das Dach des *Serech* hindurchgreift und die Hieroglyphen in den Klauen hält. Bei den Hieroglyphen handelt es sich um einen Schild und eine Keule, die zusammen »kämpfen« bedeuten. Vielleicht müßte man den Namen eigentlich als Hor-aha, »der kämpfende Falke«, umschreiben, denn hier ist das Falkensymbol offensichtlich ein integraler Bestandteil des Namens. Sowohl Nar-mer als auch die Gräber des Hor-aha konnten identifiziert werden, und es gibt eine Reihe von Täfelchen und Krugsiegeln mit ihren Namen, aber es ist ungeklärt, ob einer der beiden mit dem legendären Menes identisch ist.

Tabelle 4: Königsnamen und Königstitel

Generell stellt sich die Frage nach den staatlichen Strukturen vor der Reichseinigungszeit. Einiges spricht dafür, daß das Königreich seine Wurzeln in der südlichen Negadekultur hat. In den südlichen Machtzentren Hierakonpolis, Ombos und Abydos sind Monumente gefunden worden, die den ersten Königen des Doppelstaats zugeschrieben werden. Die Doppelung der Kronen, Gottheiten und heraldischen Symbole, die man dem Königtum zuordnete, scheint mit dem ägyptischen Konzept von der Ausgewogenheit der Kräfte in Verbindung zu stehen. Dieses als Maat bezeichnete Konzept beinhaltete auch ethische Werte wie »Wahrheit« oder »Gerechtigkeit«. Das Land bestand teils aus Wüste, teils aus kultiviertem Land, und man ging davon aus, daß keiner der beiden Teile ohne den anderen existieren konnte. Dem Falken Horus stand sein Alter ego Seth gegenüber, da beider Attribute, Ordnung und Chaos, für den ausgewogenen Zustand der Schöpfung notwendig erschienen. Krönungs- oder Kronjubiläumsszenen spiegeln diesen Dualismus wider und zeigen, wie Horus und Seth dem König die beiden Landeskronen überreichen, die »Rote Krone« und die »Weiße Krone« (vgl. die Abbildungen oberhalb von Tabelle 4).
Für die Rote Krone, die Horus zugeordnet ist, hat sich die Bezeichnung »Krone von Unterägypten« eingebürgert. Horus' wichtigste Kultstätten liegen allerdings im Süden, und sein irdischer Vertreter König Nar-mer wird mit der Weißen Krone dargestellt. Die Vorstellung von den »Beiden Ländern«, an der auch Jahrhunderte nach der »Vereinigung« festgehalten wurde, verweist auf eine dualistische Weltsicht und nicht etwa auf die Fortschreibung politischer Grenzen. Als Träger der »Doppelkrone« herrschte der König von Ober- und Unterägypten über ein Reich, das sich im Gleichgewicht befand, und so hätte er die eine Krone gar nicht ohne die andere erhalten können.
Indem er sich unter den Schutz des Horus stellte, vertraute er sich auch Seth an. Dieser Aspekt der Dualität kam in der 2. Dynastie darin zum Ausdruck, daß König Per-ib-sen das mythische Seth-Tier anstelle des Horus-Falken auf dem *Serech* seines offiziellen Namens abbilden ließ. Man hat darin ein Indiz für einen religiösen Umsturz gesehen, aber in Wirklichkeit stellte Per-ib-sen seinem Namen lediglich die andere Hälfte eines untrennbaren Götterpaars voran. Außerdem hat er mit großer

Abb. 18: Drei Varianten des Königsnamens mit Serech, welche die Veränderungen innerhalb der 2. Dynastie verdeutlichen. Der linke und der mittlere Serech scheinen zum selben König zu gehören.
***Übersetzung** (von links nach rechts):*
1. Seth(-Name): Per-ib-sen.
2. Horus(-Name): Sechem-ib.
3. Horus-Seth(-Name): Cha-sechemui.

Wahrscheinlichkeit einen zweiten *Serech*-Namen geführt, und zwar den klassischen Horusnamen Sechem-ib. Beim letzten König dieser Dynastie, Chasechemui, sitzen der Falke und das Seth-Tier auf dem *Serech*, und auch der Name selbst weist auf das Gleichgewicht hin. Er bedeutet »das Erscheinen der beiden Mächte« (Abb. 18).
Die Charakterisierung der ersten Könige des Doppelstaates bei Herodot und Manetho setzt sich wahrscheinlich aus volkstümlichen Erinnerungen an die Regierungszeit von mindestens zwei dieser frühen Herrscher zusammen. Von den Horusnamen in der 1. Dynastie hat keiner Ähnlichkeit mit dem hellenisierten Namen Menes, aber beim zweiten der Großen Namen gibt es einen Hinweis darauf, wer dieser Menes gewesen sein könnte. Der zugehörige Titel wird mit einem Geier und einer Kobra auf zwei Körben geschrieben. Sie stehen für die Geiergöttin Nechbet, die Trägerin der Weißen Krone, und die Kobragöttin Wad-

jet, die Trägerin der Roten Krone. Die Korbhieroglyphe bedeutet »Herr« oder »Herrin«, und in dieser Zusammenstellung sind die beiden Göttinnen als Nebti, »die beiden Herrinnen«, bekannt. Die Hieroglyphe für den Nebti-Namen selber ist bei Nar-mer und Hor-aha ein aufgebautes Spielbrett. Es bedeutet »fest begründet«, wurde »men« ausgesprochen – und von »men« ist es nun wirklich kein großer Schritt zum griechischen Menes. Die beiden dem zweiten großen Namen vorangestellten Göttinnen unterstreichen ebenfalls den Doppelcharakter des Königtums: Nechbet und Wadjet galten als Schutzgöttinnen von Ober- und Unterägypten. Das Hauptheiligtum von Nechbet lag im Süden, das von Wadjet im Norden, woraus jedoch keine regionale Beschränkung ihrer Wirkungsbereiche folgt. Der König nahm den Schutz beider Gottheiten in gleicher Weise für sich in Anspruch wie den Schutz von Horus und Seth, als deren weibliche Entsprechungen die Nebti betrachtet werden konnten. Von der Stirn der Totenmaske Tut-anch-Amuns aus halten der Geier und die Kobra Ausschau nach Feinden des Königs, um jeden Angriff auf ihren Schützling abzuwehren. Auf vielen Königsreliefs schwebt der Geier mit schützend ausgebreiteten Flügeln über dem König, während über der gesamten Szene nebeneinandergestellte Kobrafiguren einen Fries bilden (siehe Abb. 16, S. 47).

Dem dritten Namen ist als Titel ein Falke vorangestellt, der auf dem Zeichen für Gold sitzt, weshalb man vom Goldhorusnamen spricht. Man nimmt an, daß Gold als wertvolle, unwandelbare und unvergängliche Substanz die Beschaffenheit der Götter und so auch das Wesen der Monarchie symbolisierte. In Verbindung mit dem Falken, einem Symbol für den König, unterstreicht das Gold die Bedeutung und Göttlichkeit des Königtums. In der Frühzeit standen die beiden Zeichen vielleicht noch für eines der zahlreichen bedeutenden Beiwörter des Königs und dienten noch nicht zur Kennzeichnung eines Namens. Bei einem unserer frühesten Belege des Goldhorusnamens, auf dem Fragment eines Steingefäßes, das sich heute im Metropolitan Museum of Art in New York befindet, erscheint er zusammen mit dem Nebti-Namen des Qa-a, des letzten Königs der 1. Dynastie. Sehr oft sind in späteren Epochen der Nebti- und der Goldhorusname und gelegentlich auch der Horusname nur geringfügige Variationen ein und desselben Themas (Abb. 19).

Abb. 19: Fragment eines Steingefäßes mit dem Nebti- und dem Goldhorusnamen des Qa-a, eines Königs der 1. Dynastie; heute im Metropolitan Museum of Art in New York.

Der vierte Name der Königstitulatur erlangte im Laufe der Zeit die größte Bedeutung und trat bei offiziellen Anlässen an die Stelle des Horusnamens. Auch diesem Namen wurde ein Titel vorangestellt, der aus zwei heraldischen Emblemen bestand, der Binse und der Biene, wodurch die Dualität des Reichs betont wurde. Die beiden Zeichen stehen für Nisut-bit, was man heute mit »König von Ober- und Unterägypten« wiedergibt. Wörtlich übersetzt heißt Nisut-bit »der zur Binse und Biene gehörige«. In seiner frühesten Form könnte auch Nisut-bit als eigenständiger Titel gebraucht und nicht einem Namen vorangestellt worden sein. Dafür spricht, daß sowohl Nisut als auch Bit Wörter für »König« waren. Nisut (»der zur Binse gehörige«) war das Wort, das am häufigsten gebraucht wurde, wenn der König selber gemeint war, während Bit (»der zur Biene gehörige«) verwendet wurde, wenn in Titeln das Wort König vorkam, etwa in »Siegelträger des Königs«. Es ist müßig, sich darüber Gedanken zu machen, warum für die beiden Teile Ägyptens ausgerechnet diese beiden Embleme standen, also die Binse für den Süden und die Biene für den Norden. Diese Zeichen waren seit jeher in Gebrauch, und schon die alten Ägypter konnten vermutlich nicht erklären, worauf sie zurückzuführen waren. Es genügte vollauf, wenn man wußte, wofür sie als Schriftzeichen standen (Abb. 20).

Abb. 20: Übungsstück eines Bildhauers der 3. Dynastie. Das heute im Metropolitan Museum of Art in New York befindliche Stück wurde in Horbeit (Ostdelta) erworben. Die oberen Zeichen wurden dem Nisut-bit-Namen, die unteren dem Nebti-Namen vorangestellt.

Nisut konnte Bit beinhalten. Wird nur eines dieser beiden Wörter gebraucht, bedeutet das nicht, daß lediglich von der Königsherrschaft über einen Teil des Landes die Rede ist, und auch nicht, daß die Königsfamilie aus dem entsprechenden Landesteil stammt. Nisut-bit, Binse *und* Biene, stellte man dem meistgebrauchten Königsnamen voran, der in Kartusche geschrieben wurde. Es war der Name, den der König annahm, wenn er den Thron bestieg, und der ihm bei der Krönung verliehen wurde – in etwa so, wie jeder neue Papst einen Namen wählt und der britische Thronfolger, der im Familienkreis Bertie genannt wurde, im Jahre 1938 beschloß, den Thron als Georg VI. zu besteigen. Des Nisut-bit-Namens bediente man sich in allen offiziellen Texten, von Inschriften bis zu alltäglichen Aufzeichnungen. Auch die Herrscher anderer Länder verwendeten ihn, wenn sie mit dem König von Ägypten korrespondierten. Der Thronname vermittelte die relevante Königsideologie und verband politische mit religiösen Aspekten. Häufig wurde die Beziehung zu einem Aspekt oder Attribut des Sonnengottes Re gewählt.

Nur in sehr wenigen Fällen kommt derselbe Thronname zweimal vor, aber manchmal lehnte sich ein König an einen würdigen Vorgänger an und wählte einen Namen, der eine ähnliche Form wie der seines Vorbilds hatte. Sehr deutlich sieht man das beim Vergleich des Königs der 19. Dynastie mit dem des Begründers der 18. Dynastie. Ramses I. hat den Thronnamen Men-pehti-Re, Ah-mose hat den Thronnamen Neb-pehti-Re.

Da äußerst selten zwei Könige denselben Thronnamen trugen, hatten die Ägypter für jeden Monarchen eine unverwechselbare Bezeichnung. Ein Ägyptologe, der die Reihe dieser Namen auswendig lernen wollte, müßte allerdings über ein enormes Erinnerungsvermögen verfügen. Heute kennt man ägyptische Könige daher in der Regel unter dem fünften der Großen Namen, dem Geburtsnamen. Er wurde in Kartusche geschrieben, und man stellte ihm den Titel »Sohn des Re« voran. Der Sohn-des-Re-Titel, der in der 4. Dynastie eingeführt wurde, verwies auf die göttliche Herkunft des irdischen Herrschers und brachte ihn mit der höchsten Sonnengottheit in Verbindung. Als Geburtsnamen eines Prinzen kamen alle in der ägyptischen Bevölkerung gebräuchlichen Namen in Betracht. Oft folgte man allerdings der Familientradition und bekann-

Abb. 21: Die fünf Großen Namen Sesostris' I. Inschrift von der im Freilichtmuseum in Karnak wiedererrichteten »Weißen Kapelle«, einem Stationsheiligtum des Königs. Über den beiden Hieroglyphenkolumnen steht das Zeichen für »Himmel«.

Übersetzung: *(die linke und dann die rechte Kolumne):*

1. *Horus: Anch-mesut; Nisut-bit: Cheper-Ku-Re, geliebt von Amun-Re, Oberhaupt der Beiden Länder, er möge immer leben.*
2. *Nebti: Anch-mesut; Goldhorus: Anch-mesut; Sohn des Re, S-en-Useret, ihm möge gegeben werden alles Leben, Dauer, Wohlstand und Gesundheit, er möge immer leben.*

te sich zu einer bestimmten Gottheit, etwa zum Gott der Stadt, in der das Herrscherhaus beheimatet war wie im Fall der 11. Dynastie, die aus Theben, der Stadt des Kriegsgottes Month, stammte, was den Namen Mentuhotep erklärt. Nur und erst dann, wenn der Prinz König wurde, schrieb man seinen Geburtsnamen in eine Kartusche und erweiterte ihn manchmal um ein Beiwort, das seine Königswürde betonte. Den Ägyptern genügten Thron- und Geburtsname, um die Könige voneinander zu unterscheiden. Die Verwendung römischer Ziffern ist eine moderne Konvention, die es uns erleichtert, Könige mit demselben Geburtsnamen auseinanderzuhalten und ihre Regierungszeiten chronologisch zu ordnen. In Hieroglyphenschrift steht hinter dem Sohn-des-Re-Namen keine Ziffer (Abb. 21). Zu den Zeiten, die den beiden Kartuschen vorangestellt wurden, gab es Alternativen oder zusätzliche Beiwörter, die im Neuen Reich in Mode kamen und von den meisten späteren Königen in verschiedenen Kombinationen verwendet wurden. Anstelle von Binse und Biene konnte man vor dem Thronnamen »Herr der Beiden Länder« schreiben oder »der gute Gott« – der König galt ja als Gott auf Erden.

Beim Geburtsnamen konnte man das vorangestellte »Sohn des Re« durch »Herr der Erscheinungen« ergänzen oder ersetzen. Manchmal entfielen die vorangestellten Zeichen ganz; dafür stand dann jede der beiden Kartuschen auf dem Zeichen für Gold und war überragt von der Sonnenscheibe, um die sich zwei Schlangen wanden, die für die Nebti

Abb. 22: Alexander der Große, dargestellt als König von Ägypten im Barkensanktuar des Luxortempels. Die hier gewählte Abfolge von Titeln, Namen und Beinamen entspricht dem schon im Neuen Reich entwickelten Standard, außerdem wurde der Eigenname phonetisch »buchstabiert«.
***Übersetzung:** König von Ober- und Unterägypten, Herr der Beiden Länder (Setep-en-Re: Meri-Amun); Sohn des Re, Herr der Erscheinungen: (A-L-K-S-I-N-D-R-S), geliebt von Amun-Re, Herr des Throns der Beiden Länder.*

standen. Auf die Kartuschen folgten in der Regel weitere Beiwörter, zum Beispiel »dem das Leben gegeben werde/ist«, »der wie Re am Himmel erscheint«, »der ewig lebt« (Abb. 22).

Manche Beiwörter wurden nur bei dem Fest verwendet, das zum ersten Mal am dreißigsten Jahrestag der Thronbesteigung des Königs und dann alle drei oder vier Jahre wieder gefeiert werden konnte. Bei diesem Kronjubiläum, dem Heb-Sed, wurde die Krönung des Königs erneut vollzogen. Er wurde als Herrscher des Doppelstaates bestätigt und erhielt den Segen der wichtigsten Reichsgötter. Waren aus Anlaß der Krönung neue Namen angenommen worden, so wurden sie aus Anlaß des Kronjubiläums abgeändert oder mit Zusätzen versehen. Bei einem König, der mehrere Jubiläen gefeiert hat, kann man daher anhand der genauen

Form der Namen, die sie führten, oder der Zusätze, mit denen sie versehen waren, Urkunden auf einen bestimmten Abschnitt der Regierungszeit datieren. Der Obelisk Thutmosis' III., heute in Istanbul, wurde zweifellos aus Anlaß eines der Kronjubiläen des Königs aufgestellt, da seinen Namen der Zusatz »Herr der Kronjubiläen« folgt.

Die radikalste Namensänderung nahm Amenophis IV. vor, als er seinen Geburtsnamen vollständig änderte. Aus Amenophis (= Amun-hotep »Amun ist zufrieden«) wurde Echnaton (= Ach-en-Aten »nützlich für Aton«). Sonst wurde eher der Horus-, Nebti- oder Goldhorusname geändert. In Mentu-hotep II. sahen spätere Generationen den Begründer des Mittleren Reichs. Er bestieg den Thron nach der sogenannten Ersten Zwischenzeit, in der es keine Zentralgewalt gegeben und Ägypten von Regionalfürsten beherrscht worden war, von denen zwar einige die Königswürde für sich reklamiert hatten, deren Macht aber sehr begrenzt geblieben war. Einer mächtigen Familie aus der Gegend von Theben war es jedoch gelungen, ihren Einflußbereich immer mehr auszudehnen, bis einer von ihnen, Mentu-hotep, stark genug war, um ein Heer aufzustellen, mit dem er die verbliebenen kleinteiligen Herrschaftsgebilde im Norden erobern konnte. Als er den Thron bestieg und »König der Beiden Länder« wurde, trug er zunächst den Horusnamen Se-anch-ib-taui (»Der das Herz der Beiden Länder belebt«). Später nahm er dann den Horusnamen Netjeri-Hedjet an (»Göttlich ist die Weiße Krone«) und verlieh damit vermutlich seiner Überzeugung Ausdruck, daß er sich die Königswürde nun wirklich verdient hatte. Und schließlich, als er unangefochtener Herrscher des Doppelstaats war, ersetzte er den zweiten durch einen dritten Horusnamen: Sema-taui »Der die Beiden Länder vereinigt«. Diese drei ganz verschiedenen Horusnamen haben unter Ägyptologen Verwirrung gestiftet, weil nicht immer gesehen wurde, daß sie ein und denselben König bezeichnen. So kommen manche Nachschlagewerke bei der 11. Dynastie auf vier Könige dieses Namens, neuere Arbeiten dagegen nur auf drei. Zur Vermeidung von Mißverständnissen wird er oft, unter Einbeziehung des Thronnamens, als Neb-hepet-Re Mentuhotep geführt.

Der Obelisk, der heute vor der Basilika auf dem Lateransplatz in Rom steht, trägt auf allen vier Seiten die vollständige Titulatur Thutmosis' III., die Namen werden jedoch in zwei verschiedenen Versionen ausgeführt

(Abb. 23). Der Obelisk muß zu einem späteren Zeitpunkt in der 54jährigen Regierungszeit des Königs in Auftrag gegeben worden sein. Ein Königstitel verweist auf seine Herrschaft über die Feinde Ägyptens, die traditionell als die »Neun-Bogen-Völker« bezeichnet wurden. Thutmosis III. war ein kriegerischer König, durch dessen Eroberungen das ägyptische Reich die größte Ausdehnung erreichte. Es verwundert nicht, daß er mit den Namen, die er wählte, diesen Erfolg zum Ausdruck brachte. Nicht so leicht ersichtlich ist, warum er seinen Horusnamen »Starker Stier, der in Theben erscheint« abänderte in »Starker Stier, von Re geliebt«. Seit frühester Zeit war »Starker Stier« oder auch »Siegreicher Stier« ein beliebter Beiname des Königs. Schon auf der Platte des Nar-mer wurde der König als Stier dargestellt, der seine Feinde niedertrampelt.

In späteren Dynastien wurde der König auch Per-aa genannt. Ursprünglich bedeutete Per-aa das »Große Haus« und bezog sich auf die Königsresidenz. Allmählich verband man dann mit dem Gebäude – ähnlich wie mit dem Weißen Haus oder Downing Street Nummer zehn – die politische Macht, die dort ihren Sitz hatte, und schließlich wurde Per-aa zu einem Wort für »König«. Für die Schreiber hatte das den Vorteil, daß sie die sperrigeren Titel und eine allzu häufige Wiederholung des Ausdrucks »Seine Majestät« vermeiden konnten. Dekrete wurden nun vom Per-aa erlassen, aber natürlich betrachtete man sie ebensowenig als Willensäußerungen des Großen Hauses selbst, wie man heute in einer Mitteilung des Buckingham Palace eine Äußerung eines Gebäudes sieht. Die Griechen zogen das knappe Per-aa den älteren Königstiteln vor und hellenisierten es zu Pharao.

Im Königsgrab sowie bei Begräbnis- und Totenmonumenten bezeichnete man den König mit der Formel »Osiris-König«, was »der im Totenreich wiedererstandene zum Gott Osiris gewordene König« bedeutet, und fügte die Beiwörter »von wahrer Stimme« (gerechtfertigt) oder »der das Leben wiederholt« hinzu. In vielen Fällen teilte die Gemahlin das Grab des Königs, manchmal wurden Königsgemahlinnen aber auch eigene Grabbauten gewährt. In der 1. Dynastie wurde Neith-hotep, die Gemahlin des Nar-mer, in einem Grab in Negade beigesetzt, das größer und prächtiger war als das ihres Gemahls. Man nimmt an, daß sie ihn überlebte und ihre Beerdigung von Hor-aha ausgerichtet wurde, der höchst-

Abb. 23: Zwei Versionen der Namen und Titel Thutmosis' III. auf dem Obelisken, der heute auf dem Lateransplatz in Rom steht.
Übersetzung: *(links) Horus: Starker Stier, der in Theben erscheint; Nebti: Dauerhaft wie Re am Himmel; Goldhorus: Mit heiligen Erscheinungen, mächtig und stark; König von Ober- und Unterägypten: Men-cheper-Re setep-en-Re; Sohn des Re: Djehuti-mose nefer-cheper.*
(rechts) Horus: Starker Stier, geliebt von Re; Nebti: Hochgeehrt in allen Ländern; Goldhorus: Der herrscht mit starkem Arm über die Neun-Bogen-Völker; König von Ober- und Unterägypten: Men-cheper-Re; Sohn des Re: Djehuti-mose nefer-cheper.

wahrscheinlich ihr Sohn war. Er und nicht etwa Narmer wird auf den Grabbeigaben am häufigsten genannt. Eine andere Königsgemahlin, Merit-neith, konnte sogar als Grabherrin von *zwei* Königsgräbern identifiziert werden, von denen das eine in Negade und das andere in Sakkara liegt. Da ihr Name in einer Art *Serech* geschrieben wurde, über den das Namenszeichen der Göttin Neith, die gekreuzten Pfeile, gesetzt wurden, und ihre Gräber nach Größe und Baustil denen der Könige jener Zeit gleichen, muß Merit-Neith mehr als nur eine Königsgemahlin gewesen sein. Mit einiger Wahrscheinlichkeit war sie die erste regierende Königin des alten Ägypten.

Der letzte König der 2. Dynastie, Cha-sechemui, war mit einer Dame verheiratet, die in späterer Zeit als Ahnherrin der 3. Dynastie verehrt wurde. Sie hieß Ni-maat-Hapi und trug den Titel Mut-mes-nisut, was man als »Mutter der Königskinder«, aber auch als »Königsgebärerin« übersetzen könnte. Wenn die zweite Lesart richtig ist, kann Ni-maat-Hapi dieser Titel erst verliehen worden sein, als einer ihrer Söhne König war. Es war kein Einzelfall, daß nach der Thronbesteigung des Sohns die Mutter einen offiziellen Titel erhielt. Zur Zeit der 18. Dynastie wurde Königin Mut-em-wija, die Mutter Amenophis' III., erst dann als »Hauptgemahlin des Königs« bezeichnet, als ihr Sohn König geworden war – wohl weniger in ihrem eigenen als im Interesse ihres Sohnes.

Im alten Reich ließen von der 4. bis zur 6. Dynastie Könige in der Nähe des eigenen Grabbaus auch für ihre Gemahlin eine Pyramide errichten. Wenn sie auch beträchtlich kleiner waren als die Pyramiden der Könige, zeugen sie doch von der großen Bedeutung dieser Frauen. Die Gemahlin des Mykerinos (= Men-kau-Re), eines Königs der 4. Dynastie, wurde in Giza in einer der drei kleineren Pyramiden begraben, die er neben seiner eigenen bauen ließ. Eine prachtvolle Statuengruppe, die sie zusammen mit ihrem Gemahl zeigt, wurde im Taltempel vor seiner Pyramide gefunden. Die Königin hieß Cha-meri-nebti und war die Tochter des Chephren (= Cha-ef-Re), des Erbauers der zweiten Pyramide von Giza. Eine Tochter des Mykerinos (aber nicht der Cha-meri-nebti) war Chent-kau-es. Sie wurde die Gemahlin des ersten Königs der 5. Dynastie User-ka-ef. Sie erhielt den Ehrentitel »Mutter zweier Könige von Ober- und Unterägypten«, da ihre beiden Söhne, erst Sahu-Re und später Nefer-ir-ka-Re, den Thron bestiegen. Sie kann diesen Titel erst erhalten haben, als schon ihr zweiter Sohn den Thron bestiegen hatte. Auch ihr Grabbau, der die Form eines großen Sarkophags hatte, wurde in Giza errichtet. Ihr Totenkult ist noch lange nach dem Tod ihrer Söhne belegt, was für ihre Popularität spricht. Sie war das physische Bindeglied zwischen der 4. und der 5. Dynastie und wurde als Matriarchin verehrt.
Für die Gemahlinnen der Könige der 6. Dynastie wurden kleine Pyramiden innerhalb der Grabanlage des Gemahls errichtet. Ihre Namen sind bekannt, aber nur eine von ihnen scheint eine Machtposition innegehabt zu haben, nämlich Anch-es-en-Merire, die Gemahlin Pepis I. und Mutter Pepis II., die für ihren minderjährigen Sohn die Regentschaft führte. Am Ende der Regierung Pepis II., der beinahe hundert Jahre alt wurde, brach die staatliche Ordnung zusammen. Einer der kurzlebigen Herrscher, die aus dem Chaos auftauchten, war eine Frau, die Manetho Nitokris nennt und als »die edelste und schönste Frau ihrer Zeit« beschreibt. Nitokris bediente sich sämtlicher Königstitel. Ihr Nisut-bit-Name lautete Nit-ikeret (»Die hervorragend ist«), und der zweiten Kartusche war einfach nur »König« vorangestellt. Ihr Geburtsname Men-ka-Re verweist auf den König der 4. Dynastie, in dessen Grab sie nach der Überlieferung bestattet wurde.
Auch die Töchter und Gemahlinnen von Königen des Mittleren Reichs

wurden in eigenen Pyramiden kleineren Zuschnitts mit allen königlichen Ehren bestattet und unter anderem mit prachtvollem Schmuck versorgt. Aus Pyramiden in Lischt und Hawara, am Rande des Fajjum, hat man mehrere solcher Schmucksammlungen geborgen. In viele dieser Schmuckstücke ist der Name der Grabherrin oder des herrschenden Monarchen eingearbeitet. Manche von ihnen waren zu Lebzeiten der Besitzerin wohl nie getragen worden und dienten ausschließlich als Amulette, die ihr in der nächsten Welt Schutz gewähren sollten.

Am Anfang des Neuen Reichs nahmen die Königsgemahlinnen häufig den Titel »Gottesgemahlin« an. Es gibt Hinweise darauf, daß es sich dabei an sich um einen religiösen Titel handelte, aber meistens bedeutet er nur Hauptgemahlin des Königs. Ein Wort für »Königin« gab es im Ägyptischen nicht. Man sprach von der »Großen Königlichen Gemahlin« (die nicht selten auch eine »Königstochter« oder »Königsschwester« war). Sie hatte Vorrang vor den anderen »Königsgemahlinnen« oder »Königsfavoritinnen« und wurde zusammen mit ihrem Gemahl in offiziellen Szenen dargestellt, oft kleiner als ihr Gemahl, aber nie abseits: Sie stand oder saß neben dem König und hatte manchmal den Arm um seine Taille gelegt. Sie trug die Geierhaube der Göttin Mut, der Gemahlin des thebanischen Gottes Amun, und auf dieser Haube ein Uräusschlangendiadem. Die Krone der Hauptgemahlin bestand aus der Sonnenscheibe und einer Doppelfeder zwischen den Kuhhörnern, die auch zur Krone der Göttinnen Isis und Hathor gehörten. Ihr Name wurde in Kartusche geschrieben, und zu ihren Titeln gehörte »Herrin der Beiden Länder« und »Geliebte Herrin von Gnaden, Grazie und Süße«. Wenn die Gemahlin den König überlebte und ihr Sohn den Thron bestieg, erhielt sie den Titel »Königsmutter«.

Keine Große Königliche Gemahlin erhielt ein so prachtvoll ausgeschmücktes Grab wie Nefertari (eigentlich Neferet-iri), die »Gattin« Ramses' II. Es war eines der ersten Gräber, das im sogenannten »Tal der Königinnen« entdeckt wurde, ein Platz, an dem man seit der 19. Dynastie Königsgemahlinnen und Königskinder beigesetzt hatte. Erstaunlicherweise gibt es im Grab der Nefertari keine Darstellungen ihres Gemahls, was um so mehr auffällt, als Ramses II. sonst auf jedem Monument, das er baute, seinen Namen groß herausstellte. Hier wird

Abb. 24: Königin Nefertari, die Gemahlin Ramses' II., Darstellung aus ihrem Grab im Tal der Königinnen. Sie trägt die Geierhaube der Göttin Mut und auf der Haube die Krone der »Großen Königsgemahlin« von Ägypten mit Doppelfeder und Sonnenscheibe.

Übersetzung: *Rede des Osiris: »[Sie ist] die Große Gemahlin des Königs (Neferet-iri Meri-en-Mut), die Gerechtfertigte«.*

hingegen die Königin dargestellt, wie sie den Göttern opfert und wie Isis und Hathor sie vor Osiris führen; *ihr* Name wird auf Inschriften groß herausgestellt: Neferet-iri Meri-en-Mut (Abb. 24).

Eine direkte Entsprechung zu »Prinz« oder »Prinzessin« gab es nicht. Man sprach vom Sohn oder der Tochter des Königs. Da der Name der Mutter meist nicht angegeben wurde, ist oft schwer zu sagen, welcher König der Vater eines »Königssohnes« war.

Bei einer Zusammenkunft von Königssöhnen und -töchtern wird man annehmen, daß sie alle Kinder des Königs sind, der das Bild in Auftrag gegeben hat. Das muß aber nicht in jedem Fall zutreffen. Im königlichen Harem waren neben den Frauen und Kindern des Königs auch alle seine weiblichen Verwandten zu Hause. Eine »Königstochter« kann daher auch die Tochter eines früheren Königs und die Schwester oder Cousine des regierenden Monarchen sein. Wurde ein Königskind nicht selber König bzw. Große Königsgemahlin, schrieb man den Geburtsnamen nicht in Kartusche. Der vollständige und unmißverständliche Titel des Prinzen lautet »leiblicher Königssohn, den er liebt«. Außerdem konnte der Prinz Titel aus den Bereichen Verwaltung, Priesterschaft und Militär erhalten, s. u. Königstöchter hatten selten andere Titel als den einer »Tempelsängerin«. Wir kennen einige Darstellungen von Königsfamilien, auf denen der Name jedes Kindes angegeben ist. Unter Echnaton (eigentlich Ach-en-Aten) wurden die sechs Prinzessinnen häufig mit ihren Eltern dargestellt, und jede von ihnen wurde präzise benannt als »leibliche Königstochter, von ihm geliebt, geboren von der Hauptgemahlin des Königs, Nofretete (eigentlich Neferet-iti)«. Daß auch die Mutter genannt wird, ist für diese Zeit eine Seltenheit (Abb. 25).

Abb. 25: Drei der Töchter Echnatons mit ihrer Tante Mut-nedj-met begleiten bei einem offiziellen Anlaß ihre Eltern. Darstellung aus dem Grab des Eje in Amarna.

Übersetzung *(Kolumnen werden von rechts nach links gelesen):*

1. *Leibliche Königstochter, von ihm geliebt, Merit-Aten, geboren von der Großen Königlichen Gemahlin, von ihm geliebt: (Nefer-neferu-Aten Neferet-iti), sie möge immer und ewig leben.*
2. *Leibliche Königstochter, geliebt von*
3. *ihm, Maket-Aten,*
4. *geboren von der Großen Königlichen Gemahlin, geliebt von ihm:*
5. *(Nefer-neferu-Aten Neferet-iti), sie möge immer und ewig leben.*
6. *Leibliche Königstochter, geliebt von ihm, Anch-er-en-pa-*
7. *Aten, geboren von der Großen Königlichen Gemahlin:*
8. *(Nefer-neferu-Aten Neferet-iti), sie möge immer und ewig leben.*
9. *Schwester der Großen Königlichen Gemahlin (Nefer-neferu-Aten Neferet-iti),*
10. *sie möge immer und ewig leben,*
11. *Mut-nedjmet.*

In den Darstellungen vom Festaufzug der königlichen Kinder, mit denen Ramses II. viele seiner Tempel ausschmückte (z. B. in Luxor, im Ramesseum oder in Abu Simbel), lassen sich mehr als 100 Söhne und Töchter mit Namen identifizieren. Da sie alle nahezu identische Kleidung tragen und gleich groß dargestellt werden, läßt sich nicht sagen, welches die ältesten sind, von welcher der aufeinanderfolgenden Hauptgemahlinnen die einzelnen Kinder abstammen und wer von ihnen das frühe Kindesalter überlebte. Einige der Prinzen werden auch als Teilnehmer an Feldzügen in fremden Ländern dargestellt – bei der Schlacht, bei der Belagerung einer Festung oder als Lenker eines Streitwagens. Manchmal ist den Grabbauten und Monumenten dieser Prinzen zu entnehmen, wer ihre Mutter war. Ramses II. hatte, was unüblich war, zwei Große Königsgemahlinnen zugleich. Königin Isis-nofret war zur selben Zeit »Große Königsgemahlin« wie Königin Neferet-iri, und in einer späteren Phase der fast 68jährigen Regierungszeit des Königs wurden die Töchter dieser beiden Königinnen, Merit-Amen und Bint-Anat, anstelle ihrer Mütter Gemahlinnen ihres Vaters.
Wie Ramses II. ließ auch Ramses III. in seinen Monumenten seine Kinder darstellen (Abb. 26). Seine Nachkommenschaft war weniger zahlreich, doch viele seiner Söhne trugen den gleichen Namen wie die Söhne seines Vorbilds. In seinem Totentempel in Medinet Habu versuchten mehrere spätere Könige, sich selber im Festaufzug der Kinder Ramses' III. kenntlich zu machen, indem sie die Stirn mit einer Kartusche oder der königlichen Uräusschlange versahen.
Es ist ungeklärt, ob man Prinzessinnen relativ häufig eine Ehe außerhalb des Königsgeschlechts eingehen ließ. Zur Zeit der 6. Dynastie wurde dem Wesir Mereu-ka eine Königstochter zur Frau gegeben, aber sie war wohl das Kind einer Nebenfrau oder Konkubine und nicht die Tochter einer Hauptgemahlin des regierenden Königs (siehe Abb. 14, S. 42). Prinzessin Tia, die Tochter Sethos' I., heiratete einen Adligen, der Verwalter des Ramesseums (des Totentempels Ramses' II.) wurde. Diese Ehe könnte jedoch geschlossen worden sein, als Sethos noch nicht König war, sie ist also kein gutes Beispiel.
Zwar war die Königsfamilie wohl nicht weniger von der hohen Kindersterblichkeit betroffen als die übrige Bevölkerung, aber es muß doch

Abb. 26: Einer der Söhne Ramses' III. Dargestellt im Totentempel des Herrschers in Medinet Habu. Er trägt die typische Prinzenfrisur mit dem kunstvollen Seitenzopf, außerdem führt er einen Wedel mit Straußenfeder mit sich, das Amtszeichen des »königlichen Wedelträgers«.
Übersetzung: *Wedelträger zur Rechten des Königs. Erster Streitwagenlenker seiner Majestät, leiblicher Königssohn, Pa-Ra-her-wenem-ef, der Gerechtfertigte.*
Kartusche: Herr der Erscheinungen: (Ra-meses, Herrscher von Junu).

stets eine zahlreiche Nachkommenschaft königlichen und halbköniglichen Geblüts aus mehreren Generationen gleichzeitig gegeben haben. In Tabelle 5 (S. 70) sind Hieroglyphen, insbesondere Verben, zusammengestellt, die häufig im Nisut-bit-Namen, also im Thronnamen des Königs von Ägypten vorkommen. Es werden auch Wörter aufgeführt, die oft als abgekürzte Wünsche den Namen nachgestellt sind – zum Beispiel Freude, Schutz oder Herrschaft. Über der Tabelle steht *Nisut-bit*, die Binse und die Biene, die als Titel vor dem Thronnamen des Königs stehen.

					*Nisut-bit »König von Ober- und Unterägypten«*
	*taui*	*Die Beiden Länder*		*Heb-sed*	*Fest des Kronjubiläums*
	*taui*	*Die Beiden Länder*		*Heb-sed*	*Fest des Kronjubiläums*
	*sem*	*vereinigen*		*ka*	*Geist*
	*ach*	*nützlich sein*		*ba*	*Seele, Geist*
	*wen*	*bestehen, sein, existieren*		*schen*	*Unendlichkeit*
	*di*	*geben, schenken, darbringen, gewähren*		*djed*	*Beständigkeit, Dauer*
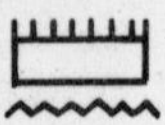	*men*	*begründen*		*was*	*Wohlsein, Glück, Herrschaft*
	*in*	*bringen, holen*		*sa*	*Schutz*
	*ii*	*kommen*		*sa*	*Schutz*
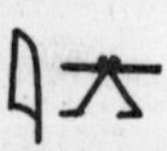	*is*	*geh/geht!*		*sechem*	*Macht*
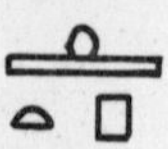	*hetep/ hotep*	*zufriedenstellen, darbieten*		*aut-ib*	*Freude*
	*aha*	*kämpfen*		*maa-cheru*	*gerechtfertigt, selig, (mit) wahrer Stimme (= verstorben)*

Tabelle 5: Bestandteile von Königsnamen

hetep di Nisut Wsir netjer aa neb Djedu
»Ein Opfer, das der König dem Osiris gibt, dem Großen Gott, Herrn von Busiris«

4. DIE GÖTTER

Es verlieh einer Stadt Würde, wenn der König, als Gott auf Erden, sie zu seiner Residenz machte. Der ägyptische König und Teile seines Hofstaates hielten sich zu bestimmten Zeiten des Jahres aber auch in anderen Städten auf, wobei die Reiseroute vor allem vom Kalender der religiösen Hochfeste bestimmt war. Das Verwaltungszentrum befand sich jedoch stets in der Residenzstadt, jedes Ressort verfügte außerdem in anderen bedeutenden Städten über Außenstellen, die an den örtlichen Palast oder Tempel angegliedert waren.

Zu Beginn der 1. Dynastie wurde die Hauptstadt gegründet, der die Griechen später den Namen Memphis gaben. Ein Teil des Baugrundes wurde angeblich dem Nil abgerungen, indem man den Fluß staute und umleitete. Durch die Errichtung der Stadt am Scheitelpunkt des Deltas, an der Grenze zwischen Ober- und Unterägypten, wurde die Vereinigung der Beiden Länder bekräftigt. Der Gott der Gegend war Ptah, der Schöpfergott, den man den »Größten der Handwerker« nannte. Mit dem Tempel dieses Gottes im Herzen der Stadt wurde am Anfang der dynastischen Ära eine der ersten wahrhaft gesamtägyptischen Kultstätten geschaffen. Der Tempel hieß Hut-ka-Ptah, »Haus des Ka des Ptah«, und die Griechen übernahmen diese Bezeichnung für die gesamte Stadtanlage. Im Laufe der Sprachentwicklung und unter hellenistischem Einfluß veränderte sich die Aussprache von Hut-ka-Ptah zu *Aigyptos*, was schließlich zur generellen Bezeichnung für das Land wurde und von dem auch das deutsche »Ägypten« abstammt.

Die alten Ägypter hatten mehrere Namen für ihr Land. »Tameri«, »das geliebte Land«, bringt deutlich zum Ausdruck, welche Gefühle die Leute für ihr Heimatland hegten. Die Vorstellung, in einem fremden Land leben oder gar sterben zu müssen, war den Ägyptern ein Greuel. Sie empfanden tiefes Mitleid mit Ausländern, die einem wahren Einheimischen von Kemet in jeder Hinsicht unterlegen waren. Der Name Kemet, das »Schwarze Land«, leitet sich von dem fruchtbaren Schwemmland des Niltals her. Im Einklang mit dem Gleichgewichtsgedanken hielten sich das »Schwarze Land« und die Wüste, das »Rote Land«, die Waage. Zur Schreibweise des ägyptischen Wortes für Wüste gehörte die Flamingo-Hieroglyphe, das Zeichen für rot. Womöglich ist sogar das lateinische Wort *deserta* ägyptischen Ursprungs. Man kann sich leicht vorstellen, daß die Frage eines römischen Reisenden nach dem Namen des sandigen Brachlandes im Osten und Westen des fruchtbaren Tals einfach mit *Deschert*, »das Rote Land«, beantwortet wurde.

Die beiden Pflanzen, die als heraldische Embleme des Nordens und des Südens verwendet wurden, sind in Ägypten leider ausgestorben. Der Papyrus *(Cyperus papyrus)*, das Emblem Unterägyptens, also des Deltas, wurde allerdings in jüngster Zeit als touristische Attraktion wieder eingeführt. Der blühende Lotos, der für Oberägypten stand, ist im Niltal nicht mehr zu finden. Sowohl das Papyrus- als auch das Lotospflanzenbündel waren Hieroglyphen für die Beiden Länder. Der blühende Lotos bedeutete außerdem »Süden« oder »südlich«, der Papyrus »Norden« oder »nördlich«. Die Zeichen für »Osten« und »Westen« waren Standarten, die vielleicht von Lokalemblemen oder -fetischen abgeleitet waren. Sie standen auch für »links« und »rechts«, genauer gesagt für das linke und rechte Nilufer, wenn man stromaufwärts blickte. Weil man es nur natürlich fand, daß Flüsse nach Norden flossen, galten der Tigris und der Euphrat für die Ägypter als »Flüsse, die rückwärts fließen«. Die Zeichen für die Himmelsrichtungen findet man auf der Landkarte von Ägypten am Anfang dieses Buchs, auf der auch die Nebti, die »beiden Herrinnen«, abgebildet sind, die Schutzgöttinnen des Nordens und des Südens.

Die Kultzentren der Nebti, die als Reichsgöttinnen verehrt wurden, waren im Süden die Stadt Necheb und im Norden die Stadt, die von den Griechen Buto genannt wurde. Die Geiergöttin Nechbet, deren Name einfach »Die aus Necheb« bedeutet, wurde auch »die Weiße« genannt – eine Anspielung darauf, daß sie die Weiße Krone Oberägyptens trug

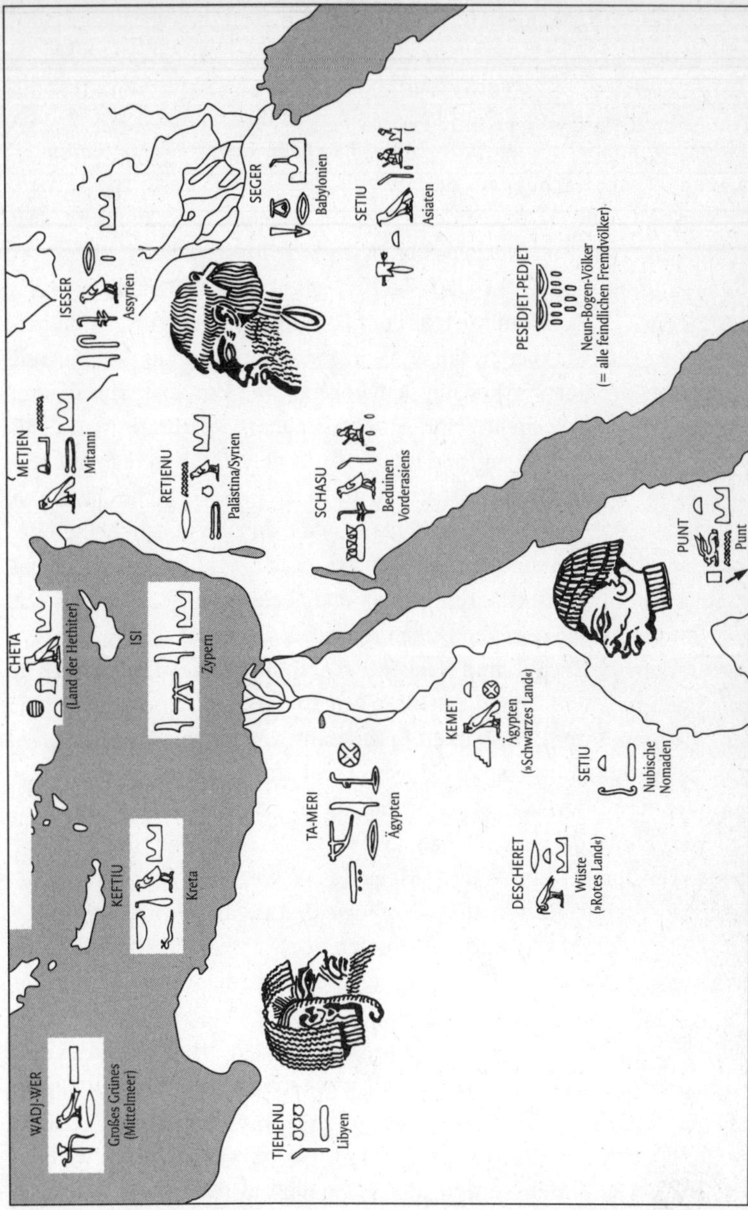
WADJ-WER
Großes Grünes (Mittelmeer)
TJEHENU
Libyen
KEFTIU
Kreta
TA-MERI
Ägypten
DESCHERET
Wüste (»Rotes Land«)
CHETA
(Land der Hethiter)
ISI
Zypern
KEMET
Ägypten (»Schwarzes Land«)
SETIU
Nubische Nomaden
METJEN
Mitanni
RETJENU
Palästina/Syrien
SCHASU
Beduinen Vorderasiens
PUNT
Punt
ISESER
Assyrien
SEGER
Babylonien
SETIU
Asiaten
PESEDJET-PEDJET
Neun-Bogen-Völker
(= alle feindlichen Fremdvölker)

(siehe Abb. 16, S. 47). Die Ruine ihres Hauptschreins befindet sich in der heutigen Stadt El-Kab, in deren Namen wie in vielen ägyptischen Ortsnamen der alte Name nachklingt. Wie es einer religiösen Stätte von landesweiter Bedeutung gebührte, wurde Nechbets Tempel der »Große Schrein« genannt, und auch die Stadt als ganze wurde oft so genannt.
Gegenüber von Necheb, auf der anderen Seite des Flusses, lag Nechen, das geistige Zentrum des Südens, das die Griechen Hierakonpolis, »Habichtstadt«, nannten. Nechen war eines der ältesten Kultzentren des Himmelsgottes Horus, der als Falke dargestellt wurde. Benannt war die Stadt jedoch nach einem noch älteren Falkengott, den man an den beiden hohen Federn erkennt, die er als Krone trägt. Schon in der Frühzeit verschmolz der Gott Nechen mit dem bekannteren Horus, der im Tempel der Stadt als Hor-Necheni, »Horus, der Nechener«, verehrt wurde. Zahlreiche Schreine im ganzen Land waren Horus geweiht, den man mit verschiedenen lokalen Beinamen verehrte. Es gab also örtliche Varianten von Kulten, ähnlich wie in Griechenland, wo man zum Beispiel einen delischen und einen pythischen Apoll kannte. Man nimmt an, daß die Gruppe schakalköpfiger Gottheiten, die als »die Seelen von Nechen« bekannt sind, für die halbmythischen frühen Herrscher der Stadt standen.
Das Städtepaar Necheb und Nechen hat sein nördliches Gegenstück in den Städten Pe und Dep, die in alter Zeit zu der Stadt zusammenwuchsen, die man unter dem Namen Buto kennt, was vermutlich eine griechische Abwandlung von Pe-Dep ist. Die Kobragöttin von Unterägypten, deren Name, Wadjet, sowohl »die Grüne« als auch »die zum Papyrus gehörige« bedeuten kann, verehrte man in Dep in dem nach ihr benannten Tempel Per-Wadjet (»Haus der Wadjet«). Pe gilt als die Residenzstadt der frühesten Herrscher des Deltas, die als falkenköpfige Gottheiten dargestellt und die »Seelen von Pe« genannt wurden. Im zweiten Hof in Medinet Habu ist dargestellt, wie die Nebti, die »Seelen von Pe« und die »Seelen von Nechen«, den König geleiten, der dem thebanischen Gott Amun vorgestellt wird. Interessanterweise sind in dieser Szene die »Seelen von Pe« Nechbet zugeordnet, die als Frau dargestellt ist und die Weiße Krone trägt, während die »Seelen von Nechen« Wadjet folgen, der »Herrin der Roten Krone«. Das ist ein weiterer Hinweis darauf, daß der Norden und der Süden in dem vereinten Staat

wirklich eine Einheit bildeten. Die Überreste von Buto heißen heute Tell el-Fara'in, die »Hügel der Pharaonen«.

Die Tabellen 6 und 7 (S. 76 f. und 78 f.) zeigen die in der Karte auf Seite 6 eingetragenen und durchnumerierten Städte mit altägyptischem Namen in Hieroglyphenschrift und mit der ungefähren Aussprache. Bei Städten, die – wie Memphis (9) – mehr als einen Namen hatten, ist nur der erste mit der entsprechenden Ziffer versehen. Oft gibt der Vergleich mit dem altägyptischen und dem griechischen Namen Aufschluß darüber, worauf der heutige arabische Name zurückgeht. Achet-Aten (16) hat keinen griechischen Namen, weil die Stadt nach dem Tod Echnatons aufgegeben und nie wieder aufgebaut wurde. Die Hieroglyphen über den beiden Tabellen stehen für die Wörter »Orte« und »Städte« sowie an den oberen Ecken 1. und 2.

Der Norden und der Süden waren in Provinzen unterteilt, die sogenannten Gaue. Es gab 22 oberägyptische und 20 unterägyptische Gaue, und jeder von ihnen hatte eine eigene Standarte, die aus dem Symbol oder Fetisch einer Lokalgottheit abgeleitet worden sein könnte. Auch der Name des Gaus könnte die Charakteristik der Hauptgottheit der Gegend widerspiegeln. Die Hieroglyphe für Gau ist ein rechteckiges Gitternetz, das für ein Geflecht von Bewässerungsgräben steht, und auf diese Hieroglyphe stellte man, wie auf einen Sockel, das jeweilige Gauemblem. Auf Darstellungen, in denen Opfergaben der Gaue dargebracht werden, hat jeder Gabenträger als Krone eine Standarte, an der man erkennen kann, welchen Gau er repräsentiert. Von den Standarten, die auf der Narmer-Platte am König vorbeigetragen werden, haben zwei als Emblem einen Falken, eine dritte den stehenden Schakal upnant, den »Öffner der Wege«. Dieses Symbol geht in vielen Darstellungen dem König in die Schlacht voran und ist auch auf dem Elfenbeingesims zu sehen, das in Abbildung 66 (S. 195) wiedergegeben ist.

Der 3. oberägyptische Gau, dessen Hauptstadt Nechen war, wurde »der Schrein« genannt, und sein Emblem war die Krone des Necheners mit der Doppelfeder. Den 1. unterägyptischen Gau nannte man *Ineb-Hedj*, »Weiße Mauer« – nach dem Kosenamen seines Zentrums, Memphis. Die Stadt muß von einer auffälligen, weiß getünchten oder verputzten Mauer umgeben gewesen sein. Sowohl der 4. als auch der 5. un-

1.		(sut »Orte«)	1.
	Ta-Meri	Ägypten	
	Ta-Schemau	Oberägypten	
	Ta-Mehu	Unterägypten	
	Kemet	Das Schwarze Land	
	Descheret	Das Rote Land	
	sepat	Gau, Provinz	
	per	Ort, Haus	
	niut	Stadt	
	hut	Tempel, Landgut, Palast	
	menu	Monument	
1	Pe	Tell el-Fara'in, Buto	
	Dep	Teil des Hügels von Tell el-Fara'in, Buto	
	Per Wadjet	»Haus der Wadjet«, in Buto	
2	Sau	Sa el-Hagar, Sais	
3	Djedu	Abusir Bana, Busiris	
	Per Wsir	»Haus des Osiris«, in Busiris	

Tabelle 6: Ortsnamen

 1.		(sut »Orte«)	1. 
	*mehtet*	*Norden*	
	*resi*	*Süden*	
	*jabtet*	*Osten, links*	
	*imentet*	*Westen, rechts*	
	*Hapi*	*Nil*	
	*mer*	*Wasserstraße, Kanal, See*	
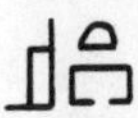	*set*	*Ort, Sitz, Thron*	
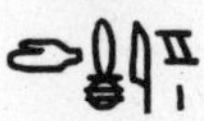	*demi*	*Stadt, Stadtteil, Nachbarschaft*	
	*ineb*	*Mauer, Befestigung*	
	*ah*	*Palast*	
	*Niut-Weret*	*San el-Hagar, Tanis*	*4*
	*Tjaru*	*El-Qantara, Sile*	
	*Hut-ib*	*Tell Atrib, Athribis*	*5*
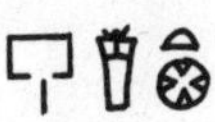	*Per-Bastet*	*Tell Basta, Bubastis*	*6*
	*Ichenu*	*Tell el-Yahudiye, Leontopolis*	*7*
	*Junu*	*Arab el-Hisn, Heliopolis*	*8*

Tabelle 6: Ortsnamen

	 2.		(niut »Städte«) 2. 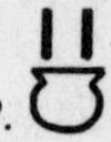
9		*Anch-Taui*	*Mitrahine, Memphis*
	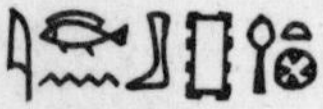	*Ineb-Hedj*	*»Weiße Mauer«, Memphis*
		*Men-Nefer*	*Mitrahine, Memphis*
10		*Tep-Ihu*	*Atfih, Aphroditopolis*
11		*Per-Sebek*	*Medinet el-Fajjum, Krokodilopolis*
12		*Er-Heni*	*El-Lahum, Ptolemais Hormos*
13		*Neni-nisut*	*Ihnasiya al-Medina, Herakleopolis*
14		*Per-Medjed*	*El-Bahnasa, Oxyrhynchus*
15		*(Per-)Chmunu*	*Al-Aschmunein, Hermopolis*
16	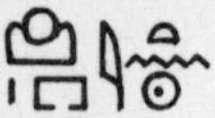	*Achet-Aten*	*Tell el-Amarna, –*
17	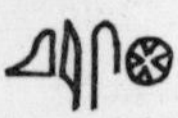	*Qis*	*Al-Qusiya, Cusae*
18		*Sawti*	*Assiut, Lycopolis*
19		*Chenti-Min*	*Achmim, Panopolis*
20	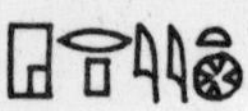	*Hut-Repit*	*Wennina, Athribis*
21		*Tjeni*	*Girga, Thinis*
22		*Abdju*	*Al-Arab al-Madfuna, Abydos*

Tabelle 7: Ortsnamen

 2.		(niut »Städte«)	2. 
	*Hut-Sechem*	*Hiw, Diospolis Parva*	*23*
	*Junet*	*Dendera, Tentyris*	*24*
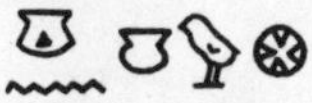 ?	*Gennu (?)*	*Qena, Kaine*	*25*
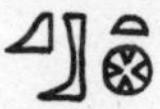	*Gbt*	*Qift, Coptos*	*26*
	*Waset*	*Theben, Diospolis Magna*	*27*
	*Nesut-Taui*	*»Throne der Beiden Länder«, Theben*	
	*Juni-Montju*	*Armant, Hermonthis*	*28*
	*Qaai*	*Gebelein, Aphroditopolis*	*29*
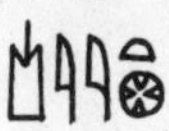	*Junit-rsit*	*Esna, Letopolis*	*30*
	*Nechen*	*Kom el-Ahmar, Hierakonpolis*	*31*
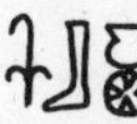	*Necheb*	*El-Kab, Eileithyiaspolis*	*32*
	*Per-Wer*	*»Großes Haus«, Reichsheiligtum in El-Kab*	
	*Behedet*	*Edfu, Apollinopolis Magna*	*33*
	*Mesen*	*Edfu*	
	*Nubet*	*Kom Ombo, Ombos*	*34*
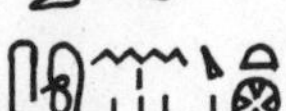	*Sewenu*	*Assuan, Syene*	*35*

Tabelle 7: Ortsnamen

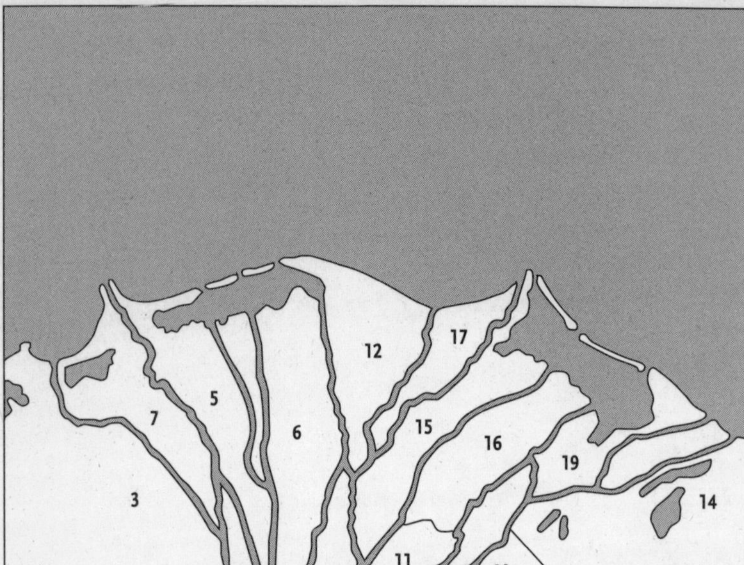

(ta-)mehu
»Unterägypten«

Standarte	Nr.	Lokalisierung/ Bezeichnung
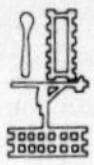	1	*Memphitischer Raum* *Weiße Mauer*
	2	*Südwestspitze des Deltas* *Vorderschenkel*
	3	*Nordwestdelta* *West*
	4	*Südwestdelta* *Südliches Schild*
	5	*Gebiet von Sais bis zur Küste* *Nördliches Schild*
	6	*Mittleres Delta bis zur Küste* *Stier*
	7	*Nordwestdelta entlang des Rosetta-Nilarms* *Westliche Harpune*
	8	*Ostdelta entlang des Wadi Tumilat bis zum Bittersee* *Östliche Harpune*
	9	*Mittleres Delta bis Busiris* *Andjeti*
	10	*Südostdelta um Athribis* *Schwarzer Bulle*
	11	*Mittleres Ostdelta* *Zählung der Bullen*
	12	*Nordostdelta von Sebennytos bis zur Küste* *Kalb und Kuh*
	13	*Südostspitze des Deltas* *Heqa-andju*
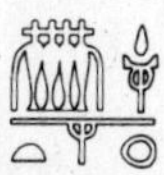	14	*Östliches Grenzgebiet des Deltas bis Pelusium jenseits des modernen Port Said* *Östlicher Heqa-andju*
	15	*Nordostdelta entlang des Damiett-Nilarms* *Ibis*
	16	*Nordostdelta von Mendes bis zur Küste* *Fisch*
	17	*Nordostdeltaküste bis zum Westen des Damietta-Nilarms* *Sema-Behedet* *(Vereintes Behedet)*
	18	*Nordostdelta um Busiris* *Prinz des Südens*
	19	*Nordostdelta einschließlich Tanis* *Prinz des Nordens*
	20	*Nordostdelta oberhalb des Wadi Tumilat* *Federbekrönter Falke des Sopdu*

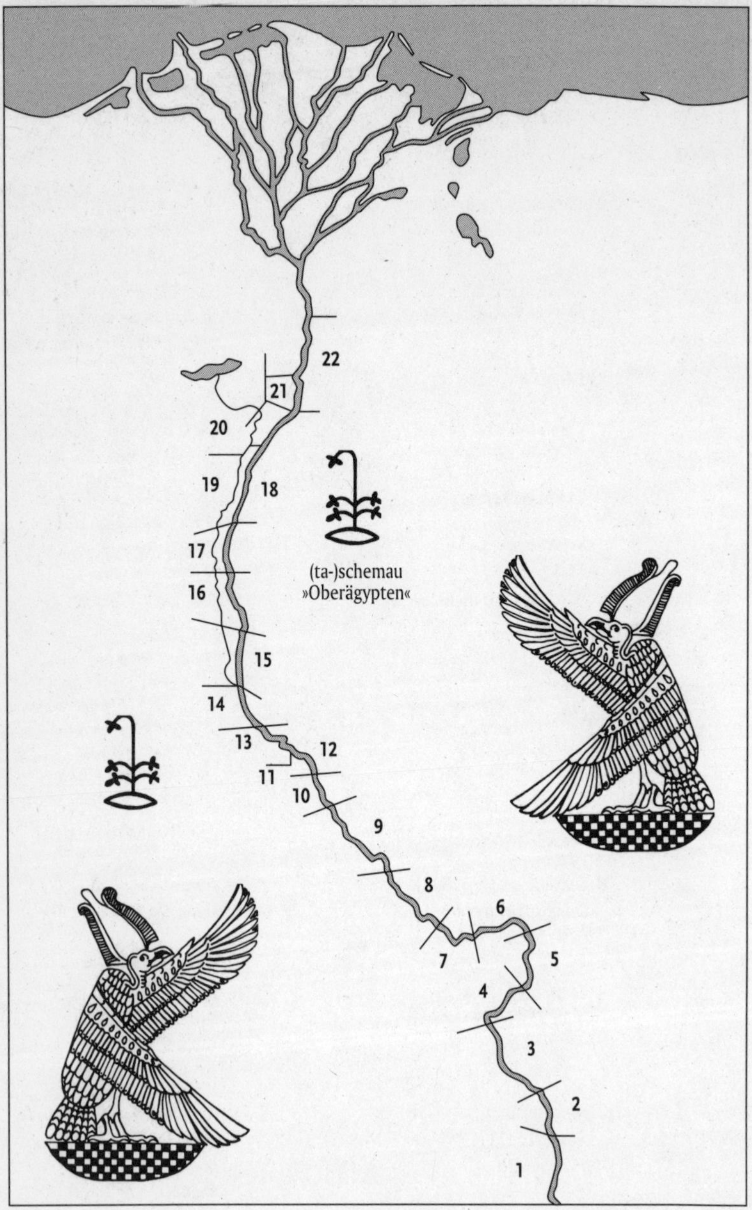
22
21
20
19
18
17
16
15
14
13
12
11
10
9
8
7
6
5
4
3
2
1
(ta-)schemau
»Oberägypten«

Standarte	Nr.	Lokalisierung/ Bezeichnung
	1	*Erster Nilkatarakt bis Gebel el-Silsila* *Ta-Seti*
	2	*Gebiet um Edfu* *Thron des Horus*
	3	*Hierakonpolis bis nördlich von Esua* *Schrein*
	4	*Armant und der thebanische Raum* *Zepter*
	5	*Gebiet um Koptos* *Zwei Falken*
	6	*Oberer Teil des östlichen Nilknicks, West- und Ostufer* *Krokodil*
	7	*Westlicher Nilknick, Gebiet um Nag Hammadi* *Sistrum*
	8	*Gebiet um Abydos* *Großes Land*
	9	*Gebiet um Achmim* *Min*
	10	*Norden von Qau el-Kebir* *Kobra*
	11	*Kleinster Gau auf dem westlichen Nilufer, Gebiet um Deir Rifa* *Seth*
	12	*Ostufer des Nil um Deir el-Gebrawi gegenüber von Assiut* *Sandviper-Berg*
	13	*Westufer des Nil um Assiut* *Obere Sykomore mit Viper*
	14	*Gebiet in der Nähe von Meir und al-Qusiya* *Untere Sykomore mit Viper*
	15	*Gebiet um el-Aschmunein und Antinoopolis einschließlich el-Amarna* *Hase*
	16	*Von Beni Hassan bis nördlich von el-Minia* *Oryx-Antilope*
	17	*Gegend von Samalut* *Schakal*
	18	*Ostufer des Nil einschließlich el-Hibe bis auf die Höhe von el-Lahun* *Anti*
	19	*Westufer des Nil von el-Bahnasa (Oxyrhynchos) bis Bibe* *Zwei-Zepter*
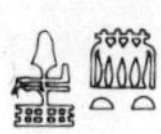	20	*Westufer des Nil um Beni Suef* *Südliche Sykomore*
	21	*Westufer des Nil um el-Wasta und Medum* *Nördliche Sykomore*
	22	*Nördlichster Gau Oberägyptens entlang der Ostwüste von Atfih bis Memphis* *Messer*

terägyptische Gau hatten als Emblem den Schild mit den gekreuzten Pfeilen der Kriegsgöttin Neith, der Schutzgöttin der Region. Voneinander zu unterscheiden waren sie an Papyrus und Schilfrohr, den Zeichen für Nord und Süd. Der 20. und 21. oberägyptische Gau, die beide die Sykomore als Emblem hatten, wurden als *chenti*, »voraus«, bzw. *pehui*, hinten, beschrieben. Die beste Übersetzung ist wohl Oberer und Unterer Sykomorengau.

Für die alten Ägypter kam der Süden vor dem Norden und rechts vor links. Die folgenden Karten geben den Namen, die Standarte und die ungefähre Lage der Gaue Ober- und Unterägyptens an. Viele dieser Embleme finden sich in den umlaufenden Inschriften an den Mauern der »Weißen Kapelle« von Sesostris I., einem der eindrucksvollsten Monumente im Freiluftmuseum von Karnak.

Den 4. Gau Oberägyptens kannte man unter dem Namen »das Zepter«; sein Emblem war eine ausgeschmückte Version der Zepter-Hieroglyphe für »Herrschaft«. Die Stadt im Zentrum dieses Gaus hieß Waset, »das Zepter« oder auch »der Herrscher«, personifiziert von einer kriegerischen Göttin, die das *Was*-Zepter als Kopfschmuck trug. Waset, manchmal auch nur »die Stadt« genannt, wurde in einem poetischen Werk aus der Zeit der 19. Dynastie folgendermaßen gerühmt: »Waset ist das Muster für jede Stadt … In ihrem wahren Namen sind alle Städte gegründet, denn alle heißen ›Stadt‹ nach dem Vorbild von Waset.«

Waset ist die Stadt, der die Griechen den Namen Theben gaben. Als Sitz des Amun-Re, des Königs der Götter, nannte man sie auch »Throne der Beiden Länder«, gab ihr also einen der Namen des Karnak-Tempels. Ein anderer Name Thebens war Junu Schemu, »Südliches Junu«. Junu war der Name des bedeutendsten Kultzentrums des Sonnengottes Re, das mit griechischem Namen Heliopolis heißt und in der Bibel On genannt wird. Eine ganze Reihe von Städten haben das Element *jun*, »Pfeiler«, in ihrem Namen, zum Beispiel Junet (Dendera), Junit-rsj (Esna) und Juni (Armant). Grund dafür mag einerseits die mythische Bedeutung des Urpfeilers, des Benben-Steins, sein, der auf die Schöpfung verwies, und andererseits die Vorstellung von Pfeilern als Himmelsstützen. Pfeiler in Kultstätten gab es an vielen Orten Ägyptens, und deren große Bedeutung scheint sich in den entsprechenden Ortsnamen widerzuspie-

geln. Vergleichbar hierzu wären deutsche Ortsnamen, die mit Begriffen wie »Markt« oder »Kirche« zusammengesetzt sind.
In einem Hymnus auf Theben wird die Bedeutung der drei religiösen Zentren Heliopolis, Memphis und Theben unter Berufung auf die Hauptgottheiten bekräftigt:

> »All die Götter sind nur drei, Amun, Re und Ptah, und keiner ist wie sie. Verborgen ist er, der Amun genannt wird, Re ist Teil von ihm als sein Gesicht, und Ptah ist sein Leib. Ihre Städte bestehen ewig auf Erden fort, Theben, Heliopolis und Memphis immerdar. Es gibt nur ihn; Amun, Re und Ptah sind drei zusammen in einem.«

Von Heliopolis ist nur sehr wenig übriggeblieben, da es weitgehend von den ausufernden Randbezirken Kairos bedeckt ist. Die alten Ägypter glaubten, daß in Heliopolis der erste Hügel aus dem Urgewässer aufgetaucht war. Der Benu-Vogel, ein Reiher mit zwei Kopffedern, war auf diesem Urhügel mit dem Benben-Stein gelandet und hatte mit seinem Schrei das Licht zur Erhellung der Leere hervorgerufen. Der jugendliche Re entstand in der Knospe einer Wasserlilie (Lotos), die aus dem Wasser auftauchte, sich öffnete und den Kopf des Kindes freigab. Als Re das neugeschaffene Universum sah, weinte er vor Freude, und seine Tränen wurden zu Männern und Frauen – den ersten Ägyptern. Der Tempel des Re, so glaubte man, war genau an der Stelle dieses »Urgeschehens« errichtet worden; das Kultsymbol des Gottes war ein Stein, der für den *Ben-ben* stand. Vielleicht geht der ägyptische Name der Stadt auf dieses Kultsymbol oder auf den ersten, zu Ehren des Re errichteten Obelisken zurück, eines vierkantigen Pfeilers mit Pyramidenspitze.
Der Sonnengott wurde in Heliopolis als Oberhaupt einer Familie von neun Göttern verehrt, die als »Große Neunheit« bezeichnet wird. Re, der oft mit Atum, einem älteren Sonnengott, zu Re-Atum verbunden wird, war der von sich selbst erschaffene Schöpfer. Seine Kinder Schu, der Gott der Luft, und Tefnut, die Göttin des Feuchten, waren die Eltern von Geb, dem Gott der Erde, und Nut, der Göttin des Himmels. Vervollständigt wurde die Neunheit durch die vier Kinder der Nut, die Götter Osiris und Seth und ihre Schwestern Isis und Nephthis. Auf Grund der Wesensart, die Seth zugeschrieben wurde, konnte seinen Platz in

der Neunheit auch Horus, der Sohn der Isis, einnehmen, vor allem im Zusammenhang mit Begräbnissen.

Die Stadt des Ptah trug neben den bereits genannten Namen auch die Bezeichnung Anch-Taui, »Leben der Beiden Länder«, und die Gemahlin des Gottes Ptah, die löwenköpfige Sachmet, hieß »Herrin von Anch-Taui«. Das unterstreicht die große Bedeutung der Stadt Memphis während der gesamten ägyptischen Geschichte, die sie ebensosehr der strategisch günstigen Lage wie dem Ansehen als erster Hauptstadt Ägyptens verdankte. Die Könige des Alten Reiches scheinen alle von Memphis aus regiert zu haben und ließen ihre Pyramidengräber in der Nekropole errichten, die sich im Norden und Süden der Stadt am Westufer des Nil befanden. Die südlichste Pyramide in Sakkara wurde von Pepi I., einem König der 6. Dynastie, gebaut. Dem Dorf der Bauhandwerker, in dem nach dem Tod des Königs das für seinen Totenkult benötigte Personal wohnte, gab man denselben Namen wie der Pyramide: Men-nefer, das »Andauern der Vollkommenheit«. Aus Men-nefer wurde Memphis, der griechische Name zunächst für den südlichsten Außenbezirk und dann für die ganze Stadt. Eine Pyramide mit ihrem Tempel und den Nebengebäuden bildete eine kleine Stadt für sich, die einen eigenen Namen hatte.

Pyramiden tragen bis zur späten 4. Dynastie keine Inschriften, ihre Namen finden sich jedoch oft auf den Wänden der zugehörigen Tempel oder in den Gräbern von Priestern und Beamten, die dort beschäftigt waren (siehe Abb. 47, S. 145). In der Karte auf Seite 88 f. sind die wichtigsten Pyramidenorte und ihre Erbauer angegeben. In der Tabelle 8 sind – soweit bekannt – die alten und die heutigen Namen der Pyramiden aufgeführt.

Die Statuengruppen, die im Taltempel der dritten, von Mykerinos erbauten Pyramide von Giza gefunden wurden, stellen den König zusammen mit der Göttin Hathor dar. Häufig kommt eine dritte Figur hinzu, die als Gaugottheit zu verstehen ist, was an der Standarte zu erkennen ist, die sie als Kopfschmuck trägt. Hathor war eine sehr populäre Gottheit. Sie wurde in Edfu, in der wichtigsten Kultstätte des Horus, als dessen Gemahlin dargestellt, und galt als Herrin der Stadt, die heute Dendera heißt und von den Griechen Tentyris genannt wurde. Einer von Hathors Beinamen lautete »Herrin der Sykomore« (siehe Abb. 14, S. 42). Man sah in Hathor auch die Baumgöttin, die dem Toten im Jenseits

Abb. 27: Darstellung aus dem Grab des Hor-em-hab im Tal der Könige. Der König steht vor Hathor, die daran zu erkennen ist, daß sie das Kuhgehörn mit Sonnenscheibe und Kobra als Krone trägt. Den gleichen Kopfschmuck kann auch die Göttin Isis tragen.
***Übersetzung** (die beiden Kolumnen über dem König, von links nach rechts): Osiris-König: (Djeser-cheperu-Re Setep-en-Re). Sohn des Re: (Hor-em-hab Meri-en-Amen).*
Die Kolumnen über der Göttin (von rechts nach links): Rede der Hathor, Gebieterin des Westens, Herrin aller Götter, Herrin des Himmels.

Speisen und Erfrischung reichte. Somit war der Baum ein wichtiges Symbol dieser Göttin, als »Gebieterin des Westens«, d.h. als Schutzgottheit der Verstorbenen. Das Totenreich nannte man das »Land der Westlichen«, weil man glaubte, daß die Unterwelt jenseits des westlichen Horizontes lag, dort, wo die Sonne untergeht. Hathor war eine sehr alte Kuhgottheit, die eng mit dem König verbunden war. Ihr Bildnis als Kuh oder Frau mit Kuhkopf oder Frau mit Krone, die aus Sonnenscheibe und Kuhgehörn besteht (Abb. 27), findet sich auf Tempel- und Grabwänden. In der Architektur entstand ein eigenes Bildnis als Kapitell von Säulen und Pfeilern. Es zeigte ein menschliches Gesicht mit Kuhohren und Kronenaufsatz.

Da die Krone mit Kuhhörnern und Sonnenscheibe später auch Isis trug, kann man die beiden Göttinnen oft nur schwer auseinanderhalten,

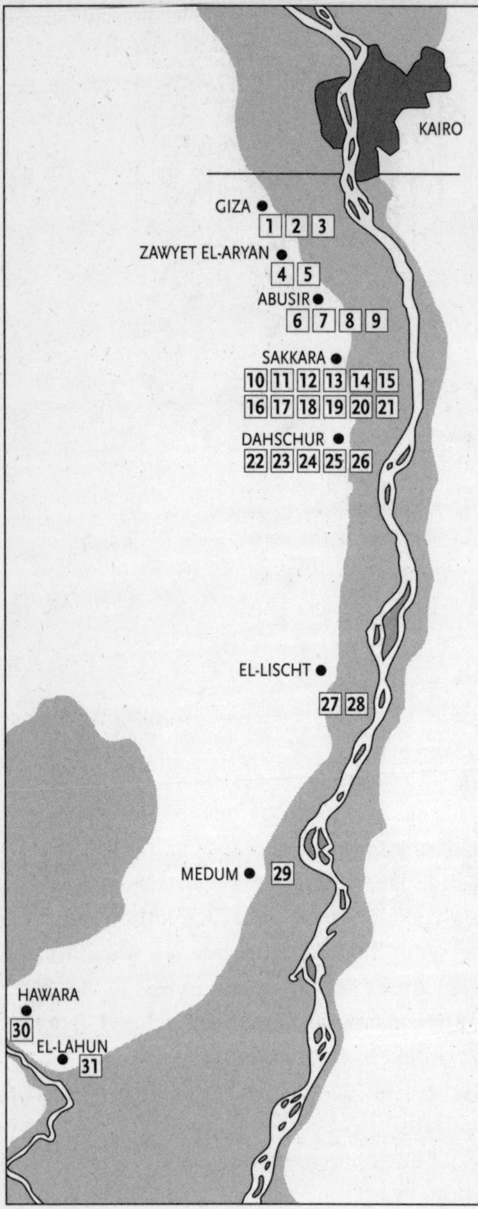

WICHTIGSTE NEKROPOLEN MIT PYRAMIDEN

	Besitzer
1	*Cheops (Chu-fu)*
2	*Chephren (Cha-ef-Re)*
3	*Mykerinos (Men-kau-Re)*
4	*unbekannt*
5	*Cha-ba*
6	*Sahu-Re*
7	*Ni-user-Re*
8	*Nefer-ir-ka-Re*
9	*Ra-nefer-ef*
10	*Meri-ka-Re*
11	*Teti*
12	*User-ka-ef*
13	*Djoser*
14	*Unas*
15	*Sech-em-chet*
16	*Pepi I.*
17	*Isesi*
18	*Mer-en-Re*
19	*Ibi*
20	*Pepi II.*
21	*Schepses-ka-ef*
22	*Sesostris III. (S-en-Useret)*
23	*Snofru*
24	*Amen-em-hat II.*
25	*Amen-em-hat III.*
26	*Snofru*
27	*Amen-em-hat I.*
28	*Sesostris I. (S-en-Useret)*
29	*Huni*
30	*Amen-em-hat III.*
31	*Sesostris II. (S-en-Useret)*

1. *Große Pyramide von Giza; Pyramide des Cheops*
   Achet-(Chu-fu) »der Horizont des (Chu-fu)« 

2. *Zweite Pyramide von Giza; Pyramide des Chephren*
   Wer-(Cha-ef-Re) »die Große des (Cha-ef-Re)« 

3. *Dritte Pyramide von Giza; Pyramide des Mykerinos*
   Netjeri-(Men-kau-Re) »die Göttliche des (Men-kau-Re)« 

4. *Unvollendete Pyramide von Zawyet el-Aryan*

5. *Stufenpyramide von Zawyet el-Aryan; Pyramide des Hor-Cha-ba*

6. *Pyramide von Abusir; Pyramide des Sahu-Re*
   Chai-ba-(Sahu-Re) »Die Ba-Seele des (Sahu-Re) erscheint« 

7. *Pyramide von Abusir; Pyramide des Ni-user-Re*
   Men-sut-(Ni-user-Re) »Dauerhaft sind die Plätze des (Ni-user-Re)« 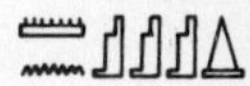

8. *Pyramide von Abusir; Pyramide des Nefer-ir-ka-Re*
   Ba-(Nefer-ir-ka-Re) »Ba-Seele des (Nefer-ir-ka-Re)« 

9. *Pyramide von Abusir; Pyramide des Ra-nefer-ef*
   Netjeri-bau-(Ra-nefer-ef) »Göttlich sind die Ba-Seelen des (Ra-nefer-ef)« 

10. *Pyramide von Sakkara; Pyramide des Meri-ka-Re*
    Wadj-sut-(Meri-ka-Re) »Erneuert sind die Plätze des (Meri-ka-Re)« 

11. *Pyramide von Sakkara; Pyramide des Teti*
    Djed-sut-(Teti) »Dauerhaft sind die Plätze des (Teti)« 

12. *Pyramide von Sakkara; Pyramide des User-ka-ef*
    Wab-sut-(User-ka-ef) »Rein sind die Plätze des (User-ka-ef)« 

13. *Stufenmastaba von Sakkara; Mastaba des Djoser*

14. *Pyramide von Sakkara; Pyramide des Unas*
    Nefer-sut-(Unas) »Schön sind die Plätze des (Unas)« 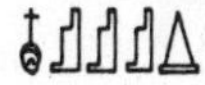

15. *Unvollendete Pyramide von Sakkara; Pyramide des Sechem-chet*

16. *Pyramide von Sakkara; Pyramide Pepis I.*
    Men-nefer-(Pepi) »Fortdauernd ist die Schönheit des (Pepi)« 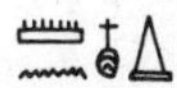

17. *Pyramide von Sakkara; Pyramide des Isesi*
    Nefer-(Isesi) »Schön ist (Isesi)« 

Tabelle 8: Namen der auf der Karte eingezeichneten Pyramiden (heutige Namen kursiv)

18. *Pyramide von Sakkara; Pyramide des Meri-en-Re*
Cha-nefer-(Meri-en-Re) »Die Schönheit des (Meri-en-Re) erscheint« 

19. *Pyramide von Sakkara; Pyramide des Ibi*

20. *Pyramide von Sakkara; Pyramide Pepis II.*
Men-anch-(Nefer-ka-Re) »Fortdauernd ist das Leben des (Nefer-ka-Re)« 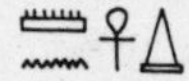

21. *Mastaba el-Fara'un von Sakkara; Pyramide des Schepses-ka-ef*
Wab-(Schepses-ka-ef) »Rein ist (Schepses-ka-ef)« 

22. *Pyramide von Dahschur; Pyramide Sesostris' III.*

23. *Die Rote Pyramide von Dahschur; Nördliche Pyramide des Snofru*
Chai-(Snofru) »(Snofru) erscheint« 

24. *Die Weiße Pyramide von Dahschur; Pyramide Amen-em-hats II.*
Sechem-(Amen-em-hat) »Mächtig ist (Amen-em-hat)« 

25. *Die Schwarze Pyramide von Dahschur; Pyramide Amen-em-hats III.*

26. *Die Knickpyramide von Dahschur, südliche Pyramide des Snofru*
Chai-(Snofru)-rsj »(Snofru) erscheint, die Südliche« 

27. *Pyramide von El-Lischt; Pyramide Amen-em-hats I.*
Qai-nefer (Amen-em-hat) »Erhaben ist die Schönheit des Amen-em-hat)« 
oder
Sut-chain »Plätze des Erscheinens« 

28. *Pyramide von El-Lischt; Pyramide Sesostris' I.*
Chenem-sut-(Cheper-ka-Re) »Vereint sind die Plätze des (Cheper-ka-Re)« 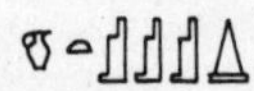
oder
Peter-taui »Erblicken der Beiden Länder« 

29. *Pyramide von Medium; Pyramide des Huni*

30. *Pyramide von Hawara; Pyramide Amen-em-hats III.*

31. *Pyramide von El-Lahun; Pyramide Sesostris' II.*
Chai-(S-en-Useret) »(S-en-Useret) erscheint« 

Tabelle 8: Namen der auf der Karte eingezeichneten Pyramiden (heutige Namen kursiv)

wenn ihr Name nicht genannt ist. Als »Herrin des Himmels« sah man in Hathor die »Himmelskuh«, die mit ihren vier Beinen das Himmelsgewölbe trug und deren sternenbesetzter Bauch für den Himmel stand. Als Muttergöttin brachte man sie in eine sehr enge Verbindung mit dem König. Auf einer Darstellung im Totentempel der Hat-schepsut in Deir el-Bahari säugt Hathor als Himmelskuh den weiblichen König. Außerdem war sie die Schutzgöttin der Frauen während der Schwangerschaft und bei der Entbindung.

Hathor galt als Tochter des Sonnengottes, und man sah in ihr auch das »Auge des Re«, eine Rachegöttin in der Gestalt einer Löwin (in der man aber oft auch Sachmet erkannte), die ausgeschickt worden war, die Menschheit zu bestrafen, als sie sich von der wahren Verehrung des Gottes zu entfernen begann. Als er zu dem Schluß kam, sein Volk habe genug gelitten, rief Re seine Tochter zurück, aber sie hatte bei der gutgeheißenen Menschenschlächterei Geschmack am Blut gefunden und gehorchte nicht. Auf Befehl des Re wurden dann gewaltige Mengen Bier gebraut, mit rotem Ocker gefärbt und auf die Felder gegossen, auf denen Hathor-Sachmet nach einem Tag des Gemetzels schließlich einschlief. Als die Göttin später erwachte, hielt sie das rotgefärbte Bier für Menschenblut und trank, bis sie sinnlos betrunken war. Hinterher muß sie einen mörderischen Kater gehabt haben und schwor, nie mehr auf Abwege zu geraten. Damit die Menschheit nicht vergaß, mit welch knapper Not sie der Vernichtung entgangen war, ordnete Re an, daß dieses Ereignisses jedes Jahr mit einem Bierfest zu Ehren der Hathor gedacht werden sollte. Es war eines der beliebtesten religiösen Feste der alten Ägypter und wurde am Neujahrstag im ganzen Land in allen Schreinen Hathors gefeiert, ganz besonders aber in Dendera, das unter dem Namen »Ort der Trunkenheit« bekannt war. Hathor selbst nannte man deshalb auch die »Herrin der Trunkenheit«.

Die beiden Städte, deren Hauptgöttin Hathor war, wurden von den Griechen Aphroditopolis genannt, weil Hathor mit der griechischen Göttin der Liebe gleichgesetzt wurde. Die eine dieser beiden Städte (im nördlichsten Gau Oberägyptens) heißt heute Atfih, die andere (im Süden) Gebelein. Letztere verdankte dem Tempel der Hathor, Per-Hathor, einen zweiten griechischen Namen, nämlich Pathyris. Der alte

Name der Stadt, Qaai, bedeutet »die beiden Urhügel« – genau wie der heutige arabische Name. In Hiw, im Westen von Dendera, gab es einen Hathor-Schrein, der ursprünglich der noch älteren Kuhgöttin Bat geweiht gewesen war, deren Kopf das heilige Klapperinstrument zierte, das Sistrum, das bei religiösen Riten Verwendung fand.
In Edfu wurde Hathor als die Gemahlin des Horus verehrt. Ihr Name bedeutet »Haus des Horus« und verweist auf ihre Stellung als Himmelsgöttin und Beschützerin oder Helferin des Himmelsgottes Horus, dessen rechtes Auge die Sonne und dessen linkes Auge der Mond war. Der Gau, dessen Hauptstadt Edfu war, wurde »Thron des Horus« genannt, und der Tempel, den man dort heute besuchen kann, ist der letzte einer langen Reihe von Schreinen, die alle dem Falkengott geweiht waren. Dort verehrte man ihn als den »Falken von Behdet«, die geflügelte Sonnenscheibe, die häufig die Oberschwelle eines Torweges oder den geschwungenen Abschluß einer Stele zierte.

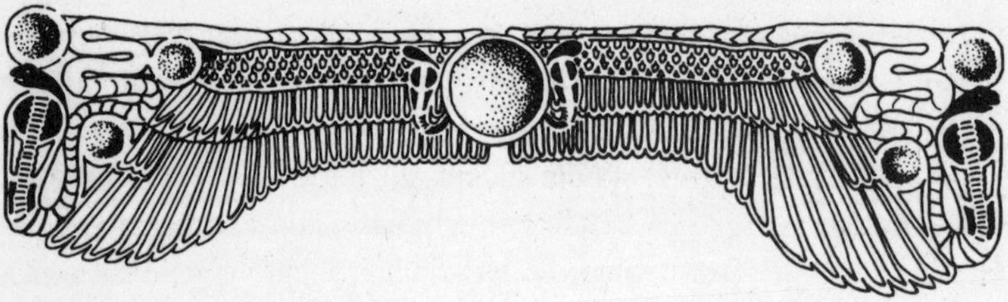

Man kannte den Gott auch als Horus von Mesen, »den Harpunierer«, als der er auf einer Reihe von Reliefs an den Umfassungsmauern des inneren Tempelbezirks von Edfu dargestellt ist. In diesen Szenen bezwingt Horus seinen Feind Seth, der als Nilpferd von unbedeutender Größe dargestellt wird, indem er mit einer Harpune auf ihn einsticht. Bei jedem Stoß mit der Waffe leitet ihn Isis in ihrer Eigenschaft als »Mutter des Gottes«. Das Kind, das der Verbindung zwischen Hathor und Horus entsprang, wurde von den Griechen Harsomtus genannt; sein ägyptischer Name, Hor-Sema-taui, bedeutet »Horus, der Vereiniger der Beiden Länder«.
Die Grundeinheit der Gesellschaft war im alten Ägypten die Familie; man hielt das Leben in einem Familienverband für die einzige angemessene Daseinsform von Menschen wie Göttern und betrachtete jeden Tempel

als Heimstatt einer Göttertriade, einer Kernfamilie aus Vater, Mutter und Kind. Es gab nur sehr wenige Verwicklungen in den Verwandtschaftsbeziehungen der ägyptischen Götter und keine Mythen, die von göttlicher Untreue oder Eifersucht handelten. Bei den Kämpfen zwischen Horus und Seth, in die Isis eingriff, ging es vor allem darum, daß Horus ein Anrecht auf den Thron seines Vaters geltend machte, das ihm sein Onkel Seth absprach. Es gibt keine Erzählungen von Göttern, die sich in Sterbliche verliebt hätten. Hat-schepsut und Amenophis III. nahmen zwar für sich in Anspruch, einer Verbindung des Gottes Amun mit der Hauptgemahlin des Königs entsprungen zu sein, aber das hatte wenig mit Glauben und viel mit politischem Kalkül zu tun und sollte ihrer Herrschaft eine Aura göttlicher Legitimität verleihen. Die meisten Götterfamilien waren stabil, auch wenn es Beispiele dafür gibt, daß einem Gott nicht an jeder Kultstätte die gleiche Gemahlin zugeordnet ist.

In Kom Ombo wurden sowohl Hathor als auch Horus verehrt, aber nicht als Mann und Frau. Der Tempel in dieser Stadt, die von den Ägyptern »Goldstadt« genannt wurde, ist insofern einzigartig, als er zwei Göttertriaden geweiht war. Er hatte zwei Zugänge, zwei Hallen und zwei Sanktuarien. Der nördliche Teil ist Horus geweiht, dem als Gemahlin eine Göttin an die Seite gestellt ist, die einfach nur »die gute Gemahlin« heißt. Zweifellos handelt es sich bei ihr wie bei dem Kind, das den unnatürlichen Namen »Herr der Beiden Länder« trägt, um Neuschöpfungen, die nur dazu dienten, Horus mit Frau und Kind auszustatten. Der südliche Teil ist dem Hauptgott des Tempels, dem Krokodilgott Sobek geweiht, dem Sohn der Göttin Neith, dessen Hauptheiligtum sich in Medinet el-Fajjum befand, in der Nähe des Sees mit dem ägyptischen Namen Mer-Wer, »Großer See«, den die Griechen als Moeris aussprachen. Es dürfte in dieser Gegend wie auch in Kom Ombo besonders viele Krokodile gegeben haben, doch die Popularität Sobeks im ganzen Land deutet darauf hin, daß sein Kulttier im ganzen Niltal verbreitet war. Der Stadt, die um den Tempel im Fajjum herumgebaut wurde, gab man den Namen des Gottes, Per-Sobek, und von den Griechen wurde sie naheliegenderweise Krokodilopolis genannt. In Kom Ombo war die Gemahlin des Sobek Hathor, und vervollständigt wurde die göttliche Familie vom Mondgott Chons. Auch dies war eine unnatürliche Gruppe, denn Chons wird sonst

1. (netjeru/netjeret »Götter/Göttinnen«) 1.

Re (Sonne)

Re-Harachte (Sonne, Horus im Horizont)

Atum (Nicht-Sein und Sein)

Chepri (Werden, Entstehen)

Aton (Sonnenscheibe)

Hor-Wer (Horus, der Große, griech. Haroeris)

Schu (Luft)

Tefnut (Feuchtigkeit)

Geb (Erde)

Nut (Himmel)

Schetait (Geheimnisvolles)

Wsir (Osiris)

Chenti-Imentiu (Erster der Westlichen)

Imi-Andjeti (Der in Andjeti ist)

Imi-Junu (Der in Heliopolis ist)

Chenti-Ra-stjau (Der Erste von Rosetjau)

Tabelle 9: Gottheiten: Namen und Titel 1

 1.	 (netjeru/netjeret »Götter/Göttinnen«) 1. 
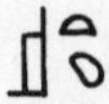	*Iset (Isis)*
	*Mut-netjer (Mutter des Gottes)*
	*Netjeret-em-ren-es-nebu (Göttin in ihren zahlreichen Namen)*
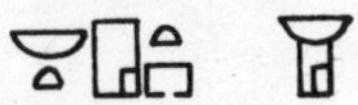	*Nebet-Hut (Nephthis)*
 oder 	*Set, Sutech (Seth)*
 oder 	*Inpu (Anubis)*
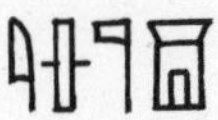	*Imi-sech-netjer (Der in der heiligen Kammer ist)*
	*Imi-ut (Der am Ort der Einbalsamierung ist)*
	*Neb-ta-djeseret (Herr der Nekropole)*
	*Tpi-dju-ef (Der auf dem Berg ist)*
	*Hor (Horus)*
	*Hor-pa-chered (Horus das Kind, griechisch: Harpokrates)*
	*Hor-sa-Iset (Horus, Sohn der Isis, griechisch: Harsiese)*
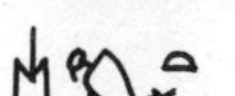	*Jun-mut-ef (Pfeiler seiner Mutter)*
	*Nedj-it-ef (Retter seines Vaters)*
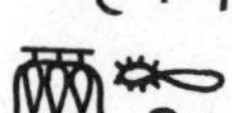	*Chenti-Cheti (Chenticheti)*

Tabelle 9: Gottheiten: Namen und Titel 1

 2.	 *(netjeru/netjeret »Götter/Göttinnen«)* 2. 
	*Hut-Hor (Hathor)*
	*Herit-tep-Iment (Beherrscherin des Westens)*
	*Nebet-pet (Herrin des Himmels)*
	*Nebet-nehet (Herrin der Sykomore)*
	*Henut-techet (Herrin der Betrunkenheit)*
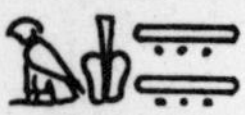	*Hor-Sema-taui (Horus, Vereiniger der Beiden Länder, griechisch: Harsomtus)*
	*Ptah*
	*Her-nefer (Schöngesichtiger)*
	*Neb-maat (Herr der Wahrheit)*
	*Sachmet*
	*Neb-anch-taui (Herrin von Anch-taui)*
 oder 	*Amun (Verborgener)*
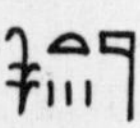	*Nesut-netjeru (König der Götter)*
	*Neb-nesut (Herr der Throne)*
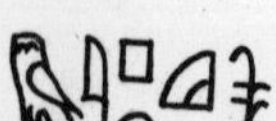	*Imi-Ipet-sut (Befindlich in Luxor)*
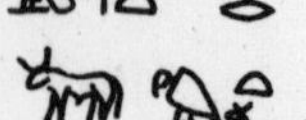	*Ka-mut-ef (Stier seiner Mutter)*

Tabelle 10: Gottheiten: Namen und Titel 2

 2.		(netjeru/netjeret »Götter/Göttinnen«) 2. 
		*Mut (Mutter)*
		*Chons*
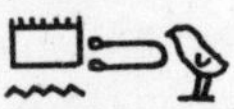		*Montju (Month)*
		*Djehuti (Thoth)*
		*Min*
		*Neith*
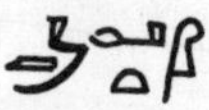 oder 		*Maat (Ausgewogenheit, Wahrheit, Gerechtigkeit)*
		*Sat-Re (Tochter des Re)*
		*Bastet*
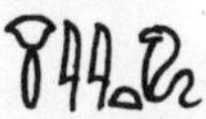		*Wadjet*
		*Nechbet*
		*Hedjet (die Weiße)*
		*Wosret*
 oder 		*Chnum*
 oder 		*Sobek (Suchos)*
		*Sokar*

Tabelle 10: Gottheiten: Namen und Titel 2

eher mit den thebanischen Göttern in Verbindung gebracht. Eine simple Fahne – ein um eine Stange gewickelter Streifen Stoff, dessen loses, rechteckig zugeschnittenes oberes Ende im Wind flatterte – stand als Hieroglyphe für »Gott« wie für das Adjektiv »göttlich« und wird üblicherweise als *netjer* umschrieben. Für »Göttin« stand entweder das *netjer*-Zeichen und die weibliche Endung -et oder eine geringelte Schlange, die sich aufrichtet. Auf dem Stein von Rosette ist der Ausdruck »Götter und Göttinnen« durch *netjer* und die Schlange wiedergegeben, wobei die beiden Zeichen im Wechsel dreimal geschrieben sind, weil die Verdreifachung in der Hieroglyphenschrift den Plural ausdrückt. Diese Zeichengruppe steht über den Tabellen 9 und 10, auf denen die häufigsten Namen und Titel der ägyptischen Hauptgottheiten aufgeführt sind.

Das Mittlere Reich begann mit den Königen der 11. Dynastie, die aus der Gegend von Theben stammten und den Kriegsgott Month verehrten, wie man schon an dem Geburtsnamen Mentu-hotep sieht, der damals sehr beliebt war. Sein Kultzentrum war die Stadt Her-Montu, »unter Month«, die von den Griechen Hermonthis genannt wurde und heute Armant heißt: eines der deutlichsten Beispiele für das Fortleben des altägyptischen Ortsnamens im heutigen. Month wurde als falkenköpfiger Mann dargestellt. Die 12. Dynastie stammte aus Theben, worauf die Verwendung des Geburtsnamens Amen-em-hat hindeutet. Amun verdrängte Month nach und nach aus seiner Stellung in der Thebais, wurde zum Hauptgott dieser Region und schließlich ganz Ägyptens.

Amun, dessen Name »verborgen« oder »unsichtbar« bedeutet, entstammte nicht der Thebais. Ursprünglich war er – neben Kuk (»Dunkelheit«), Heh (»Unendlichkeit«) und Nun (»Urwasser«) – einer der vier Götter, die zusammen mit ihren Gemahlinnen die Achtheit von Hermopolis bildeten. Die Stadt, in der die »Acht« verehrt wurden, trug den recht prosaischen Namen Chmunu, »Achtstadt«, der im heutigen Namen Aschmunein noch deutlich durchscheint. Der Hauptgott der Stadt war der Mondgott und Gott der Schreiber Thot. Die »Acht«, so glaubte man, hatten miteinander das »Kosmische Ei« geschaffen, aus dem das Universum ausgebrütet wurde. Amuns Gemahlin, die mit einer weiblichen Form seines Namens benannt war, hieß Amaunet und wurde zur Göttin des Tempels gemacht, der im Mittleren Reich in Karnak für Amun errichtet wurde. Month wurde als Kind in die göttliche Triade einbezogen. Auf den Statuen, die Tut-anch-Amun aufstellen ließ, waren sowohl Amun als auch Amaunet dargestellt, zu dieser Zeit galt jedoch nicht mehr sie als Amuns Gemahlin, sondern Mut, deren Name »Mutter« bedeutete. Die Hieroglyphe für ihren Namen war ein Geier mit einem hinter den Flügel geklemmten, dreschflegelähnlichen Zepter, und dargestellt wurde sie als Frau mit der Doppelkrone oder der »Krone der Königin«, was ihrer Stellung als »Königin der Götter« entsprach. In ihrem eigenen Tempel in Karnak wird sie mit Sachmet und Hathor in Verbindung gebracht und mit einem Löwenkopf dargestellt. Im Ramesseum, dem Totentempel Ramses' II., stellt sie in ihrer Löwinnengestalt ihrem Gemahl Amun den König vor.

Auf einem Relief im Ramesseum ist hinter Amuns Thron als Kind des Paares der Mondgott Chons dargestellt, der Month als drittes Glied der thebanischen Triade ersetzt hat und meistens als Kind mit einem mumienförmigen Gewand dargestellt wird, wie man es auch von Ptah kennt. Eine »Jugendlocke« als Frisur betont seine Kindlichkeit. In beiden Händen hält er ein Königszepter und auf dem Kopf trägt er die Mondsichel (das Zeichen des Neumonds), in der die Scheibe des Vollmonds ruht. Auf einer Stele, heute im Louvre, wird eine Geschichte erzählt, wonach sich der Ruhm des Chons als Heilgott, der böse Geister austreiben konnte, sogar ins Ausland verbreitete: Der Fürst von Bachtan ersuchte den König von Ägypten, die Statue des Heilgotts in sein Land zu schicken, damit die todkranke Prinzessin Bentresch, die Schwester der Gemahlin des Pharaos Neferu-Re, geheilt werde. Diese Geschichte wurde zwar erst im 4. Jh. v. Chr. aufgeschrieben, scheint sich jedoch auf die Zeit zu beziehen, in der Ramses II. eine hethitische Prinzessin heiratete, die den ägyptischen Namen Ma-neferu-Re annahm.

Am weitesten verbreitet war der Kult des Osiris. In Heliopolis verehrte man ihn als einen der Götter der »Großen Neunheit«, aber in seiner Eigenschaft als Gott der Fruchtbarkeit und als »König der Toten« sprach er alle Menschen an, denn jeder war auf die Landwirtschaft angewiesen, und jeder hoffte, im »Land derer im Westen« wieder geboren zu werden. Einer der Titel des Osiris, die am häufigsten gebraucht wurden, war Chenti-Imentiu, »Erster der Westlichen«. Die Legende vom Mord des verräterischen Seth an seinem Bruder Osiris, und dessen Auferstehung als »Herrscher der Ewigkeit« beschreibt einen typischen Kreislauf, wie er in vielen Kulturen zu finden ist. Nach einer späten Version der Geschichte wurde der Leib des Gottes in vierzehn Stücke gerissen (andere Versionen nennen andere Zahlen) und jedes an einem anderen Ort begraben, weshalb in ganz Ägypten Osirisschreine entstanden. Das Herz, so glaubte man, war im Delta beerdigt, in der Stadt Athribis, die daher den alten Namen Hut-Ib, »Haus des Herzens«, trug und heute Tell Atrib heißt. In Abusir, dem antiken Busiris – beide Namen kommen vom ägyptischen Per-Wsir, »Haus des Osiris« – war demnach das Rückgrat begraben, für das der *Djed*-Pfeiler stand, der wiederum als Hieroglyphe für »Beständigkeit« diente, und der Stadt ihren alten Namen, Djedu, gegeben hatte. Osiris wurde oft – wie in dem Text, mit dem dieses Kapitel überschrieben ist (S. 71) – »Herr von Djedu« genannt. Der bedeutendste und wahrscheinlich älteste Schrein des Osiris befand sich in Abydos (der Name geht auf den alten Ortsnamen Abdju zurück), das als Begräbnisstätte des Kopfes galt. Im Fetisch des Osiris, der als Emblem des Gaus von Abydos diente, sah man eine Darstellung des mumifizierten Kopfs, überragt von zwei Federn. Man kannte den Gau auch als das »Große Land«. Die Tempel, die Sethos I. und Ramses II. in Abydos bauten, waren in jeder Hinsicht Reichsschreine. In erster Linie waren sie zwar Osiris geweiht, gleichzeitig wurde aber auch Amun verehrt. Auch für die anderen Reichsgötter gab es Kapellen, so für Re und Ptah sowie für die Familie des Osiris und für den König selber. Osiris galt als erster König von Ägypten und Horus als sein Thronerbe. Jeder König war zu Lebzeiten die Inkarnation des Horus und wurde im Tode zu Osiris.

Man glaubte, daß Osiris sein Volk alles Nötige über die Landwirtschaft gelehrt hatte – den Ackerbau, den Einsatz von Geräten, den Weinbau. Beim bedeutendsten Osirisfest, dem »Fest der Weinernte«, das im Oktober in Abydos stattfand, wurde in einem Passionsspiel Leben, Tod und Wiedergeburt des Gottes dargestellt. Als Gott der Fruchtbarkeit hatte er Ähnlichkeit mit dem im Tempel von Luxor als Fruchtbarkeitsgott verehrten Amun und mit dem phallischen Gott Min aus Koptos. Alle drei Götter konnten mit grüner oder schwarzer Haut dargestellt werden, was die Vegetation bzw. die fruchtbare Erde Ägyptens symbolisierte. In Gräbern wird Osiris als König des Jenseits dargestellt, der

Abb. 28: Der Totengott Sokar. Er wurde mit Ptah und Osiris in Verbindung gebracht und trägt das mumienförmige Gewand, das für diese beiden Götter typisch ist. ***Übersetzung*** *(von links nach rechts): Sokar-Osiris, Herr der Geheimnisvollen Gegend, Großer Gott, Herr der Nekropole.*

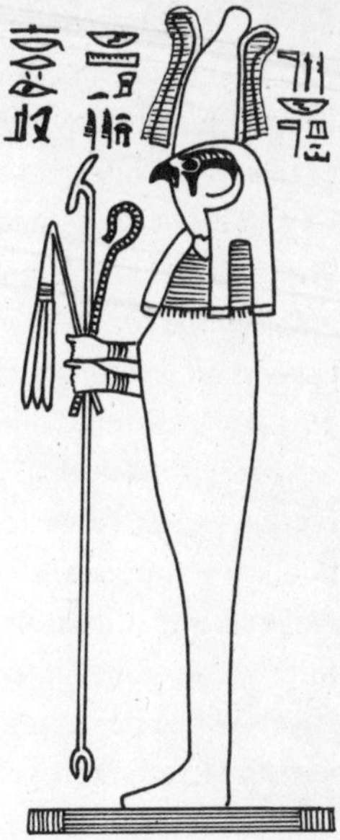

die Verstorbenen in sein Reich aufnimmt, wenn sie die Prüfung des »Wiegens des Herzens« bestanden haben. Das Wort »Osiris« wurde zu einem Synonym für »verstorben«, und »ein Osiris« war eine vor dem Totengericht gerechtfertigte verstorbene Person.

Anubis war der bedeutendste der zahlreichen Götter, die mit Schakalkopf dargestellt wurden. Er galt als Hüter der Nekropole – daher sein Titel »Hüter des heiligen Landes« – und als loyaler Neffe, der den Leib seines Onkels für das Begräbnis einbalsamiert hatte. In seiner Eigenschaft als Bestatter des Osiris hieß er »Herr der Balsamierungsstätte« und »der in der heiligen Kammer ist« – eine Formel, die sich auf das Zelt bezieht, das vor dem Grab als Schrein für die Balsamierungsriten aufgestellt wurde. Anubis hieß auch »der auf seinem Berg ist«. Dieser Titel bezieht sich auf das Erscheinen des Schakals auf den Felsen am westlichen Horizont, wo er umherstreift, als bewache er die Nekropole. Die zwei Schwestern Isis und Nephthis werden als Trauernde an der Totenbahre ihres Bruders Osiris dargestellt, manchmal mit schützend ausgebreiteten gefiederten Flügeln. Gemeinsam mit der Göttin Neith und der Skorpiongöttin Selqet wachten sie in Ewigkeit über seinen Leib. Deshalb wurden die vier Göttinnen als Schutzgottheiten an den Ecken von Särgen oder Eingeweidekästen dargestellt, wie man es z. B. bei Tut-anch-Amun finden kann.

Ein anderer Gott der Nekropole war der alte Falkengott Sokar, dessen Kult ursprünglich in der Gegend von Memphis beheimatet war (Abb. 28). Man brachte ihn seit früher Zeit mit dem memphitischen

Gott Ptah in Verbindung und schrieb seinen Namen meistens Ptah-Sokar. Mit dem mumiengestaltigen Leib des Ptah und dem Kopf eines Falken dargestellt, verehrte man ihn in Heiligtümern in den großen Nekropolen Unterägyptens und verband ihn auch in Abydos mit Ptah. Die Stellung der obersten Begräbnisgottheit und des Gottes der Unterwelt, die im Alten Reich noch Sokar innegehabt hatte, wurde nach und nach von Osiris eingenommen, so daß man die Gottheit im Mittleren Reich als Ptah-Sokar-Osiris kannte. Eine Prozession mit ihrer auffälligen Barke gab es beim alljährlichen Fest des Sokar, das in Medinet Habu belegt ist. In seiner frühesten Form war Sokar wahrscheinlich – wie Osiris – ein Gott der Landwirtschaft. Er war auch als Schutzgott der Handwerker verehrt worden, als der dann in der Regel Ptah galt, und blieb der Schutzgott der Goldschmiede.

Gold wurde auch in Ägypten selbst gefördert, allerdings nur südlich von Koptos, der Stadt, die die wichtigsten Karawanenrouten durch die östliche Wüste über Wadi Hammamat und Wadi el-Qasch zum Roten Meer kontrollierte. Zum großen Teil lagen die Goldgegenden, die von den Ägyptern ausgebeutet wurden, auf nubischem Territorium. Der südlichste ägyptische Gau, dessen Zentrum Assuan am 1. Nilkatarakt, also an der Grenze Ägyptens lag, hieß übrigens ebenfalls Nubien, trug also denselben Namen wie die Stämme südlich davon. Die beiden wichtigsten nubischen Stammesgebiete waren eigene Staaten, Wawat (im Norden) und Kusch (im Süden), zu denen die alten Ägypter ein zwiespältiges Verhältnis hatten. Zum einen lieferten diese tributpflichtigen Staaten Tierhäute, Harthölzer (zum Beispiel Ebenholz), Weihrauch, Elfenbein, Straußenfedern, Straußeneier, Gold; auf Darstellungen von Defilees von Opferträgern sieht man denn auch regelmäßig nubische Erzeugnisse. Zum anderen sahen sich viele Könige gezwungen, am Anfang ihrer Regierungszeit den ägyptischen Herrschaftsanspruch in Nubien mit einer Militärexpedition oder sogar einem Krieg durchzusetzen. Einerseits waren nubische Bogenschützen im ägyptischen Heer willkommen und heirateten in die ägyptische Bevölkerung hinein, andererseits zählte man mehrere nubische Stämme zu den Neun-Bogen-Völkern, also zu den Feinden Ägyptens. Dargestellt wurden diese Feinde als gefesselte Gefangene, wobei man den Körper manchmal durch eine »Kartusche«

Abb. 29: Darstellung im Grab des Aanen in Theben-West. Die drei gefesselten Feinde werden nicht nur durch den Namen, sondern auch durch typische Kleidung, Haartracht und Gesichtszüge kenntlich gemacht.
Übersetzung *(von rechts nach links zu lesen): Naharinna (Mitanni); Irem [eine nubische Region]; Keftiu [Kreta].*

mit dem Namen ersetzte, deren Umrißlinie als zinnenbewehrte Mauer gezeichnet war (siehe Abb. 7, S. 28). Zur traditionellen Darstellung der Neun-Bogen-Völker gehören in der Regel Nubier, Asiaten und Libyer. In manchen Fällen werden auch sehr vage Namen verwendet wie »das Südland« oder das »nubische Land«. Im Grab des Aanen, das aus der Zeit der 18. Dynastie stammt und in den thebanischen Bergen liegt, sind die Feinde Ägyptens auf dem Thronsockel dargestellt, auf dem Aanens Schwester und Schwager, Königin Teje und Amenophis III. sitzen. Hier zählen dazu auch die Keftiu (Kreter) und das Volk von Mitanni, ein Reich im Norden Syriens, das die Ägypter auch Naharinna nannten (Abb. 29). Solche mit Namen versehenen Figuren werden immer als die »Neun-Bogen-Völker« bezeichnet, auch wenn, wie im Grab des Aanen, mehr als neun dargestellt waren. Eroberungen wurden auf die gleiche Weise aufgelistet. In Karnak ist der sechste Pylon mit den anthropomorphisierten Namen von Städten und Stämmen verziert, die Thutmosis III. bei seinen Feldzügen besiegte. Man kann unter den kanaanitischen Eroberungen mehrere biblische Ortsnamen entdecken.

Mit welchen fremden Völkern Ägypten sonst noch in Berührung kam, sieht man zum Beispiel an den Reliefs, auf denen große Feldzüge der Herrscher des Neuen Reichs wiedergegeben werden. Ramses II. ließ seinen Kampf gegen die Hethiter in seinen bedeutendsten Monumenten, also zum Beispiel in Abu Simbel, in Abydos und im Ramesseum darstellen. Merenptah hielt seine Siege gegen die Nubier und die asiatischen Stämme in Kanaan und Syrien auf einer großen Stele fest, die sich heute im Kairoer Museum befindet und Israel-Stele genannt wird, weil sie eine urkundliche Erwähnung des Stammes Israel enthält. In Medinet Habu werden die Kämpfe Ramses' III. gegen die Libyer und die Seevölker lebendig dargestellt (Abb. 30). Die wichtigsten fremden Völker, mit denen Ägypten in Verbindung stand, finden sich in der Karte »Ägypten und seine Nachbarn« (S. 73).

Die internationalen Verbindungen führten zur Gründung ägyptischer Kolonien und befestigter Außenposten in fremden Ländern. Zur Wahrung der ägyptischen Interessen wurden Botschafter, Stadtgouverneure und militärische Befehlshaber ernannt, und wohin die Ägypter auch gingen – ihre Götter gingen mit. Am weitesten kam wohl die Göttin Hathor herum. Ihr Titel »Herrin des Türkis« weist darauf hin, daß sie die Schutzgöttin der Türkisminen im Sinai war; sie wurde von den Bewohnern des südlichen Weihrauchlandes Punt verehrt, von dem man nicht genau sagen kann, wo es lag; im Norden nannte man sie Herrin von Byblos, der Küstenstadt im Libanon, in der ägyptische Schiffe riesige Mengen Zedern- und Pinienholz an Bord nahmen.

Die Griechen versuchten jede ägyptische Hauptgottheit mit einer Gottheit des griechischen Pantheons in Verbindung zu bringen: Thot nannte man Hermes, Min wurde zu Pan, Ptah zu Hephaistos. Die Römer machten es genauso und verwandelten den Kult des Amun zum Kult des Jupiter-Ammon und den Kult der Isis zum römischen Mysterienkult, der äußerst populär wurde. Man baute Isis zahlreiche Tempel, unter anderem in Pompeji und Rom. In Ägypten wurde der Kult der Isis länger vollzogen als jeder andere. Ihr Tempel in Philae war der Platz, an dem die altägyptische Religion am längsten überdauerte, bis sie schließlich auch dort vom Christentum verdrängt wurde.

Ohne Zweifel haben die ägyptischen Götter die Mehrzahl der Gläubigen um Jahrtausende überlebt, denn ihre Namen gehören nach wie vor zur Alltagssprache, wenn auch in Formen, die sich vom Original etwas unterscheiden. Obwohl der Paganismus als Landesreligion vom Christentum und dieses vom Islam abgelöst wurde, wird die Erinnerung an die Götter der alten Ägypter von den Namen ihrer Tempel wachgehalten.

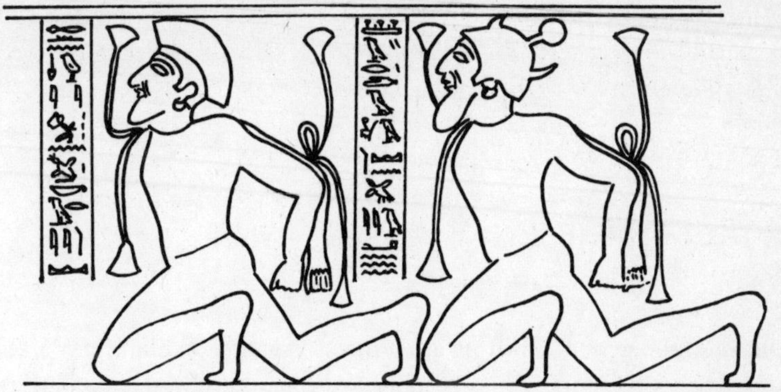

Abb. 30: Kriegsgefangene, die für zwei der Seevölker stehen, mit denen Ramses III. in Konflikt kam. Ausschnitt aus einem Relief im Totentempel Ramses' III. in Medinet Habu.
Übersetzung: *Links: Führer des Feindes, der Tjekari (Tjeker).*
Rechts: Scherdana (Sarden) der See.

Sesch-qedut Ah-mose
»Umrißzeichner Ah-mose«

5. DIE SCHREIBER

Die Entstehung der Schrift im alten Ägypten kann von einfachen prähistorischen Gefäßmarkierungen über Krugsiegel und Namenstäfelchen aus frühdynastischer Zeit bis zu ersten erkennbar grammatikalischen Konstruktionen in der Spätzeit der 1. Dynastie verfolgt werden. An den erhaltenen Zeugnissen kann man ablesen, wie sich die Hieroglyphenschrift, wahrscheinlich ausgehend von einfachen Bildsymbolen, zu immer komplizierteren Bedeutungs- und Lautzeichen (Ideogramme und Phonogramme) entwickelte. Im Laufe der nächsten 3000 Jahre veränderte sich bei manchen Zeichen Bedeutung oder Lautwert, für den sie standen, und die Zahl der Zeichen, die dem ägyptischen Schreiber zur Verfügung standen, erweiterte sich stetig.
Die Herkunft der ägyptischen Schrift liegt weiterhin im Dunkeln. Einen Begriff von Schrift verdankte das Volk am Nil vielleicht Handel und kulturellem Austausch mit Mesopotamien in den Anfängen der gesellschaftlichen Entwicklung in Ägypten, aber die Schriftzeichen und die verwendeten Konstruktionen sind offenbar einheimischen Ursprungs. Die Grammatik des Ägyptischen hat eine gewisse Ähnlichkeit mit semitischen Sprachen wie dem Aramäischen und Hebräischen, in anderer Hinsicht aber auch mit den hamitischen Sprachen Nordostafrikas. Das spricht dafür, daß die ägyptische Sprache sich im Niltal entwickelte und auch die verwendete Schrift eine rein ägyptische Erfindung ist. Die Ägypter nannten die Hieroglyphen »Gottesworte« und sahen in ihnen eine Schöpfung des Gottes Thot, der in Darstellungen vom »Wiegen des Herzens« beim Totengericht oft das Urteil über den Verstorbenen schriftlich festhält (Abb. 31).

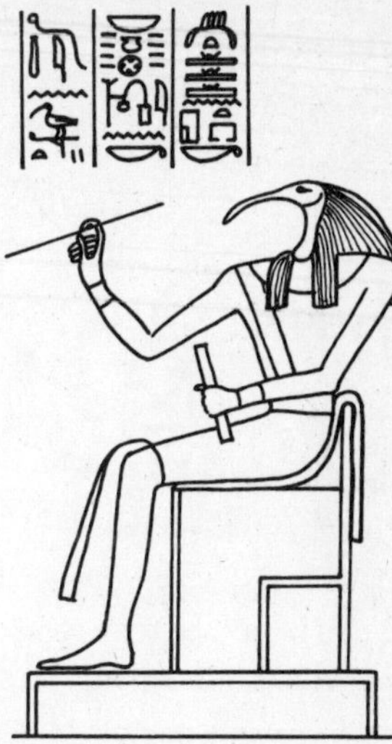

Abb. 31: Der Gott Thot auf seinem Thron. Darstellung aus dem Tempel Ramses' II. in Abydos.
Übersetzung *(Kolumnen von links nach rechts zu lesen): Rede des Thot, Herrn der Achtheit, Schreiber für dich (= König) und Freude für dein Haus.*

In der Frühzeit war das Schreiben eng mit dem Königtum verknüpft: Der König und die höchsten Beamten demonstrierten ihre Macht, indem sie ihren Besitz und ihre Monumente mit ihrem Namen kennzeichneten. Folglich war die ägyptische Führungsschicht entweder selbst des Lesens und Schreibens mächtig oder hatte Diener, die lesen und schreiben konnten. Es muß ein wirkliches Bedürfnis gewesen sein, das Eigentum zu kennzeichnen und Aufzeichnungen aller Art zu machen – nicht nur über die Großtaten des Königs, sondern auch über die Alltagsdinge der Paläste und Tempel. Alles wurde schriftlich festgehalten – Inventare von Lagerräumen, Berichte von Lokalbeamten, Auflistungen von Baumaterial. Der Berufsstand der Schreiber war daher unentbehrlich. Schon in der 1. Dynastie – und wahrscheinlich auch schon vorher – war Ägypten ein bürokratischer Staat, in dem man als Schreiber eine gesicherte und geachtete Stellung hatte.

Der wichtigste Besitz des Schreibers war seine Palette, ein schmales, rechteckiges Stück Holz mit einer langen Vertiefung für die Schreibbinsen in der Mitte und zwei runden Vertiefungen zum Anrühren der roten und schwarzen Farbe. Anspruchsvollere Paletten, die eventuell einen Schieb- oder Drehdeckel über der Vertiefung für die Schreibbinsen hatten, waren manchmal mit Elfenbein eingelegt. Auch konnte der Name des Eigentümers in das Holz geschnitzt werden und manchmal eine Anrufung an Thot, den Schutzgott der Schreiber. Paletten für mehr als die zwei Grundfarben wurden von Künstlern zum Malen verwendet. Ein Exemplar, das sich heute im Britischen Museum befindet und zur Zeit

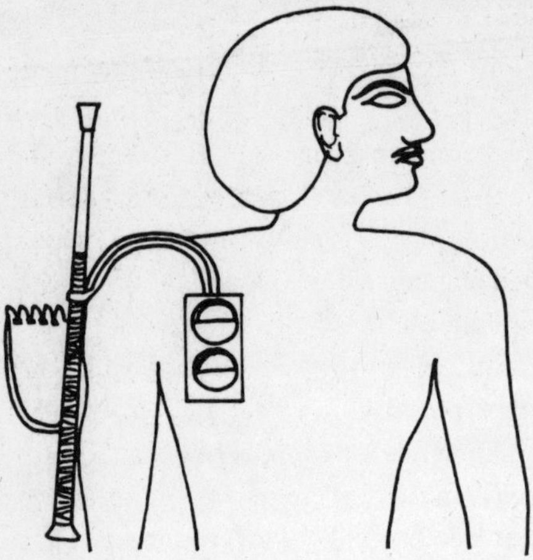

Abb. 32: Ausschnitt von einem Holzrelief aus dem Grab des Hesi-Re in Sakkara, das sich heute im Ägyptischen Museum in Kairo befindet. Hesi-Re war ein hoher Hofbeamter zur Zeit der 3. Dynastie, der unter anderem den Titel »Oberster Schreiber des Königs« besaß. Über der Schulter trägt er sein Schreibzeug mit Palette, Binsenbehälter und Säckchen für Farben.

der 18. Dynastie dem königlichen Verwalter Meri-Re gehörte, hat nicht weniger als 14 Vertiefungen für die verschiedenen Farbpigmente. Die Binsen, mit denen man schrieb, gab es in ganz Ägypten im Überfluß. Der Schreiber wählte je nach der gewünschten Breite und Härte einen Binsenstengel aus und zerkaute das Ende zu einem faserigen Pinsel.

Zum Schreiben und Malen verrührte man fein gemahlene Pigmente – für schwarz aus Holzkohle, für rot aus Ocker – mit einem Bindemittel, das zum Beispiel aus Akaziensamen gewonnen werden konnte, formte aus dieser Masse Farbkegel und ließ sie trocknen. Um die Farbe zu verwenden, tauchte man den Binsenpinsel in Wasser und fuhr dann über den Farbkegel. Das Schreiben hatte große Ähnlichkeit mit japanischer Kalligraphie. Die Hand des Schreibers ruhte nicht auf der Schreibunterlage, seine Pinselstriche waren elegant und fließend. Wenn der Pinsel ausfranste, schnitt der Schreiber einfach ein Stückchen ab und kaute das nächste zurecht, und wenn der Binsenstengel zu kurz wurde, warf er ihn einfach weg und nahm sich den nächsten. Natürlich schnitt er mehrere Binsenstengel auf einmal, um Zeit zu sparen, aber in der Vertiefung seiner Palette hatte er immer nur die, die er gerade verwendete, während er seinen Vorrat in einem röhrenförmigen Behälter aufbe-

wahrte, der manchmal dekoriert und als Papyrusstengel oder Palmenstamm gestaltet war.
Andere Utensilien bewahrte er in einem Beutel mit Zugschnur auf: einen kleinen Wassernapf, eine einfache Flintsteinklinge zum Schneiden und Schärfen der Schreibbinsen, einen Vorrat an Farbkegeln und eventuell, als Radierer, ein Stück weiches Leder und einen Sandstein. Aus den drei klassischen Elementen des Schreibwerkzeugs – Palette, Binsenbehältnis und Beutel – bestand auch die Hieroglyphe für die Begriffe »schreiben« und »Schreiber« (Abb. 32).
Auch der höchste Beamte im Land war sich der Tatsache bewußt, daß er seine Stellung seiner Bildung verdankte, und ließ sich auf Porträts gern als Schreiber darstellen, mit über die Schulter gehängtem Schreibzeug und in der charakteristischen Hockhaltung mit untergeschlagenen Beinen, dem sogenannten Schneidersitz. Der Schurz war dabei straff über die Knie gespannt und diente als Schreibunterlage. Hesi-Re, der unter Djoser, einem König der 3. Dynastie, unter anderem den Titel »Vorsteher der königlichen Schreiber« hatte, ist auf fein gearbeiteten Holzpaneelen dargestellt, die aus seinem Grab in der Nähe der Stufenpyramide des Djoser von Sakkara stammen. Auf den Abbildungen sind die Palette, der Binsenbehälter und der Beutel des Schreibers groß im Bild. Amen-hotep, Sohn des Hapu, einer der höchsten Beamten und Baumeister unter Amenophis III., erhielt die überaus ehrenvolle Erlaubnis, im heiligen Bezirk von Karnak Statuen von sich aufstellen zu lassen. Er ließ sich als einfachen Schreiber darstellen und verzichtete auf jeden direkten Hinweis auf seine Position am Hof. Das zeugt nicht von Demut in Gegenwart des Gottes, war die Aufstellung einer Beamtenstatue im Tempel doch Ausdruck seiner Bedeutung und Wertschätzung. Amen-hotep wollte wohl ganz bewußt die Basis seines Erfolgs hervorheben. Die Statue des Hor-em-hab, heute im Metropolitan Museum of Art in New York, stellt ihn als jungen Heeresschreiber vor, der den Kopf eifrig über den Papyrus auf seinem Schoß beugt.
Bildung war der Schlüssel zum Erfolg, und niemand war von vornherein davon ausgeschlossen, weder aus religiösen Gründen noch weil es eine abgeschlossene Schreiberkaste gegeben hätte. Dorfschreiber konnten Lehrlinge einstellen, die ihnen beim Briefeschreiben, beim Aufsetzen

von Arbeitsverträgen und ähnlichen Aufgaben zur Hand gingen. Örtliche Beamte hielten ständig Ausschau nach intelligenten jungen Männern, die sich für den Staatsdienst eigneten. Den örtlichen Verwaltungen und den Regierungsstellen in den wichtigsten Städten waren Schulen angegliedert, denn der ägyptische Staatsapparat brauchte ein gewaltiges Heer von Buchhaltern, Steuerbeamten und Archivaren (Abb. 33).

Im Prinzip konnte auch ein begabter Bauernjunge aus einfachsten Verhältnissen zu Bildung gelangen, wenn es ihm gelang, jemanden auf sich aufmerksam zu machen, der ihm weiterhalf. Dann ersparte ihm die Familie während der Ausbildung die Feldarbeit, auch wenn sie noch so große Opfer dafür bringen mußte, denn ein Schreiber in der Familie brachte Prestige.

Es gab viele hochgestellte Hofbeamte, die stolz auf ihre einfache Herkunft verwiesen. Sen-en-Mut stieg aus einer gewöhnlichen thebanischen Familie zum Chefberater und Baumeister der Königin Hat-schepsut auf. Der bereits erwähnte Hor-em-hab brachte es noch weiter, nämlich vom Sekretär des Königs zum Oberbefehlshaber des Heeres, dann zum Stellvertreter des Königs und schließlich selber zum König. Er erlebte die Regierungszeit von mindestens vier anderen Königen, bevor er selber mehr als ein Vierteljahrhundert über Ägypten herrschte.

Von den Söhnen der Familien der oberen Mittelschicht und des Adels wurde fast erwartet, daß sie lesen und schreiben konnten. Sie dürften von Privatlehrern unterrichtet worden sein, Söhne von Hofbeamten vielleicht auch zusammen mit den Prinzen, denen die besten und weisesten Lehrer zur Verfügung standen. Die größeren Tempel unterhielten Schreiberschulen, an denen Knaben schon ab fünf Jahren unterrichtet wurden.

Man unterrichtete zuerst die hieratische Schrift, die seit der Frühzeit parallel zur kunstvolleren Hieroglyphenschrift als eine Art Schreibschrift verwendet wurde. Sie brauchte weniger Platz und ließ sich schneller schreiben. Wie die Hieroglyphen konnte man sie in Kolumnen oder Zeilen schreiben, die jedoch stets von rechts nach links gelesen wurden wie die arabische Schrift. Die meisten alltäglichen Schriftstücke von Verträgen über Testamente bis zu Briefen und Inventaren wurden hieratisch geschrieben.

Abb. 33: Zwei Opfergabenträger; Darstellung aus einem thebanischen Grab aus der Zeit der 18. Dynastie. Bei beiden sind der Name und die Titel angegeben.
Übersetzung:
Links: Hausvorsteher des Schatzmeisters der Schreiber Nu.
Rechts: Urkundenschreiber des Schatzmeisters Sobek-hotep.

Zuerst übte der Schüler das Schreiben der Zeichen und lernte, wie man sie in Linien oder Kolumnen aneinanderfügte und zu zusammengesetzten Zeichen, sogenannten Ligaturen, verband. Jeder Schreiber entwickelte seine eigene Handschrift, so daß die Ägyptologen oft schon anhand des Schriftbildes einer Urkunde sagen können, welcher Schreiber sie verfaßt hat. *Seba*, das Wort für Schüler, war von dem Wort für »lehren« abgeleitet und dürfte gleich geklungen haben wie das ägyptische Wort für »Stern«, denn das Hauptzeichen bei der Schreibung von *Seba* war die Sternhieroglyphe. Der »Lehrer« hieß *Sebai*, und das Wort für »Unterweisung, Erziehung und Bildung« bzw. »Weisheit« war *Sebait*. »Erzieher«, *Menai* trugen die maskuline Form des Titels Menat »Amme«. Über mehrere Lehrer von Prinzen sind wir durch autobiographische Angaben in ihren Gräbern informiert, zum Beispiel über den Vater von Pa-heri aus el-Kab. Sein Name, Itrw-renpi, bedeutet »Vater des jungen Löwen«. »Vater« könnte ein Kosename des Schülers für den Lehrer, und »junger Löwe« könnte eine Bezeichnung für »Prinz« gewesen sein, also in diesem

Fall für den »Königssohn« Wadj-mose, der zusammen mit seinem Bruder Amen-mose in dem Grab dargestellt ist. Ist es denkbar, daß sein Name in Wirklichkeit ein Kosename war, den man dem Geburtsnamen vorzog?

Übungen im Entwerfen und Verfassen von Briefen nahmen einen großen Teil der Unterrichtsstunden ein. Der Schüler mußte die korrekten Anredeformen lernen und verbrachte viele Stunden mit dem Abschreiben von Musterbriefen der verschiedenen Typen, die er beherrschen mußte, wenn er seine Laufbahn als Schreiber begann. Die Texte wurden auf eine getünchte Tafel geschrieben, damit die Schüler sie abschreiben konnten. Solche Tafeln und Schülerabschriften finden sich in vielen Museen.

Man verwendete jedoch nicht nur Briefe, sondern oft auch Auszüge aus »klassischen« Geschichten und der sogenannten Weisheitsliteratur, vermutlich um zu verhindern, daß das Interesse der Schüler erlahmte. Die Arbeiten der Schüler wurden vom Lehrer mit roter Tinte korrigiert. In vielen Fällen beruht unser gesamtes Wissen von Werken der ägyptischen Literatur auf solchen Schülerabschriften – mit allen Grammatik- und Rechtschreibfehlern. Man schrieb meist auf Ostraka, also auf Kalksteinabschlägen, wie sie bei Bauarbeiten, etwa beim Ausschachten von Gräbern anfielen, oder auf Scherben von Keramikgefäßen. Da sie billig und leicht erhältlich waren, wurden Ostraka selten mehrmals verwendet. Sie waren ein – sehr langlebiges – Gegenstück zu unserem Konzeptpapier: Texte auf Ostraka haben überdauert, Texte auf Lederrollen oder Papyrus, also auf den Schreibmaterialien für wichtigere Arbeiten, dagegen nicht. Papyrus war zu wertvoll, als daß man ihn für reine Schreibübungen verschwendet hätte, aber die Schüler wurden im Rahmen ihrer Ausbildung mit der Herstellung und Verwendung von Papyrus vertraut gemacht.

Das meistverwendete Unterrichtsmaterial waren moralistische Texte, die dem Schüler beim Üben grammatikalischer Konstruktionen sittliche Verhaltensweisen nahebringen sollten. Man hoffte, daß er beim Abschreiben des Textes mit den darin enthaltenen ethischen Normen vertraut wurde.

Die Verfasser solcher Texte griffen auf mehrere Themen zurück, um den Schüler zum eifrigen Lernen anzuhalten. So konnte auch das Leben des Schreibers mit dem von Angehörigen anderer Berufe verglichen werden, wie es in der sogenannten loyalistischen Lehre deutlich wird.

Abb. 34: Ein Mitarbeiter des Maia, des Schatzmeisters zur Zeit der ausgehenden 18. Dynastie. Darstellung aus dem Grab des Maia in Memphis.
***Übersetzung**: Der Schatzschreiber Sen-nefer.*

»Bedenkst du nicht, wie schlecht es einem Bauern ergeht, wenn seine Ernte registriert wird? Schädlinge haben die Hälfte seiner Ernte gefressen. Auf dem Feld wimmelt es von Mäusen, und Heuschrecken sind eingefallen. Vieh verschlingt und Spatzen stehlen. Diebe nehmen, was übrig ist, vom Dreschplatz. Wehe dem Bauern! … Wenn der Schreiber am Flußufer erscheint, um die Ernte zu registrieren, und Träger mitbringt, die Stöcke mit sich führen, sagen diese: ›Gebt das Getreide her!‹ Der Bauer sagt: ›Es ist keines da.‹ Er wird gestreckt und geschlagen; er wird gefesselt und in einen Graben geworfen. Der Schreiber hingegen lenkt die Arbeit aller Leute. Für ihn gibt es keine Steuern, denn er leistet seinen Beitrag mit dem Schreiben; für ihn gibt es keine Abgaben. Denk daran!«

Ähnliche Texte befassen sich unter anderem mit dem Leben des Soldaten, des Bäckers und des Gärtners, und bei allen wird mit vergleichbaren Übertreibungen gearbeitet, um das Los des Schreibers beneidenswert erscheinen zu lassen.
Die Eltern oder Förderer erhielten regelmäßig Berichte über die Fortschritte des Schülers. Einige der Texte, die am häufigsten abgeschrieben wurden, sind fingierte Briefe, die als Reaktionen von zu Hause auf ein schlechtes Zeugnis abgefaßt sind, womit der Schüler beschämt und zu intensiver Arbeit angespornt werden sollte:

»Sei nicht faul, vergeude keine Zeit, sonst wirst du kräftig geschlagen. Gib dich keinen Vergnügungen hin, das wird dich zugrunderichten. Schreib mit der Hand, lies mit dem Mund und bitte diejenigen, die weiser sind als du, um Rat. Strebe ein hohes Amt an, mache das zu dem Ziel, das du mit zunehmenden Jahren erreichen willst. Ein Schreiber, der in seinem Beruf gut ausgebildet ist, ein Herr der Bildung, hat Glück. Arbeite jeden Tag beharrlich an der Erlangung der Meisterschaft im Schreiben. Vergeude keinen Augenblick mit Untätigkeit, sonst wirst du geschlagen. Der Knabe hat das Ohr auf dem Rücken; er hört nur, wenn er geschlagen wird. Nimm dir diese Worte zu Herzen, zu deinem eigenen Besten.«

Ein anderer Text stellt die strenge Disziplin, der die Schüler unterworfen waren, als harmlos dar im Vergleich zu den Erfahrungen, die der Vater eines Schülers seinerzeit bei der Ausbildung zum Schreiber gemacht hatte:

»Bedenke, wie es bei mir in deinem Alter war. Ich verbrachte meine Zeit mit gefesselten Gliedern. Drei Monate lang war ich gleichsam ein Gefangener im Tempel, während meine Eltern und meine Brüder das Land bearbeiteten. Als meine Fesseln abgenommen wurden und ich die Hände wieder frei hatte, da war ich besser als je einer vor mir. Ich war der Beste meiner Klasse, übertraf alle meine Kameraden an Gelehrsamkeit. Tu, was ich dir sage, dann wirst du Erfolg haben. Wenn der Tag zu Ende geht, wird man sehen, daß dir keiner überlegen ist.«

Probleme auf Grund von jugendlichem Übermut und Besäufnisse von Studenten scheinen nichts Neues zu sein:

»Ich höre, daß du deine Studien vernachlässigst und dich Vergnügungen hingibst. Du gehst in dem Teil der Stadt, in dem das Bier zum Himmel stinkt, von Straße zu Straße. Man sieht dich über eine Mauer klettern und eine Tür einschlagen. Männer laufen weg vor dir, weil du einen Kampf anzetteln würdest. Ich wünschte, du würdest einsehen, daß Wein abscheulich ist. Ich wünschte, du würdest ihm entsagen, dich vom Bier abwenden und den Wein vergessen. Man sieht dich in einem Haus sitzen, umringt von Mädchen, Blumen um deinen Hals. Du tätschelst deinen Bierbauch und fällst der Länge nach in den Dreck.«

Auch die klassischen Bücher der sogenannten Weisheitsliteratur wurden als Unterrichtsmaterial verwendet. Sehr beliebt war ein moralistisches Werk, das angeblich von Ptah-hotep, dem Wesir König Isesis geschrieben worden war, also zur Zeit der 5. Dynastie:

»Werde nicht überheblich wegen deines Wissens und glaube nicht, daß du alles weißt. Laß dir von den Weisen und desgleichen von den Unwissenden raten, denn du kannst nie alles wissen, was es zu wissen gibt. Kein Künstler ist jemals ein vollkommener Meister seines Fachs.«

Ein ähnliches Werk, das unter dem Titel *Belehrung des Duau-ef* bekannt ist, wurde wahrscheinlich als Schulbuch geschrieben. Der Verfasser gibt sich als Vater, der seinem Sohn Ratschläge erteilt, während er ihn in die Hauptstadt begleitet, zur Aufnahme ins Haus der Urkunden, wo er als Schreiber ausgebildet werden soll. Es ist eine wunderbare Werbeschrift für Schulen und Bildung, die mit eingeführten Motiven arbeitet, nämlich verschiedene Berufe miteinander vergleicht und den Schüler dazu ermahnt, möglichst viel aus seiner Ausbildung zu machen: »Was ich dir jetzt auf dieser Reise in die Hauptstadt sage, das sage ich aus Liebe zu dir. Jeder Tag, den du in der Schule verbringst, wird ein Gewinn für dich sein. Seine Wirkung wird Bestand haben wie die Berge.«
Einige der erhaltenen Schülerabschriften der *Belehrung des Duau-ef* sind vor lauter Fehlern unverständlich. Mit dem Abschreiben als Unterrichtsmethode waren natürlich nicht von Anfang an Erfolge zu erzielen.
War der Schüler in der hieratischen Schrift sattelfest, begann er Hieroglyphen zu lernen. Eine Papyrusrolle, die in Tanis, im Delta, gefunden wurde, erwies sich als eine Art Hieroglyphenwörterbuch, wie es auch in Schreiberschulen verwendet worden sein könnte: Neben den in Kolumnen angeordneten Hieroglyphen findet man jeweils das hieratische Äquivalent und ein paar Worte zum richtigen Gebrauch, ebenfalls in hieratischer Schrift. Interessanterweise ordneten die Ägypter, die keine feste alphabetische Reihenfolge hatten, die Hieroglyphen nach Zeichentypen: menschliche Gestalten, Tiere, Pflanzen, Teile von Gebäuden etc. Dieses Ordnungsprinzip übernahm Sir Alan Gardiner in seiner *Ägyptischen Grammatik*, die lange Zeit als Standardwerk für jeden galt, der die ägyptische Sprache erlernen wollte. Dagegen ist das sogenannte ägyptische Alphabet, das in Anlehnung an das semitische gebildet wurde, lediglich eine Hilfskonstruktion für heutige Wörterbücher.
Auf Papyrus schrieb man die Hieroglyphen anders als man sie in Stein meißelte. Man reduzierte sie in der Regel auf das, was nötig war, um ähnliche Zeichen voneinander zu unterscheiden. Zum Beispiel sieht man an der Armhaltung der hier abgebildeten Hieroglyphen (Abb. 35, Nr. 4–6), ob es sich bei einer bestimmten menschlichen Gestalt lediglich um ein Deutzeichen für einen menschlichen Namen handelt oder um eine Tätigkeit des Mundes, auf den die Hand verweist, wie sprechen und

essen. Deshalb wurde in der Kursivschrift die Haltung der Arme besonders hervorgehoben. Das Deutzeichen für Götternamen (Nr. 2) und das Zeichen für König (Nr. 1) unterscheiden sich noch weniger voneinander: Der an der Spitze hochgebogene Bart verweist auf den Gott und die Uräusschlange an der Stirn auf den König. Die kursiven Hieroglyphen wurden auch bei den besten Exemplaren des Totenbuches verwendet. Solche Papyri wurden im »Haus des Lebens« geschrieben, dem Skriptorium des Tempels, in dem auch Schreiber unterrichtet wurden. Diese Schriftrollen wurden zu Beginn wichtiger Kapitel mit Bildvignetten versehen, die den schriftlichen Inhalt des Textes zusätzlich erläutern, ähnlich wie in der Buchmalerei der mittelalterlichen Klöster. Für Schüler mit einer besonders guten Handschrift oder mit besonderem Geschick im Zeichnen und Malen der beigefügten Bilder konnte die Arbeit im »Haus des Lebens« zu einer Lebensaufgabe werden.

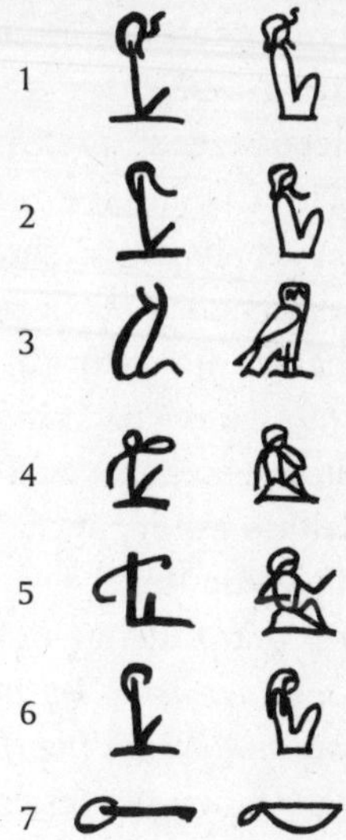

Abb. 35: Beispiele für »kursive« Hieroglyphen, wie sie häufig auf Papyrus verwendet wurden, im Vergleich zu den nebenstehenden normalen Hieroglyphen.

Die »Priester im Haus des Lebens« – eigentlich wohl eher Gelehrte und Lehrer als Priester – waren auch für das Schreiben liturgischer Bücher verantwortlich, wie sie auf Bildern von Begräbnissen der lesende Priester in der Hand hält. Ein hohes Maß an Bildung wurde bei jedem Priester vorausgesetzt, aber nur wer im »Haus des Lebens« eine besondere Ausbildung genossen hatte, durfte bei den Tempelriten die heiligen Bücher lesen und die Litaneien rezitieren.

In jedem Tempel waren aber auch zahlreiche Schreiber minderen Rangs als Sekretäre und Archivare tätig (Abb. 36, S. 119).

Für die Ländereien der Tempel, die für sämtliche Bedürfnisse des Gottes und seiner Diener aufkommen mußten, brauchte man viele Arbeiter und Verwalter. Auch hier kamen zahlreiche Schreiber unter (Abb. 37, S. 119).

Nach der Grundausbildung zum Schreiber konnte man sich auf ein Gebiet wie Buchführung, Recht oder Medizin spezialisieren. Weiterführende Schulen gab es bei größeren Tempeln, zum Beispiel beim Horustempel in Edfu, wo es eine Medizinschule gegeben zu haben scheint. Wer eine Lehre als Architekt oder Künstler machte, ließ sich parallel dazu als Schreiber ausbilden. Künstler, die mit Bildern für Grabwände oder mit Reliefs beauftragt wurden, führten nicht unbedingt jeden Arbeitsschritt selber aus. Sie machten den Entwurf, der dann mit Hilfe eines Quadratnetzrasters auf die Fläche übertragen wurde, für die er vorgesehen war. Bevor zum Pinsel oder zu Hammer und Meißel gegriffen wurde, überprüfte der Schreiber und Zeichner die Umrißlinien, die seine Helfer gezogen hatten und korrigierte Fehler in der Linienführung oder den Größenverhältnissen. Am Anfang dieses Kapitels steht der Titel Sesch-qedut eines »Umrißzeichners« oder »Malers« namens Ah-mose. Die Hilfskräfte des Künstlers, vielleicht seine Lehrlinge, verstanden die Inschriften, die man sie malen oder in Stein meißeln ließ, nicht immer. Die Kontrolle der genauen Wiedergabe der Hieroglyphen oblag dem obersten Zeichner, aber auch er konnte Fehler übersehen, oder sie konnten sich einschleichen, wenn das Werk schon so weit fortgeschritten war, daß man sie nicht mehr korrigieren konnte. Oft haben mehrere Hieroglyphen eine ähnliche Form, es konnte also leicht passieren, daß ein falsches Zeichen in den Text geriet oder ein Zeichen ausgelassen oder an die falsche Stelle gesetzt wurde.

Im Neuen Reich und vermutlich auch schon früher werden sich einige Schreiber auf Fremdsprachen spezialisiert haben, da der König ja auch mit den Herrschern benachbarter Reiche korrespondierte. Da das Ägyptische die einzige Sprache war, die mit Hieroglyphen geschrieben wurde, führte man den größten Teil der Auslandskorrespondenz auf Akkadisch, in der Sprache der Diplomatie, die in Keilschrift geschrieben wurde. Briefe an fremde Herrscher, die der König oder seine Hofbeamten diktierten, mußten in die fremde Sprache übersetzt und in die fremde Schrift übertragen werden. Antwortschreiben mußten in die ägyptische Sprache und Schrift übersetzt werden, damit man ein Exemplar archivieren konnte. Das ging nicht ohne hierauf spezialisierte Schreiber, wenn uns auch keiner namentlich bekannt ist und nicht

Abb. 36: Tempelschreiber, der für die Zählung der Opfer verantwortlich war, die im Namen des Königs oder an den König als lebenden Gott zugewiesen wurden.

Übersetzung: *Für den Ka des königlichen Schreibers, des Opfertischschreibers des Herrn der Beiden Länder, der Güterverwalter Ani, der Gerechtfertigte.*

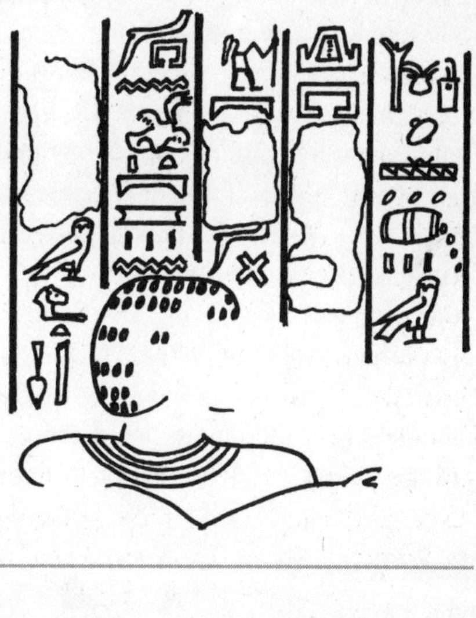

Abb. 37: Der Buchhalter Amen-em-hat. Darstellung aus seinem Grab in Theben-West. Die Schäden an den bemalten Reliefs haben Echnatons Bilderstürmer verursacht, die jede Erwähnung des Gottes Amun tilgten.

Übersetzung: *(Kolumnen von rechts nach links): Schreiber bei der Berechnung des Getreides in der Scheune des [Amun], Aufseher des Güterverwalters des Wesirs, Aufseher der Weber des [Amun] [Amen]-em-het, der Gerechtfertigte.*

einmal gesichert ist, ob man die Titel, von denen man glaubt, daß sie »Übersetzer« oder »Dolmetscher« bedeuten, richtig verstanden hat. Die Texte, mit denen Schüler zum Lernen angehalten wurden, heben hervor, daß man als Schreiber keine Steuern zu zahlen brauchte und zahlreiche Privilegien genoß, doch die Lebenswirklichkeit dürfte von dem Idealbild weit entfernt gewesen sein. Ein großer Teil der Arbeit eines gewöhnlichen Sekretärs bestand aus vielen Wiederholungen und dürfte recht langweilig gewesen sein. Er kam seinen Verpflichtungen gegenüber dem Staat durch seine Arbeit nach, und bei dem bürokratischen Aufwand, der getrieben wurde, mußte er viel arbeiten. Oft brauchte man von einer Urkunde drei Ausfertigungen, und es gab im alten Ägypten nun einmal weder Kohlepapier noch Fotokopierer. Wir verdanken es dem damaligen Ehrgeiz, möglichst alles schriftlich festzuhalten, und der Arbeit zahlloser Schreiber, daß wir so viel über die ägyptische Zivilisation wissen. Leider sind die meisten von ihnen heute namenlos, aber vielleicht lebt, wie der Verfasser eines Textes aus dem Neuen Reich hoffte, ihr Geist in ihrer Arbeit fort, die überdauert hat:

> »Was die gelehrten Schreiber aus früher Zeit angeht, die die Zukunft vorausgesagt haben – ihre Namen bleiben ewig erhalten, obwohl sie gestorben sind und ihre ganze Familie vergessen ist. Sie schufen sich keine überdauernden Gräber und Stelen, sie hinterließen keine Kinder, ihrer Namen zu gedenken. Sie schufen sich Erben in den Büchern, die sie verfaßten ... Die Schreibtafel ist ihnen ein liebender Sohn, die Schreibbinse ist ihr Kind, die Steinfläche ihr Weib. Leute aller Schichten sind wie ihre Kinder, denn der Schreiber ist ihr Führer. Mögen ihre Häuser zerbröckelt und ihre Gräber vergessen sein, solange durch die Bücher, die sie schrieben, als sie lebten, ihre Namen genannt werden, bleibt ihnen ein glückliches Andenken. Für immer und alle Zeit!«

In Tabelle 11 sind einige der Wörter und Titel zusammengestellt, die mit dem Beruf des Schreibers zu tun haben.

(sesch »Schreiber«)

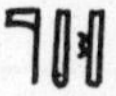	*medu-netjer: Gottesworte (Hieroglyphen)*
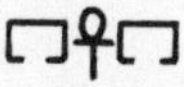	*per-anch: Haus des Lebens (Tempelschule)*
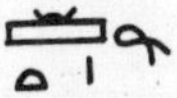	*medjat: Buch, Schriftrolle*
	*sesch-nisut: Schreiber des Königs*
	*cheri-sesch-nisut: Oberster Schreiber*
	*sesch-cheri-sdjaut: Schreiber von Versiegeltem (Vertraulichem)*
	*mi-ra-seschu-medjat-en-chefet-her: Öffentlicher Aktenschreiber*
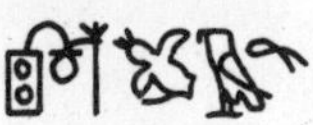	*sesch-tjau: Annalenschreiber*
	*sesch-sehui: Listenschreiber*
	*sesch-schai: Schrift der Urkunden (demotisch)*
	*per-medjat: Haus der Schriftrollen (Bibliothek)*
	*medjet: Brief, Botschaft*
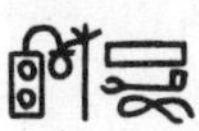	*sesch-schat: Sekretär (Briefschreiber)*
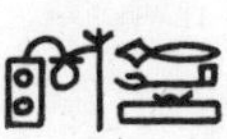	*sesch-aa: Oberster Schreiber*
	*sesch-hotep-netjer: Schreiber der Opfergaben*
	*sesch-heseb-it: Schreiber bei der Getreideberechnung (Buchhalter)*
	*sesch-senu: Opferbrotschreiber*
	*sesch-menfit: Schreiber der Infanterie*
	*sesch-lunu: Schrift Ioniens (Griechisch)*
	*at: Schule*
	*sebat: Schüler*
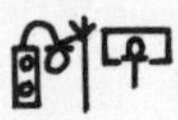	*sesch-per-anch: Schreiber im Haus des Lebens (Lehrer)*
	*sesch-en-sedjem: Hörender Schreiber (der nach Diktat schrieb)*
	*sesch-medjat-nefjer: Schreiber heiliger Texte*
	*sesch-ahut: Schreiber der Felderverwaltung*
	*iri-medjat: Briefbote*
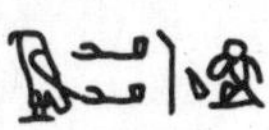	*aaa: Übersetzer, Dolmetscher*

Tabelle 11: Wörter und Titel, die mit dem Beruf des Schreibers zu tun haben

König Na'rmer mit Wesir und Sandalenträger

6. DIE BEAMTEN

Der Staat und die Gesellschaft des alten Ägypten waren während des größten Teils ihrer 3000jährigen Geschichte stabil. Es gab auch unruhige Zeiten, in denen es zu politischen und sogar zu religiösen Umwälzungen kam, aber verglichen mit den ruhigen Epochen waren sie relativ kurz. Die wichtigste Voraussetzung für diese Stabilität war der Nil, die Lebensader Ägyptens. Ohne die Zuverlässigkeit, mit der er Mensch und Tier mit Wasser versorgte und die Felder bewässerte, hätte das Niltal keine Siedler angezogen und die ägyptische Zivilisation wäre nicht entstanden. Ohne die alljährliche Überschwemmung, der das ganze Niltal seinen fruchtbaren, mineralstoffreichen Schwemmboden verdankte, hätte das Land keine große, seßhafte Bevölkerung ernähren können. Ohne den Nil als Wasserstraße und direkte Verbindung zwischen den verschiedenen Bevölkerungszentren wäre ein Einheitsstaat undenkbar gewesen.

Ägyptens Reichtum basierte auf der Landwirtschaft, die eine seßhafte Lebensweise erforderte. Der Wohlstand eines Gemeinwesens hing davon ab, über wieviel Land es verfügte, inwieweit es also über die Selbstversorgung hinaus einen Überschuß erzielen konnte, den man gegen Güter eintauschen konnte, bei denen man nicht autark war, und mit dem man Arbeiter und Handwerker unterhalten konnte, die nicht direkt von der Landwirtschaft lebten, zum Beispiel Töpfer, Weber und Steinmetzen. Wenn das Gemeinwesen größer wurde, also mehr Menschen umfaßte und ein größeres Gebiet einnahm, mußten zudem Planungs- und Verwaltungsaufgaben erledigt werden. Natürlich hatte der

Mann, der am meisten Land besaß und den größten Beitrag zum Wohlstand des Gemeinwesens leistete, den größten Einfluß auf die Verteilung der Güter.

In einer demokratischen Gesellschaft mögen Charisma, Geschäftstüchtigkeit oder Integrität bei der Wahl eines politischen Führers den Ausschlag geben. Im alten Ägypten mußte eine eigene Machtbasis dazukommen, wie sie ein Grundbesitzer hatte, der sich auf die Loyalität der Bauern verlassen konnte, die sein Land bewirtschafteten, und der es sich leisten konnte, eine große Zahl von Leuten zu versorgen, die nicht in der Landwirtschaft arbeiteten. Die Größe der Gefolgschaft des Oberhaupts – die Verwandtschaft und die von ihm abhängigen Arbeiter – war auch im Hinblick auf die Sicherheit des Gemeinwesens ein wichtiger Faktor. Hatte das Oberhaupt keine großen Skrupel, konnte es versucht sein, der Allgemeinheit mit Gewalt oder durch Einschüchterung seinen Willen aufzuzwingen; war es eine wahre Führungspersönlichkeit, bot es seine Gefolgschaft zum Schutz der Gemeinschaft vor potentiellen Feinden auf – vor begehrlichen Nachbarn, vagabundierenden Banditen, vielleicht sogar vor ausländischen Eroberern. Aus Dankbarkeit für diesen Schutz überließ das Gemeinwesen dem Oberhaupt einen Teil der Ressourcen als Beitrag zum Unterhalt seines Gefolges. Diese zusätzlichen Einnahmen vermehrten aber auch die Mittel, die dem Oberhaupt persönlich zur Verfügung standen und es ihm erlaubten, Luxusgüter in Auftrag zu geben: erlesene Möbel, Schmuck und Denkmäler.

Aus seiner wachsenden weltlichen Macht leitete der Herrscher einen Anspruch auf geistige Autorität ab. Ein fähiger Herrscher schrieb seinen Erfolg dem Einvernehmen mit der Lokalgottheit zu. Der Gott schenkte denen seine Gunst, die ihm die gebührende Ehrfurcht entgegenbrachten, und ließ sein erwähltes Volk gedeihen. Letztlich konnte der Herrscher ein ganz besonderes Verhältnis zu dem Gott geltend machen, nämlich ein Verwandtschaftsverhältnis, woraus sich ergab, daß auch er göttlich war. Somit stand an der Spitze der Verwaltung der Gottkönig: stark, reich, fromm, manchmal charismatisch, immer autoritär, der Inbegriff des Erfolgs.

Einer der frühesten Belege, der in einer großen Grube in Hierakonpolis entdeckt wurde, war der Kopf einer Zeremonialkeule aus der Zeit direkt vor der »Reichseinigung« (Abb. 38). Die zentrale Figur des Reliefs auf diesem birnenförmigen Keulenkopf aus Kalkstein ist ein König – an seinen Insignien, der weißen Krone und dem Tierschwanz, der an seinem Gürtel hängt, leicht als solcher zu erkennen. Vor seinem Gesicht stehen zwei Hieroglyphen, ein Skorpion und darüber eine Rosette, eine achtblättrige Blüte. Daß diese beiden Zeichen für den Namen oder einen Titel stehen, ist wahrscheinlich, und so spricht man üblicherweise vom König Skorpion.

Oberhalb des Hauptbildfeldes befindet sich ein Standartenfries, der sich um den ganzen Keulenkopf herumzieht. Auf jeder Standarte ist das Totem oder der Fetisch eines Stammes oder einer Region, und an allen baumelt ein erhängter Kiebitz.

Die Kiebitzhieroglyphe bedeutet »Volk«, und in dieser frühen Phase sind damit wohl die Deltabewohner gemeint. Der Fries dient also nicht nur zur Zierde, sondern macht eine Aussage über die Macht des Königs: Jede Standarte steht für ein Volk, das König Skorpion unterworfen hat.

Auf dem Relief ist der König von Menschen umgeben, darunter vermutlich Priester und Leibwachen. Die Figur in der Sänfte könnte die Mutter des Königs sein. In direkter Nähe des Königs stehen zwei Wedelträger. Ein Wedel bestand aus Straußenfedern, die halbkreisförmig auf einem langen Stab angebracht waren. Der Träger hielt ihn so, daß er dem König Schatten spendete, und fächelte ihm nicht etwa kühlende Luft zu. Wedelträger sind auf vielen Königsdarstellungen aus allen Epochen der ägyptischen Geschichte dargestellt, und mit dem Titel »Wedelträger zur Rechten des Königs« erwarb man hohes Ansehen. Manchmal, zum Beispiel unter Ramses II., waren die Wedelträger Prinzen, aber auch Personen, die nicht zum Königshaus gehörten, konnten das hohe Hofamt bekleiden. Das Symbol für den Wedelträger, eine Straußenfeder auf einem kurzen Stab, diente auch als Hieroglyphe für den Titel selbst (siehe Abb. 26, S. 69).

Ein anderer Höfling, der König Skorpion begleitet, ist der Sandalenträger, der auch einen Wasserkrug mit sich führt, um seinem Herrn die Füße waschen zu können. Ein Diener, der den König berühren durfte, hatte eine sehr privilegierte Stellung inne. Auf dem Ausschnitt aus der

Abb. 38: Teil des Reliefs auf der Zeremonialkeule des Königs Skorpion. Der in Hierakonpolis gefundene Keulenkopf befindet sich heute im Ashmolean-Museum in Oxford. Der Name des Königs steht mit zwei Hieroglyphen vor seinem Gesicht. Hinter ihm stehen zwei Wedelträger und ganz links sind weitere Höflinge zu sehen sowie eine Figur in einer Sänfte, die wahrscheinlich als Königinmutter anzusprechen ist. Darüber befinden sich Standarten von Gauen oder Städten.

Platte des Narmer neben der Überschrift zu diesem Kapitel ist der Sandalenträger des Königs zu sehen. Die Vertrauenswürdigkeit und Loyalität solcher Leibdiener mußte über jeden Zweifel erhaben sein. Sie konnten, dank ihrer Nähe zum König, beträchtlichen Einfluß auf ihn ausüben. In sehr viel späteren Zeiten wurde Sorge darüber geäußert, daß der König von selbstsüchtigen Höflingen, darunter vielen Leibdienern umgeben war, die ihre Vertrauensstellung ausnutzten, um Intrigen zu spinnen und Regierungsentscheidungen zu beeinflussen. Vor allem solche Diener verschworen sich zu einem Mordkomplott gegen Ramses III., darunter mehrere mit dem Titel, der üblicherweise als »Mundschenk« wiedergegeben wird, aber weitaus größeren politischen Einfluß verlieh, als diese Übersetzung nahelegt (siehe Abb. 51, S. 151). Unter den Leuten, die um König Skorpion herum dargestellt sind, befinden sich zweifellos seine Angehörigen, Freunde und Berater. Es war eine große Ehre, zum nächsten Umkreis des Königs zu gehören, und setzte nicht unbedingt voraus, daß man mit dem Königshaus verwandt war. Die engsten Vertrauten, deren Verhältnis zum König einer Freundschaft so nahekam, wie das im alten Ägypten möglich war, sagten von

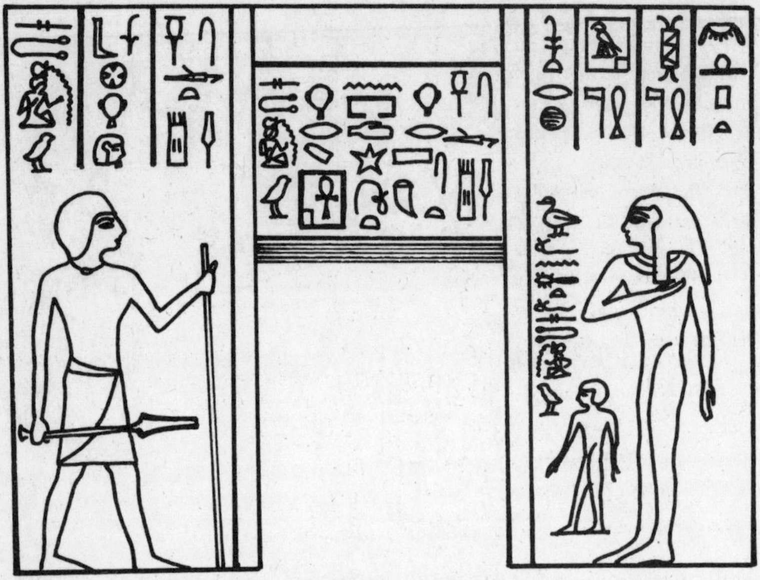

Abb. 39: Teil einer Scheintür des Setj-wabu aus dem Alten Reich. Die Titel über dem Grabherrn, der auf der linken Seite der Tür dargestellt ist, werden in der Mitte wiederholt. Seine Gemahlin und sein Sohn stehen ihm auf der rechten Platte gegenüber.
Übersetzung *(Text oberhalb des Mannes, von rechts nach links zu lesen): Einziger Gefährte, Leiter der Palastanlage, Oberhaupt von Necheb, [el-Kab], Setj-wabu.*
(Mitte, von rechts nach links zu lesen): Einziger Gefährte, Leiter der Palastanlage, Herr der Geheimnisse [Geheimrat] des Morgenhauses, Beamter des Lebenshauses, Setj-wabu.
(Text bei der Frau, von links nach rechts zu lesen): Bekannte des Königs, Hathorpriesterin, Neithpriesterin, Nub-hotep.
(Text beim Kind): Sein leiblicher Sohn, Setj-wabu.

sich stolz, daß sie »mit dem König bekannt« waren, *rech-nisut*, was üblicherweise mit »Bekannte des Königs« übersetzt wird. Sie mochten auch noch religiöse oder Verwaltungsämter innehaben, aber »mit dem König bekannt« zu sein war auf jeden Fall ehrenvoller als alle anderen Titel. Beamte nannten sich oft den »einzig wahren Gefährten des Königs«, was man verkürzt als der »einzige Gefährte« wiedergeben kann. Da es jedoch stets eine große Zahl von »einzigen Gefährten« des Königs gab,

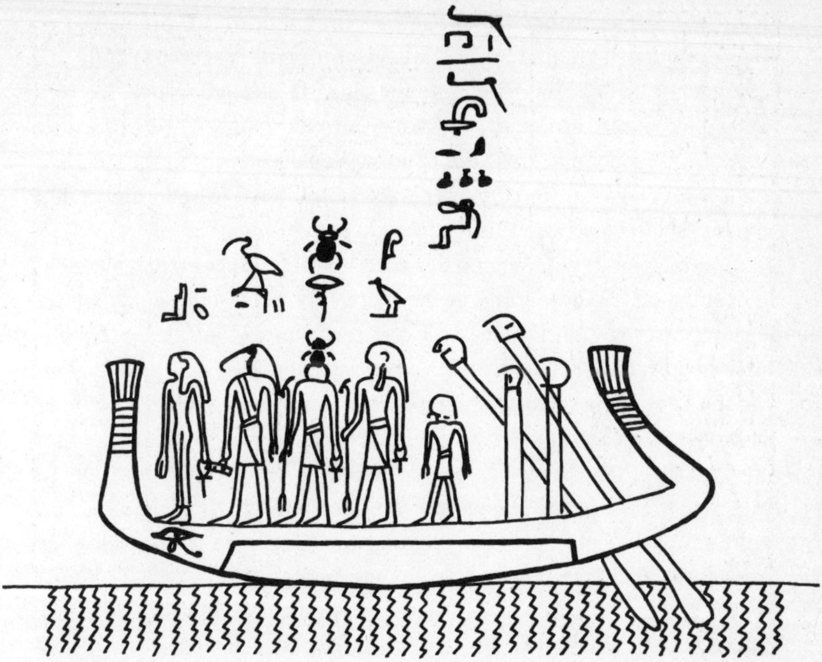

Abb. 40: Die Sonnenbarke mit ihrer Besatzung in der Unterwelt. Aus dem Totenbuchpapyrus des Nu, heute im British Museum in London.
Übersetzung *(über den einzelnen Figuren, von links nach rechts zu lesen): Isis, Thot, Chepri, Schu, der Güterverwalter des Schatzhausvorstehers, Nu.*

scheint dieser Titel weniger gewichtig gewesen zu sein als der des »Bekannten des Königs«. Außerdem gab es den Titel des »Herrn der Geheimnisse des Palastes«, den man wohl am ehesten mit »Geheimer Staatsrat« übersetzen könnte. Weder der »Gefährte des Königs« noch der »Geheime Staatsrat« hatten klar umrissene Aufgaben.

In einigen religiösen Texten, nicht zuletzt im *Amduat* – dessen Name wörtlich übersetzt: *Buch dessen, was in der Welt ist* bedeutet –, wird von einer »Gruppe« von Göttern berichtet, die bei dem Sonnengott Re im Dienst standen. Für »Gruppe« wird dasselbe Wort verwendet wie für die Besatzung eines Schiffes oder einen Arbeitstrupp (Abb. 40). Diese Gottheiten sind die Höflinge des Re und werden im *Amduat* auch abgebildet. Ein gutes Beispiel dafür befindet sich im Grab Thutmosis' III. im Tal der Könige, wo die Texte und Bilder dieses Unterweltführers die Wände der Sargkammer schmücken. Die Höflinge sind als Besatzung der Sonnenbarke dargestellt, in der der höchste Gott die Wasser der Unterwelt durchquert; manchmal zieht die Gruppe die Barke auch hinter sich her, und in einigen Fällen sind die Götter als Schakale dargestellt, die an den Bug angeschirrt sind wie Huskies vor einen Schlitten.

Die Hieroglyphe des stehenden Schakals mit dem Lautwert *sab* bezeichnet Höfling oder Würdenträger, einen Titel, der unter dem »einzigen Gefährten« zu rangieren scheint und erst recht unter dem des *rech-nisut*. Dasselbe gilt für den Titel *sah*, der mit der stehenden Ziege geschrieben wird, an deren dekorativem Kragen ein walzenförmiges Siegel hing, eine Art Dienstabzeichen von Verwaltungsbeamten. Es gab – insbesondere im Alten Reich – viele »Siegelträger des Königs« ohne genau festgelegte Pflichten. Die Ziegenhieroglyphe kann aber auch einfach im Sinn von »Würdenträger« gebraucht werden und bezeichnet in jedem Fall eher eine gesellschaftliche Stellung als ein bestimmtes Amt.

Es gibt auch noch andere Titel, die sich nicht auf eine bestimmte Aufgabe oder Machtbefugnis beziehen und in etwa europäischen Adelstiteln wie Graf oder Fürst entsprechen. Der Titel *repat*, der üblicherweise mit »Erbprinz« übersetzt wird und den manchmal ein Mitglied des Königshauses, häufiger jedoch ein Angehöriger der ägyptischen Aristokratie besaß, könnte dem eines Herzogs entsprochen haben. Der wichtigste Höfling im Gefolge des Königs Djoser (3. Dynastie) war Imhotep, der Baumeister der Stufenpyramide. Er hatte viele Titel und wurde in späterer Zeit sogar als Halbgott und Schirmherr der Ärzte und Wissenschaftler verehrt. Er war *repat* und »Siegelbewahrer des Königs« sowie »Palastvorsteher« (Abb. 41).

Das Schicksal einer Regierung hing in hohem Maße von den Großgrundbesitzern in den Gauen ab. In politisch unsicheren Zeiten und bei Hungersnöten oder anderen Naturkatastrophen hielten sich die Menschen an die regionalen Herrscher, und die mächtigsten waren die Gaufürsten. Anchtifi, der Fürst des hierakonpolitanischen Gaus, beschreibt seine Eroberung des Nachbargaus Edfu wie folgt:

Abb. 41: Relief von einer Statuenbasis des Königs Djoser aus seinem Totentempelareal in Sakkara mit dem Namen und den Titeln des Baumeisters der Stufenpyramide Imhotep; heute im Ägyptischen Museum Kairo. Rechts davon die Djed-Säule: Symbol für Beständigkeit und Emblem des Osiris.
Übersetzung (von rechts nach links zu lesen): »Siegelbewahrer des Königs«, Palastvorsteher, Erbfürst, überaus geliebt, Im-hotep …

»Horus brachte mich in den Gau von Edfu, auf daß Leben, Wohlstand, Gesundheit wiederhergestellt würden, und ich tat es, denn Horus wollte es so. Ich sah, daß der Gau überschwemmt war wie ein Sumpfland, aufgegeben von denen, die dort gelebt hatten, in der Hand von Rebellen, unter der Herrschaft eines Verräters. Ich ließ einen Mann den Mörder seines Vaters und den Mörder seines Bruders umarmen, um den Gau von Edfu neu zu gründen. Was das für ein glorreicher Tag war, als dem Gau der Frieden zurückgegeben wurde. Keine glühende Streitsucht wird mehr geduldet, nun, da die Kräfte des Bösen, die das Volk haßt, unterdrückt sind.«

Mit Unterstützung solcher regionaler Machthaber kam Amen-em-hat I. nach einem Militärputsch als der erste Herrscher der 12. Dynastie an die Regierung, man nimmt jedoch an, daß sie auch für seinen Sturz verantwortlich waren. Eine unter dem Titel *Lehrer des Königs Amen-em-hats I. und seines Sohnes Sesostris' I.* bekannte Urkunde ist als Warnung aus dem Jenseits abgefaßt:

> »Hüte dich vor Untertanen, die du nicht kennst, ihre Intrigen bleiben dir verborgen. Vertraue weder dem Bruder noch dem Freund, mache keine engen Bekanntschaften, es ist alles unnütz. Bleibe für dich, denn kein Mann kann von seinen Anhängern Treue einfordern, wenn der schlimme Tag kommt. Ich war großzügig zum Bettler, ich sorgte mich um die Waise, ich gab dem Armen wie dem Reichen; aber der, der meine Nahrung aß, stiftete zum Widerstand gegen mich an, der, dem ich vertraute, intrigierte gegen mich.«

Als am Ende der 12. Dynastie die Königsherrschaft verfiel, ging die Regierungsgewalt an die Gaufürsten über, die in ihrem Machtbereich zu eigenständigen Herrschern wurden und Titel wie *repat* oder *hati-a* führten. Manchmal erlangte ein Fürst oder Fürstengeschlecht die Oberhoheit über ein relativ großes Territorium und reklamierte die Königswürde für sich, und gelegentlich gab es zwei oder mehr solcher »Könige«, die von verschiedenen Machtzentren aus herrschten.
Etwa ab 1650 v. Chr. wurde der nördliche Teil Ägyptens vom Delta aus regiert, von ausländischen Einwanderern, die von den Ägyptern einfach nur »Herrscher der Fremdländer« genannt wurden, *heqau-chasut* – woraus im allgemeinen Sprachgebrauch mit der Zeit »die Hyksos« wurden. Man nannte sie auch *Aamu*, Asiaten, was dafür spricht, daß sie aus dem Gebiet der Länder Syrien und Palästina stammten. Das Wort *heqa* kann den König, aber auch einen hohen Beamten bezeichnen, und in diesem Fall wird es mit »Leiter« übersetzt (vgl. Abb. 41, S. 129). Die Ägypter konnten sich nie recht an den Gedanken gewöhnen, daß Ausländer die Landeshoheit innehatten und enthielten ihnen die vollständigen Königstitel vor. Im Zentrum der Rebellion, die schließlich zur Vertreibung der verhaßten Fremdherrscher führte, stand das einheimische Fürsten-

geschlecht von Theben, dem die Wiedervereinigung der Beiden Länder unter ihrer Königsherrschaft gelang, ohne daß sie sich auf andere Gaufürsten stützen mußten. Sie führten den grundbesitzenden Adel am kurzen Zügel, wiederholten also nicht die Fehler ihrer Vorfahren aus dem Mittleren Reich. Der bis dahin den Gaufürsten vorbehaltene Titel *hati-a* verlor unter der Herrschaft der 18. Dynastie stark an Bedeutung. Auch viele Beamte trugen nun diesen Titel, der vielleicht der Bezeichnung »Graf« entsprach. Im Laufe der Zeit wurde der Titel noch weiter entwertet und bezeichnete nur noch einen Bürgermeister. Auch die Bedeutung anderer Titel konnte sich von Jahrhundert zu Jahrhundert ändern.

Eine Konstante im Regierungssystem war das Amt des *tjati*, für den sich als Übersetzung das orientalische Wort Wesir eingebürgert hat. Auf der großen Gedenkplatte Narmers steht dieser sehr einflußreiche Höfling direkt vor dem König (wie auf der Zeichnung am Anfang dieses Kapitels zu sehen ist). Neben der Figur ist wohl eher ihr Titel als ihr Name angegeben, da er mit der Halteseilhieroglyphe geschrieben wird, die den Lautwert »tj« wie in *tjati* hat. Es könnte die früheste urkundliche Erwähnung des zweifellos bedeutendsten und aufreibendsten aller Regierungsämter sein. Normalerweise steht ein schnatterndes, noch nicht flügges Wachtelküken mit ausgebreiteten Stummelflügeln und aufgesperrtem Schnabel für den *tjati*. Da diese Hieroglyphe als phonetisches Zeichen verwendet ist, gibt sie keinen Aufschluß über den Ursprung des Titels. Die gleiche Hieroglyphe kommt jedoch auch im ägyptischen Wort für »männlich« vor, was darauf hindeuten könnte, daß man im Wesir »den Mann« sah im Gegensatz zum König, »dem Gott«. Der *tjati* war der »Erste Untertan« des Königs und konnte als solcher mehr Autorität beanspruchen als jeder andere Sterbliche.

Das Amt des *tjati* war sehr alten Ursprungs, und im Laufe der Jahrhunderte änderten sich seine Aufgaben. Im Alten Reich war häufig ein Mitglied des Königshauses, mitunter sogar ein »Königssohn« Wesir. Gegen Ende dieser Epoche, während der 5. und 6. Dynastie, kamen die Wesire dann nicht mehr aus dem Königshaus, sondern aus Adelshäusern, die manchmal mit dem Königshaus verschwägert waren. Mereru-ka, der *tjati* unter König Teti aus der 6. Dynastie, war mit dessen Tochter

Watet-chet-her verheiratet (siehe Abb. 14, S. 42). Zum Adelsgeschlecht der Fürsten des Gaus mit dem Zentrum Abydos gehörte der Wesir Djau, der den letzten drei Königen der 6. Dynastie diente. Er war zweimal nacheinander Schwager des Pepi I. und somit Onkel mütterlicherseits von Mer-en-Re und Pepi II. Da sein Neffe schon im Alter von sechs Jahren König wurde, amtierten der Wesir Djau und dessen Schwester, die verwitwete Königin Anch-es-en-Meri-Re II., als Regenten und Berater des jungen Herrschers.

Im Mittleren Reich scheint es häufig zwei *tjatis* gegeben zu haben, einen für Unterägypten und einen für Oberägypten. Vielleicht sollte dadurch vermieden werden, daß zu viel Macht in die Hände eines einzigen Mannes gelangte. Der letzte König der 11. Dynastie gilt als Opfer eines Staatsstreichs seines Wesirs Amen-em-hat, der als Amen-em-hat I. den Thron bestieg. Wenn er seine Stellung als *tjati* auf diese Weise ausgenutzt hat, wird er als König Vorkehrungen getroffen haben, um nicht das gleiche Schicksal zu erleiden wie sein Vorgänger. Das scheint ihm jedoch nicht gelungen zu sein, wie wir an der *Lehre des Königs Amen-em-hat* gesehen haben. In der 13. Dynastie folgten mehrere Könige aufeinander, die einer einzigen Wesirsfamilie entstammten; ihre Autorität war allerdings beschränkt, da inzwischen die Hyksos im Land waren (Abb. 42).

Eine der Maßnahmen, mit denen die Könige des Neuen Reichs die Macht der ägyptischen Adelsgeschlechter einschränkten, bestand darin, daß sie einen fähigen Verwaltungsmann zum Wesir machten, der wußte, daß er sein Amt allein dem Wohlwollen des Königs verdankte, auch wenn seine Familie der Krone vielleicht schon seit Generationen in hohen Ämtern diente. Die Wesire waren an eine Art Arbeitsvertrag mit Tätigkeitsbeschreibung gebunden, und einige von ihnen ließen diesen wichtigen Text sogar inschriftlich in ihren Gräbern festhalten.

Im bemerkenswertesten dieser Gräber, dem des Rech-mi-Re, der unter Thutmosis III. *tjati* wurde, finden sich zwei verschiedene Texte. Der eine beschreibt die Amtseinsetzung des Wesirs und führt ihm neben den angenehmen Seiten des Amtes auch dessen Verpflichtungen vor Augen: »Dann sprach Seine Majestät zu ihm und sagte: ›Widme dich dem Amt des Wesirs, sei peinlich genau in allem, was im Namen dieses

Abb. 42: Der Wesir User-Amun, dessen Name oft zu User abgekürzt wurde, Förderer des Schreibers Amen-em-hat, der während der Regierungszeit Thutmosis' III. unter anderem als Güterverwalter des Wesirs diente. Darstellung aus dem Grab des Amen-em-hat in Theben-West.

***Übersetzung** (die Kolumnen werden von links nach rechts gelesen): Der Erbprinz und Graf, überaus geliebter Hofbeamter, dessen Worte im ganzen Land mit Befriedigung aufgenommen werden, Vorsteher der beiden Schatzhäuser für Silber und Gold, Vorsteher der Stadt, Tjati, User, der Gerechtfertigte; seine geliebte Gemahlin, Herrin des Hauses, Tjuiu, gerechtfertigt.*

Amtes getan wird, denn das ganze Land stützt sich darauf. Das Amt des Wesirs ist durchaus nicht süß, es ist in Wahrheit so bitter wie Galle.«
Der zweite Text ist weniger literarisch abgefaßt und hat eher die Form einer Auflistung aller Aspekte des Amtes. Er ist heute unter dem Titel *Die Pflichten des Wesirs* bekannt und dürfte auf das späte Mittlere Reich zurückgehen. Dieser Text führt dem *tjati* die Traditionen, das Protokoll und die Verwaltungsverfahren seines Amtes vor Augen und beschreibt sehr detailliert die Amtspflichten des Ersten Ministers des Staates, insbesondere im Hinblick auf seine Eigenschaft als höchste richterliche Instanz. Der Hof des Wesirs war bei Zivilsachen, insbesondere wenn es um Besitzansprüche ging, die höchste Berufungsinstanz, während Strafsachen meist in einem abgekürzten Verfahren dezentral erledigt wurden. Dem Wesir unterstand der königliche Botendienst und das Staatsarchiv. Er konnte sich von Steuerschätzern aus den Regionen Rechenschaft ablegen lassen und Beamte aller Rangstufen einstellen und entlassen. Er nahm im Namen des Königs ausländische Tributleistungen entgegen und überwachte die Ausbeutung von Rohstoffen, also

zum Beispiel den Abbau in Steinbrüchen oder den Holzeinschlag. Wenig Anteil hatte der *tjati* – im Gegensatz zu einem Premier oder Präsidenten unserer Tage – an der Außenpolitik, die weitgehend dem König und dem Heer vorbehalten blieb.

In der ägyptischen Verwaltungspyramide gab es, zumindest im Neuen Reich, drei große Ressorts. Der Schatzmeister hatte nominell einen niedrigeren Rang als der *tjati* und war dazu verpflichtet, ihm täglich Bericht zu erstatten; da er jedoch seinerseits einen Anspruch darauf hatte, über alles informiert zu werden, was sein Ressort berührte, war es weniger ein Rapport als ein Informationsaustausch. Die Funktion von Geld erfüllte in Ägypten festgelegte Mengen an Getreide, so daß die Kornspeicher für die jährlichen Abgaben Banken entsprachen. Daneben konnte man den Wert von Dingen aber auch in festgelegten Kupferwerten bestimmen, den Kupfer-Deben. Wichtig waren auch die Magazine für wertvolle Güter, die zum Teil als Tribute aus dem Ausland kamen. Zuständig für all diese Einnahmen war der Schatzhausvorsteher, der *imi-ra-Per-hedj*, was wörtlich übersetzt »Vorsteher des Silberhauses« bedeutet. Ein anderer wichtiger staatlicher Vermögensverwalter war der »Vorsteher der beiden Scheunen«, gewissermaßen der oberste Bankier. Der Inhaber des Titels »Vorsteher der Rinder« war nicht, wie man meinen könnte, der Landwirtschaftsminister. Rinder zeugten von Reichtum. Das verdeutlicht die Darstellung einer Rinderzählung aus dem Grab des Meket-Re aus der Zeit der 11. Dynastie und eine ähnliche Szene aus dem Grab des Neb-Amun aus der Zeit der 18. Dynastie, heute im British Museum. Nur ein reicher Mann konnte es sich leisten, eine große Rinderherde zu halten. Rindfleisch war ein Reicheleuteessen, aber als Begräbnis- und Totenopfer wünschten sich auch weniger gutgestellte Sterbliche mitunter Rindfleisch. Alle zwei Jahre wurde eine Viehzählung durchgeführt, auf deren Basis ein Teil der Herde als Steuer abzuführen war. Der »Vorsteher der Rinder« war, wie der »Vorsteher der Kornspeicher«, eine Art Finanzminister (Abb. 43).

Der Schatzmeister des Königs Hor-em-hab hieß Maia. Nach der autobiographischen Inschrift in seinem Grab war er am Hof zusammen mit dem Kronprinzen erzogen worden, der als Echnaton König werden sollte. Maia diente unter Tut-anch-Amun als »Vorsteher der Arbeiten«

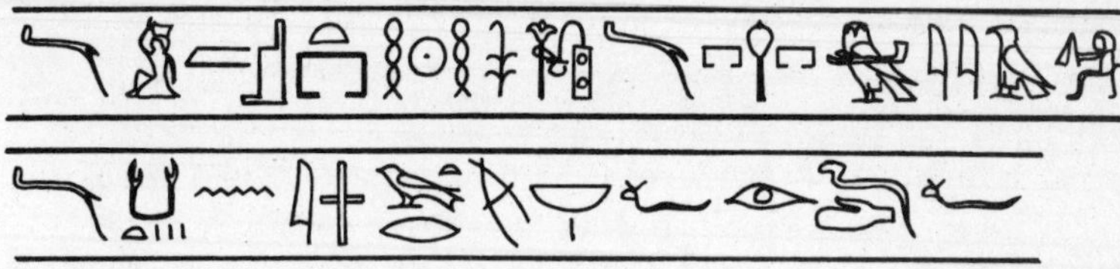

Abb. 43: Einige der Titel des Maia, eines hohen Hofbeamten zur Zeit der späten 18. Dynastie. Diese Titulatur fand sich auf dem Holzmodell einer Totenbahre, die aus dem Grab des Königs Tut-anch-Amun stammt und heute im Ägyptischen Museum in Kairo ist.
***Übersetzung** (von links nach rechts zu lesen):*
1. *Vorsteher der Arbeiten am Ort der Ewigkeit, Schreiber des Königs, Vorsteher des Schatzhauses Maia.*
2. *Vorsteher der Arbeiten an dem Großen Ort, von seinem Herrn geliebt, nach dessen Worten er handelt.*

auf dem Westufer von Theben, war also für die Aushebung des Königsgrabes und den Bau des Totentempels verantwortlich. Er war aller Wahrscheinlichkeit nach auch der Beamte, der das Begräbnis des Tut-anch-Amun vorbereitete und die Herstellung und Beischaffung der Grabbeigaben organisierte. Seine persönliche Grabbeigabe für die Beerdigung seines Herrn war das Modell einer Totenbahre, die mit seinem Namen und seinen Titeln beschriftet war. Auch noch unter den Nachfolgern des Tut-anch-Amun den Königen Eje und Hor-em-hab blieb Maia weiterhin im Amt.

Imi-ra ist einer der Titel, die am häufigsten vorkommen. Der gebräuchlichen Übersetzung »Vorsteher« ist kaum zu entnehmen, wie hoch der Rang und wie vielfältig die Tätigkeitsbereiche von Personen mit dem Titel *imi-ra* waren. Das Zeichen für die abgekürzte Form dieses Titels ist die Ochsenzunge, was man als »im Mund befindlich« gedeutet hat. Damit könnte jemand gemeint sein, der mit der Autorität eines anderen spricht, das Sprachrohr seines Herrn ist. Viele wichtige Titel werden vom Element *imi-ra* eingeleitet, das einer der am leichtesten zu entziffernden ägyptischen Titel ist (Abb. 44, S. 136).

Das persönliche Vermögen des Königs in Form von Land, sonstigem Besitz und Einkünften wurde vom Doppelressort der »Königlichen Domä-

Abb. 44: Vier Abdrücke von Skarabäussiegeln mit Namen und Titeln von Privatpersonen
***Übersetzung:** Oben links: Großer Vorsteher des Büros des Schatzhauses Nemsechet-uf.*
Oben rechts: Der Heeresschreiber Nehi, geboren von der Herrin des Hauses Kisen, der Gerechtfertigte.
Unten links: Vorsteher der Rinder des Amun Sen-neferu.
Unten rechts: Würdenträger des Königshauses, Königlicher Siegelbewahrer, Siegelvorsteher Hor.

ne« verwaltet, dem der Siegelbewahrer und der Oberste Güterverwalter vorstanden, die beide ein *imi-ra* im Titel hatten. In Lehm, Erde oder Wachs gedrückte Siegel wurden zur Kennzeichnung von Besitz oder zur Sicherung von Urkunden, Türen und Behältern verwendet. Der Siegelvorsteher dürfte das königliche oder ein diesem sehr ähnliches Siegel geführt haben. Er war für die Einkünfte des Königs verantwortlich, bekleidete also ein Amt, das sich leicht mißbrauchen ließ. Gegen Ende der 19. Dynastie ließ der Siegelvorsteher Bai im Tal der Könige ein Grab für sich selbst bauen. Daß ein Nichtadliger so unverhohlen nach Pracht und Herrlichkeit strebte, zeugt von einem Selbstvertrauen, das ein sehr gutes Einvernehmen mit der Krone voraussetzt. Man nimmt an, daß er als Berater der verwitweten Königin Ta-useret und ihres Sohns oder Stiefsohns Si-Ptah tätig war und nach dessen relativ frühem Tod Ta-useret dazu ermutigte, selber den Thron zu besteigen. Bai dürfte kein gebürtiger Ägypter gewesen sein, sondern eher aus Asien gestammt haben, was nicht sonderlich verwundert, weil damals viele Ausländer in Ägypten lebten und durchaus in jedem Fachbereich mit Beförderung rechnen konnten, wenn sie sich als begabt erwiesen – auch wenn es nur wenige so weit brachten wie Bai.

Abb. 45: Titulatur des Amen-em-hat, genannt Surer, der Amenophis III. diente, und dessen Mutter zum königlichen Harem gehört zu haben scheint. Aus seinem Grab in Theben-West.
Übersetzung: *Erbprinz (repat), Fürst (hati-a), Einziger Gefährte, für seinen Herrn tätig, Vorsteher von Horn, Huf und Feder (?), Schreiber des Königs, von ihm geliebt, Amen-em-het, genannt Surer, geboren von der Hofdame (wörtl. Königsschmuck) Mut-tui, der Gerechtfertigte.*

Der Oberste Güterverwalter befaßte sich vor allem mit der täglichen Haushaltsführung der Königsgüter und -residenzen, was auch in seinem Titel zum Ausdruck kommt, der sich mit »Vorsteher des Großen Hauses« übersetzen läßt. Von den übrigen Güterverwaltern begleiteten die einen den König bei seinen Reisen durch das Land, da der Hofstaat ja im Laufe eines Jahres an mehreren Orten weilte, während die anderen Verwalter Hausvorsteher einer bestimmten Königsresidenz, wie zum Beispiel des Sommerpalastes in Abu Gurob am Rande des Fajjum oder der Residenz eines führenden Mitglieds des Königshauses, waren.
Jeder Behördenchef hatte eine große Zahl von Beamten unter sich: Inspektoren, Treuhänder und Vorsteher aller Art. Zum Teil hatten sie genau festgelegte Verwaltungsaufgaben, zum Teil einen breiteren, nicht so genau abgegrenzten Aufgabenbereich. Einigen Titeln, die aus heutiger Sicht recht belanglos erscheinen, dürfte ihre Funktion beim modernen wörtlichen Übersetzungsversuch abhanden gekommen sein. Der Staatsdienst war, wie die ganze Gesellschaft, hierarchisch aufgebaut, die Rangfolge läßt sich jedoch nicht mehr rekonstruieren. Wer sich als *repat* oder *hati-a* bezeichnete, fügte diesem ehrenvollen Titel häufig noch eine ganze Reihe von offenbar weniger bedeutenden offiziellen Titeln hinzu (Abb. 45).
Adj-mer heißt, wörtlich übersetzt, »Kanalgräber«, wird aber üblicherweise mit »Landrat« wiedergegeben. Wer diesen Titel hatte, war kein Bauarbeiter, sondern bekleidete ein

Amt, das ursprünglich mit Planungsaufgaben bei Bewässerungsarbeiten und bei der Nutzung der Überschwemmung betraut war.
Das Heeresressort gewann erst im Neuen Reich größere Bedeutung. Bis die thebanischen Fürsten Ägypten mit militärischen Mitteln weit über die traditionellen Grenzen hinaus zu vergrößern begannen, war kein stehendes Heer nötig gewesen. Wenn es zu Grenzstreitigkeiten kam oder eine Invasion drohte, wurde in den Gauen ein Verteidigungsheer ausgehoben, und sobald die Krisensituation überwunden war, wurden die Soldaten wieder entlassen. Nur eine kleine königliche Leibgarde wurde ständig unterhalten. Einen ganz anderen Charakter nahm die ägyptische Kriegsführung an, als die Könige der 18., 19. und 20. Dynastie ihren Einfluß auf immer größere Gebiete in Asien auszudehnen versuchten. Sie gerieten mit den anderen großen Zivilisationen der Region – insbesondere mit den Hethitern, den Babyloniern und den Assyrern – in Konflikt, und die umkämpften Gebiete in Palästina und Syrien kamen immer wieder unter neue Herrschaft. Nominell stand das ägyptische Heer direkt unter dem Kommando des Königs. Hor-em-hab war der erste König, der Einzelheiten über den Aufbau des ägyptischen Heeres veröffentlichte und an der Nord- und an der Südgrenze des Landes Heeresverbände stationierte, um möglichst schnell auf Bedrohungen reagieren zu können. Zum Verwaltungsapparat des Heeres gehörten Stabsoffiziere, Beamte für Logistik und Nachschub sowie Sekretäre. Hor-em-hab selber hatte seine Karriere als »Rekrutenschreiber« begonnen (siehe Abb. 44, S. 136).
Die Kronprinzen hatten häufig einen hohen Offiziersrang. Auf Reliefs in Karnak, im Ramesseum und in Abydos werden mehrere Söhne Ramses' II. als sehr tatkräftige Teilnehmer an den Feldzügen des Königs dargestellt – der wiederum an den Kriegen *seines* Vaters, Sethos' I., teilgenommen hatte. Prinz Amen-her-chepesch-ef, der Sohn Ramses' III., dessen Grab eines der schönsten und besterhaltenen im Tal der Königinnen ist, trug den Titel eines »Vorstehers des Pferdes des Königs«. Heute spricht man manchmal vom Oberbefehlshaber der Kavallerie, was insofern irreführend ist, als er keine berittenen Soldaten, sondern Streitwagenlenker und -kämpfer befehligte. Der »Große Vorsteher des Heeres« war der Generalissimus, der Oberbefehlshaber. Bei mehreren

Berufsoffizieren verband sich der Rang eines »Vorstehers der Truppen« oder »Vorstehers der Schiffe« – was man mit General bzw. Admiral übersetzen könnte – mit höfischen Titeln. Eine eigenständige Marine gab es nicht, da die Ägypter kaum zur See fuhren, aber es gab Schiffe für den Truppentransport auf dem Nil, befehligt von Berufsseeleuten, die dem Heer zugerechnet wurden.

Das Heer brachte, als Teil der Kriegsbeute, in großer Zahl ausländische Gefangene nach Ägypten, die im ganzen Land bei staatlichen Großprojekten, etwa beim Tempelbau oder der Instandhaltung von Bewässerungsanlagen, in Bergwerken oder Steinbrüchen eingesetzt wurden. Sklaverei im neuzeitlichen oder im griechisch-römischen Sinne gab es in Ägypten nicht. Kriegsgefangene wurden in die ägyptische Gesellschaft integriert, heirateten oft auch in die einheimische Bevölkerung ein, neigten freilich dazu, neben ihrem ausländischen Namen auch Bräuche ihrer Herkunftsländer beizubehalten.

Ihre Nachfahren betrachteten Ägypten als ihre Heimat, und manche von ihnen stiegen zu hohen Ämtern auf, was man zum Beispiel daran sieht, wie oft man am Hof Ramses' III. ausländischen, insbesondere libyschen Namen begegnet.

Ein eigenes Ressort für öffentliche Arbeiten war für die Arbeitstrupps ägyptischer Bauern und die Arbeitstrupps der Kriegsgefangenen gleichermaßen zuständig. Der »Oberste Vorsteher der Arbeiten« war häufig Architekt von Beruf, mußte aber auch Fachmann für Personalplanung sein. Der gesamte königliche Frondienst unterstand ihm, und er konnte über gewaltige Mengen an Steinen, Holz, Metallen und anderem Material verfügen (Abb. 46, S. 140).

Große Bedeutung hatte auch das Ressort des »Statthalters der Südlichen Länder«, also Nubiens, das erst in der 18. Dynastie eingerichtet wurde. Die Territorien Kusch und Wawat waren den ägyptischen Königen seit jeher tributpflichtig. Aufzüge nubischer Tributbringer mit den Erzeugnissen ihrer Länder sind in vielen Gräbern dargestellt, zum Beispiel in einer Szene aus dem Grab des Sobek-hotep, heute im Britischen Museum. Die ägyptische Oberhoheit und die Eintreibung der Tribute sicherten die ägyptische Besatzung in mehreren, zu diesem Zweck südlich des 1. Katarakts angelegten Festungen. Der Statthalter,

Abb. 46: Hieroglyphisches Graffito von der Insel Sehel bei Assuan. Der Text handelt von einem Besuch des »Vorstehers der Arbeiten« im nahe gelegenen Steinbruch, wo Obelisken für Hat-schepsut gebrochen wurden.
***Übersetzung** (von rechts nach links zu lesen): Bekannter des Königs, von ihm (sic!) innig geliebt, Aufseher der Arbeiten an den beiden großen Obelisken, Hohepriester von Chnum, Satis und Anukis Amen-hotep.*

der in Aniba residierte, hieß »Königssohn von Kusch«, war aber nicht unbedingt ein Prinz, wenn auch möglicherweise die ersten Inhaber des Amtes aus einer Nebenlinie des Königshauses stammten. Der Titel »Königssohn«, der heute üblicherweise mit Vizekönig wiedergegeben wird, sollte Autorität verleihen. Die Entfernung von den Verwaltungszentren Aniba und Soleb zum ägyptischen Hof war groß, die Nachrichtenübermittlung dauerte Wochen, wenn nicht Monate, Entscheidungen mußten also an Ort und Stelle getroffen werden.
Man machte den Statthalter zur Titularhoheit, damit er ohne Rücksprache im Namen des Königs handeln konnte. Die Ernennung zum Vizekönig war eine sehr große Ehre, obwohl der Amtsinhaber lange Zeiten der Abwesenheit aus Ägypten, wenn nicht im Grunde das Exil in Kauf nehmen mußte. Der Hof und der Regierungsapparat des Statthalters waren denen der Beiden Länder in fast allem genau nachgebildet. Die Zeremonien und Feiern bei der Amtseinsetzung von Amen-hotep, genannt Hai, der von Tut-anch-Amun zum Statthalter gemacht wurde, sind an den Wänden seines Grabs in Theben dargestellt.
Wie jeder Verwaltungsapparat war auch der ägyptische nicht gegen Amtsmißbrauch gefeit. Gut belegt ist ein Streit zwischen den Bürger-

meistern von Theben-West und Theben-Ost, die einander gegenseitig der Verstrickung in Grabräuberei und der widerrechtlichen Aneignung von Diebesgut bezichtigten. Eine Passage des Großen Papyrus Harris, in der die Stiftungen an Tempel unter Ramses III. aufgeführt sind, scheint auf die Niederschlagung einer Rebellion hinzudeuten, zu der ein Wesir in der Deltastadt Athribis angestachelt hatte. Doch im allgemeinen bemühte sich der ägyptische Beamte, damit er dereinst mit reinem Gewissen vor den Totenrichtern seine Beichte ablegen konnte, um das Wohlwollen seines Herrn und ein Leben im Einklang mit der Maat, im Einklang mit Anstand und Sitte zu leben. Dieses Ideal spiegelt sich in *Lehre des Ptah-hotep* wider, einem ziemlich pompösen Buch mit Anstandsregeln und Anleitungen zur guten Lebensführung, als dessen Verfasser Ptah-hotep angegeben ist, der Wesir des Isesesi, eines Königs der 6. Dynastie. Solche Texte verwendete man als Unterrichtsmaterial, weil man hoffte, daß die Schreibschüler sich die Ermahnungen zur Großzügigkeit, Ehrlichkeit und Gerechtigkeit in allen Dingen und gegenüber allen Menschen zu Herzen nehmen würden.

> »Wenn du ein Menschenführer bist, der über die Angelegenheiten anderer bestimmt, dann strebe danach, Gutes zu tun, wo immer es möglich ist, damit dein Verhalten als untadelig betrachtet werde. Groß und langanhaltend in ihrer Wirkung ist die Gerechtigkeit, unangefochten seit der Zeit von Osiris höchstselbst ... Wenn du ein Menschenführer bist, mit weitreichender Macht, solltest du Herausragendes leisten. ... Wenn du ein Menschenführer bist, dann höre der Rede eines, der seine Sache vorträgt, geduldig zu. Hindere ihn nicht daran zu sagen, was er zu sagen hat. Wenn ein Mann Sorgen hat, muß er unbedingt jemandem sein Herz ausschütten, der hört, ob er im Recht ist. Nicht jede Bitte kann erfüllt werden, aber es tröstet das Herz, gehört zu werden.«

In der Tabelle 12 sind die hieroglyphischen Bezeichnungen der Titel und Ämter aufgeführt, die auf Grabstelen und Statuen am häufigsten belegt sind. Über der Tabelle steht die hieroglyphische Schreibung des Begriffs *iaut* für »Ämter« oder »Ränge«.

(iaut »Berufe«)

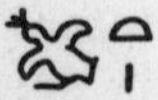	*tjati: Wesir*		*sab: Würdenträger*
	*mer-niut: Vorsteher der Stadt*		*sah: Beamter, Würdenträger*
	*repat: Erbprinz*	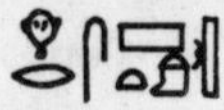	*herj-seschta: Herr der Geheimnisse*
	*rech-nisat: Bekannter des Königs*		*hati-a: Fürst, Bürgermeister, Stammesführer*
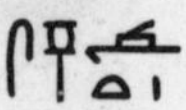	*semer-wati: Einziger Gefährte*		*wer: Ältester, Leiter*
	*tjai-chu: Wedelträger*		*heri-tep: Leiter*
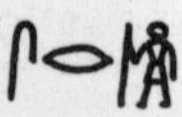	*ser: Beamter, Adliger*		*adj-mer: Landrat (wörtlich: Kanalgräber)*
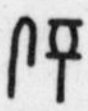	*semer: Hofbeamter*		*wartu: Gaubeamter*
	*schemsu: Gefolgsmann, Begleiter*		*heqa: Herrscher*
	*chetemu-bit: Siegelträger des Königs*		*sehedj: Aufseher, Untervorsteher*
	*chetemu: Siegelbewahrer*		*cherep: Aufseher*
	*mer-per-hedj: Schatzmeister*		*iri: Hüter, Treuhänder*
	*mer-schenut: Vorsteher des Kornspeichers*	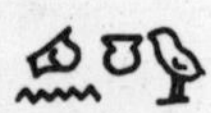	*idenu: Stellvertreter*
 oder 	*mer: Vorsteher*		*sedjemi: Richter*
	*mer-per: Hausvorsteher, Güterverwalter*		*qenbeti: Ratsmitglied*
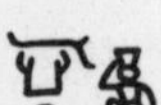	*mer-kat: Vorsteher der Arbeiten*		*imach: verehrt, verehrungswürdig (bei Verstorbenen gebraucht)*

Tabelle 12: Beamte

hem-netjer-tepi en Amen Ptah-meri
»Hohepriester des Amun Ptah-meri«

7. DIE PRIESTERSCHAFT

Neben der Beamtenschaft boten die zahlreichen Tempel im ganzen Land die besten Chancen auf eine Anstellung. Ein Tempel galt in erster Linie als Residenz des Gottes und seiner Familie und brauchte daher, wie jede Residenz, viel Personal für die Bedienung der Herrschaft. »Diener des Gottes«, *hem-netjer,* übersetzt man meistens mit »Priester« und gelegentlich auch mit »Prophet«, doch im großen ganzen befaßte sich die ägyptische Priesterschaft nur wenig mit Prophetie oder Mystik.
Die Aufgabe der Priester bestand im alten Ägypten weder in der ethisch-moralischen oder spirituellen Erziehung der Menschen noch in der Unterweisung ihrer Gemeinden oder in der Auslegung heiliger Texte; sie hielten auch keine Predigten, und es gab auch keine Kongregationen, die Vorbeter gebraucht hätten. Ihre Aufgabe bestand vor allem darin, für den Komfort ihres Gottes zu sorgen, der im Tempel regierte wie der König im Palast. Wie der König gebot er über eine zahlreiche Dienerschaft und große Ländereien. Der König hatte in Ägypten am meisten Grundbesitz, aber wenn man die Ländereien der Götter zusammennahm, standen sie den königlichen nicht nach.
An der Spitze der Tempelhierarchie stand der »Erste Diener des Gottes«, der *hem-netjer-tepi,* was meist mit Hohepriester übersetzt wird. Meri-Ptah, mit dessen Namen und Titel dieses Kapitel überschrieben ist, war zur Zeit der frühen 19. Dynastie Hohepriester des Amun in Karnak. Das Amt des Hohepriesters war oft mit einem hohen Hofbeamten besetzt. Unter Hat-schepsut war Amen-hotep nicht nur Architekt und »Vorsteher der Arbeiten«, sondern auch »Hohepriester« von Chnum, Satis und Anukis, der Göttertriade von Assuan. Da ihn sein weltliches Amt relativ häufig in die Granitsteinbrüche bei Assuan ge-

führt haben muß, war es naheliegend, daß er dabei auch den Göttern dieser Region seine Reverenz erwies, während das alltägliche Ritual in seiner Abwesenheit zweifellos stellvertretend von anderen Priestern vollzogen wurde (siehe Abb. 46, S. 140).
Bei manchen Hohenpriestern zeigte ein zusätzlicher Titel an, welcher Gottheit sie dienten. So hieß der Hohepriester des Re in Heliopolis »Größter der Schauenden« *wer-mau* und der Hohepriester des Ptah in Memphis »Oberster Leiter der Handwerker«.
Der Hohepriester des Amun-Re in Karnak erlangte eine einzigartige Stellung, als im Neuen Reich die Amun-Tempel-Stiftung zu einem eigenen Ressort der staatlichen Verwaltung wurde. Das nunmehr hochpolitische Priesteramt des Hohepriesters des Amun wurde häufig mit einem hohen Hofbeamten, mitunter auch mit einem Mitglied des Königshauses besetzt. Der Inhaber dieses Priesteramtes verfügte über große Ressourcen und eine große Zahl von Bediensteten, und wenn es politische Entscheidungen zu beeinflussen galt, war er auch noch dadurch in einer starken Position, daß die Könige häufig bei Amun um die Billigung ihrer Vorhaben nachsuchten.
Nach einer überlieferten Geschichte hielt während der Regierungszeit der Hat-schepsut bei einer Prozession um den Karnaktempel der Gott Amun in seiner heiligen Barke an, um sich vor einem jungen Mann zu verbeugen und erst dann seinen Weg fortzusetzen; die Stelle, an der dies geschah, hieß bezeichnenderweise »Station der Könige«.
Der junge Mann war der Stiefsohn und ehemalige Mitregent der Königin, der in den Hintergrund gedrängt worden war, als Hat-schepsut den Thron bestiegen hatte. Der junge König, Thutmosis III., konnte mit dieser Geschichte seine Legitimität als Sohn seines Vaters und Schützling des Amun-Re untermauern und der Behauptung Hat-schepsut, sie sei das Kind des Amun, etwas entgegensetzen. Der Hohepriester des Amun muß die Neigung der Barke akzeptiert, wenn nicht arrangiert haben.
Den »Zweiten Priester« könnte man als stellvertretenden Hohepriester bezeichnen. Dieses Amt war in der Regel erblich und erforderte ebensoviel administrativen Sachverstand wie Religiosität, da der Tempel auch ein Wirtschaftsunternehmen war.

Abb. 47: Teil der Inschrift auf einem Türsturz im Grab eines Priesters in Sakkara aus der Zeit der 6. Dynastie, der im Pyramidentempel Pepis II. diente.
Übersetzung: *Wab-Priester an der Pyramide: Fortdauernd ist das Leben des (Nefer-ka-Re) Der-sendj.*

In der Theorie wurden alle Priester vom König eingesetzt. Tut-anch-Amun verkündete in seinem »Restaurationsedikt«, er habe die Priesterschaft neu eingesetzt, der Klerus komme nun an allen großen Schreinen aus guten Familien. Wenn man die Priesterlaufbahn einschlug, begann man seinen Dienst vielleicht auf der niedrigsten Stufe, als einer der *wabu,* der »Reinen«, und konnte dann im Lauf der Jahre in der Hierarchie bis zu den *it-netjer,* den »Vätern des Gottes« aufsteigen, bis zur Stufe unter den *hem-netjer.*

Die Mehrzahl der Priester gehörte jedoch zur Stundenpriesterschaft, die ihren Pflichten auf Teilzeitbasis im Rahmen eines Rotationsverfahrens nachkam. Sie war in vier Phylen (Priestermannschaften) eingeteilt, von denen im monatlichen Wechsel jeweils eine im Amt war, so daß jeder Stundenpriester dreimal im Jahr je einen Monat im Tempel tätig war, während er sonst einen weltlichen Beruf ausüben, seinen Geschäften nachgehen, eine Familie gründen, seine Kinder erziehen konnte (Abb. 47).

In der Regel versah man seinen Dienst als Priester im Tempel des Gottes, der am engsten mit dem eigenen Beruf in Verbindung gebracht wurde: Architekten und Schreiber wurden Thotpriester, Handwerker dienten Ptah, Ärzte häufig Sachmet. Der *tjati,* die höchste richterliche Instanz, war Hohepriester der Maat, der Göttin, die von allen Richtern und Rechtsgelehrten verehrt wurde, obwohl sie kein großes Kultzentrum hatte.

Während er als »Reiner« diente, mußte der Priester sich an die Reinheitsregeln halten, auf die der Titel verweist. Er mußte sich sämtliche Haare vom Körper rasieren, die Nägel schneiden und auf sexuelle Kontakte verzichten. Außerdem mußten Priester beschnitten sein, was freilich auch außerhalb der Priesterschaft allgemein üblich gewesen zu sein scheint. Er durfte bestimmte Nahrungsmittel, vor allem Fisch, nicht essen und keine Wollstoffe tragen, nur reines weißes Leinen. Und bevor die heiligen Handlungen vollzogen werden konnten, mußte die rituelle Reinigung mit Wasser aus dem heiligen Tempelsee, die Säuberung von Mund, Atem und Körper mit Natron und der Luft mit Weihrauch vorgenommen werden. Erst wenn all das geschehen war, konnte der Priester vor den Gott treten.

Eigentlich war der König der Erste Priester aller Kulte, doch er delegierte die Ausübung dieses Amtes an die von ihm eingesetzten Hohepriester. Auf Reliefs und gemalten Szenen an den Tempelwänden kann man ablesen, welche Riten in den einzelnen Hallen und Kapellen vollzogen wurden. Auf allen diesen Darstellungen amtiert der König als Hohepriester. Er hätte unmöglich alle Riten in allen Tempeln des Landes selber vollziehen können, aber an seinem Bildnis in Verbindung mit der inschriftlichen Beschreibung der Riten sah die Gottheit, daß der Hohepriester die Riten in Vertretung des Königs vollzog.

Im Neuen Reich weisen viele der Tempel einen zum Palast des Königs vergleichbaren Bauplan auf. Ein gewaltiges Haupttor, der Pylon, führte in einen oder mehrere offene Höfe mit Säulenumgang. Dies war der Empfangsbereich, den auch ausgewählte Beamte und Würdenträger betreten durften. Dahinter öffnete sich die Säulenhalle, die schon als göttlicher Bereich galt und deshalb nur von Eingeweihten betreten werden durfte. Die anschließenden Raumeinheiten bestanden aus Opfertischsälen, dem zentralen Sanktuar für die göttliche Barke, und dem Allerheiligsten für die Statue des im Tempel verehrten Hauptgottes. Daneben gab es Räume für die Statuen der Familie des Gottes, für Gastkulte und in einigen Anlagen für den König. Der innere Teil des Tempels wurde als Ipet bezeichnet, als »Heimstatt« des Gottes. Den Karnaktempel nannte man Ipet-sut, »Heimstatt der Throne«, und den Luxortempel Ipet-resut, »Südliche Heimstatt« (Abb. 48).

Das größte Fest, das in Theben gefeiert wurde, nannte sich nach diesem Begriff einfach nur »Ipet-Fest«. Dabei wurden in einem gewaltigen Festumzug die Barken der göttlichen Familie, von Amun, Mut und

Abb. 48: Personifikation des Karnaktempels, Darstellung von der sogenannten »Roten Kapelle« der Hat-schepsut, die heute im Freilichtmuseum von Karnak wiedererrichtet worden ist. Das Tempelsymbol auf dem Kopf der Opfergabenbringerin enthält den Namen des Tempels Ipet-sut-Amen, »Heimstatt der Throne des Amun«.

Chons, von Karnak nach Luxor gebracht, wo die Begegnung des göttlichen Paares gefeiert wurde.

Die Gestaltung der Tempelwände richtete sich nach deren Verwendungszweck, so daß man an Darstellungen der heiligen Barke und der vor ihr vollzogenen Riten ablesen kann, welche Kapelle welcher Gottheit geweiht war. Die Reliefs in den einzelnen Magazinen stellen dar, welche Gegenstände dort aufbewahrt wurden. Es gab eine Vielzahl von Ritualgefäßen, Vasen, Lampen, Opfertischen und Krügen für Trankopfer. Die Kleidung und der Schmuck des Gottes waren stets griffbereit, und auch die kostbaren Öle und Salben und den Weihrauch bewahrte man sicherheitshalber ganz in der Nähe des Sanktuariums auf.

Im Allerheiligsten stand der Steinschrein und in diesem der tragbare Holzschrein mit der Kultstatue des Gottes, die aus Holz, Stein oder Edelmetall sein konnte. Man glaubte, daß diese Statue den Geist des Gottes barg. In einer gesonderten Kammer vor dem Steinschrein stand ein Untersatz, auf den man die Barke des Gottes stellen konnte. Die Speiseopfer, die man dem Gott darbrachte, legte man auf steinerne Opferplatten, die einfachen Binsenmatten nachgebildet waren, oder auf Opfertische mit einem säulenartigen Bein, die sich im Verlauf des Rituals leicht versetzen ließen.

Bei Tagesanbruch wurde der Gott mit einer Morgenhymne geweckt. Man öffnete die Türen des Schreins und nahm die Statue heraus. Zu Musik und Gebeten, die man im Sprechchor vortrug, wurde die Statue gewaschen, angekleidet und geschminkt. Dann bot man ihr die erste

Mahlzeit des Tages dar und goß als Trankopfer Wasser über die Speisen, an denen sich der Gott gütlich tun konnte. Weihrauch wurde verbrannt, und Blumen schmückten die Opfertische. Alle Sinne des Gottes wurden angesprochen. Nachdem man ihm Gelegenheit zu einem ausgiebigen Mahl gegeben hatte, entfernte man die Opfergaben und stellte sie auf andere Opfertische vor die Statuen der übrigen im Tempel verehrten Götter. Wenn auch sie satt waren, wurden die Opfergaben zu den Verpflegungsstellen des Tempels zurückgebracht und von dort aus an die Bediensteten des Tempels ausgegeben. In dieser Form erhielten die Priester und alle Tempelarbeiter ihren Lohn. Einer der Vorteile einer Dienstzeit als Priester bestand im qualitativ und quantitativ guten Naturallohn. Dem Gott wurden zwei weitere Mahlzeiten serviert, am Mittag und am Abend, und nach dem Abendessen stellte man die Kultstatue wieder bis zum nächsten Morgen in den Schrein und versiegelte die Türen (Abb. 49).

Die Vorbereitung der Opfergaben, die Erhaltung des Tempels und die Pflege der Habe des Gottes erforderten ein Heer von Priestern, Handwerkern und Hausangestellten. Die Landgüter, die alles lieferten, was für die Opfergaben gebraucht wurde, beschäftigten Bauern, Fischer, Hirten und Wildvogeljäger. Für die Verbindung zwischen Gütern in verschiedenen Gegenden sorgten die Schiffe des Gottes, die auch als Eskorte bei einer Prozession eingesetzt werden konnten oder wenn der Gott einen anderen Tempel besuchte. Für Ausbesserungsarbeiten an den Tempelbauten brauchte man Steinmetzen, Bildhauer, Maler und Schmiede. Spinner, Weber, Näherinnen und Wäscher sorgten für die Herstellung und Pflege der Kleidung des Gottes, der Priestergewänder und aller anderen Textilien, zum Beispiel der Vorhänge, die den Schrein vor dem unreinen Blick gewöhnlicher Sterblicher schützten, wenn der Gott in seiner Barke unterwegs war. Ramses III. hielt fest, wen er für den Tempel des Re in Heliopolis berief (Abb. 50):

> »Ich berief für dich Bogenschützen und Honigsammler, Weihrauchträger, die die jährlichen Abgaben in dein erhabenes Schatzhaus bringen. Ich berief für dich jagende Bogenschützen, die den weißen Spießbock erlegen … Ich machte für dich andere zu Boots-

Abb. 49: Ausschnitt aus einer Inschrift des Cher aus der 25. Dynastie, die sich auf einem Türsturz aus seinem Grab bei Heliopolis befindet; heute im Ägyptischen Museum Kairo. Der Text als ganzer informiert über 13 Generationen einer Priesterfamilie aus dieser Region.
Übersetzung *(Kolumnen von rechts nach links zu lesen): Graf und Fürst, Königlicher Siegelbewahrer, geliebter Einziger Gefährte, Hoherpriester von Herischef-nisut-tawi, Hoherpriester von Horus Chenti-cheti, Herr von Athribis, Hoherpriester des Amun-Re, Herr von Sem-benedet, Hoherpriester des Onuris-Schu, Sohn des Re, Herr von Sebennitos, Priester der Großen Isis, der Mutter des Gottes, Herrin von Hebit, Priester des Horus, Herr von Schen, Oberaufseher bei den Opfertischen im Großen Tempel, sa-mer-ef [ein Priesteramt im Rahmen des Kults des Herischef], Cher, der Gerechtfertigte.*

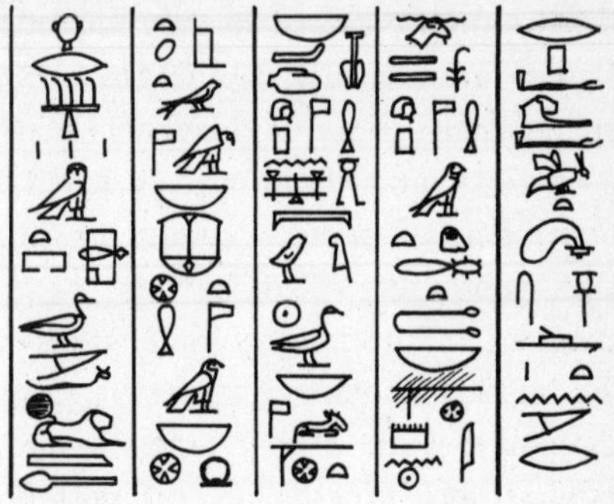

Abb. 50: Teil einer Inschrift in rudimentären Hieroglyphen auf einer Kniefigur aus der Zeit der 27. Dynastie.
Übersetzung *(Kolumnen von rechts nach links zu lesen): Geschaffen von seinem Sohn, der seinen Willen erfüllt, von dem Priester des Bastet, Ni-ka-Sebek, Hor genannt; geboren von der Herrin des Hauses, Sistrumspieler der Chuit, die den Gott kleidet, Bastet-em-heb … Jeder Wab-Priester, der den Tempel betritt oder verläßt, der [meine] Statue schützt, wenn er meinen Namen sagt … für den soll das gleiche getan werden in Anwesenheit des Großen Gottes, Herrn von Athribis …«*

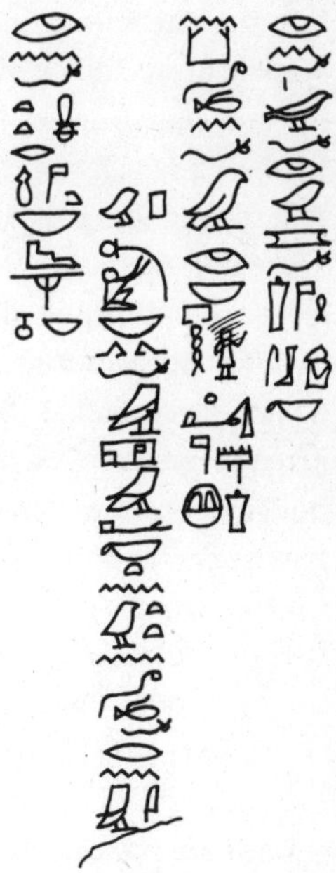

leuten und Steuereinnehmern … Ich berief Diener als Wachen in deinem Hafen … Ich machte andere zu Torhütern … und Hütern der Kornspeicher.«

Fleischopfer wurden im Schlachthof des Tempels von Schlachtern mit Spezialausbildung zubereitet und mußten von Priestern inspiziert und für rein erklärt werden, bevor sie den Göttern dargeboten werden konnten. Es gab keine Opferaltäre für Blutopfer. Blut galt als unrein. Aus den Küchen, in denen viele Köche arbeiteten, kam auch eine große Vielfalt an Backwaren, die für nötig erachtet wurde, um den Gott zufriedenzustellen. Die Wörter für »zufriedenstellen« und »darbringen« wurden mit demselben Zeichen geschrieben: einer Gabenmatte, auf der ein Brotlaib lag. In den Auflistungen der Opfergaben, die Ramses III. darbrachte, sind die Brotlaibe vieler verschiedener Sorten nach Hunderttausenden gezählt.

Je größer der Tempel war, desto mehr Personal und desto größere Ländereien benötigte er. Zu den Nebengebäuden, die um den Tempel herum, noch innerhalb der Temenosmauer (aus Lehmziegeln) lagen, gehörten die Werkstätten, Küchen und Ställe genauso wie die Wohnungen der Priester und die Diensträume, in denen die Schreiber über alle Angelegenheiten des Tempels Aufzeichnungen machten, etwa über die tägliche Anlieferung von Erzeugnissen der Ländereien des Gottes. In jedem Tempel gab es einen Schatzmeister, einen Vorsteher des Kornspeichers und einen Steuereinnehmer. Steuern erhob der Gott von den Pächtern, die sein Land bearbeiteten, und von den Handwerkern, die in seinen Dörfern lebten. In den Tempeln hinterlegte man auch Urkunden, etwa Testamente und Grundstücksübereignungen, und Archivare schrieben die Annalen der Könige. Einer dieser Priester und Schreiber, Manetho aus der Stadt Sebennitos, wurde von seinen ptolemäischen Herren damit beauftragt, eine Geschichte Ägyptens in griechischer Sprache zu verfassen. Anhand dieses Werks, für das Manetho die Aufzeichnungen früherer Schreiber benutzt haben muß, teilt die Ägyptologie die Geschichte des alten Ägypten in Dynastien ein.

Die Tempel waren Orte der Gelehrsamkeit, gewissermaßen die Universitäten des alten Ägypten, in denen der größte Teil der religiösen Literatur entstanden sein muß. Von den Schreibern heiliger Texte wurden Gebete und liturgische Texte aufgeschrieben, damit der lesende Priester sie ohne Abweichung vom Wortlaut rezitieren konnte. Der Priester, der das rezitierte Ritual vollzog, wurde als *sem* oder *setem* bezeichnet und trug um die Schultern ein Leoparden- oder Gepardenfellgewand, vielleicht auch eine Fellimitation, wie man sie im Grab des Tut-anch-Amun gefunden hat, also einen gewobenen, mit Bronzeroset-

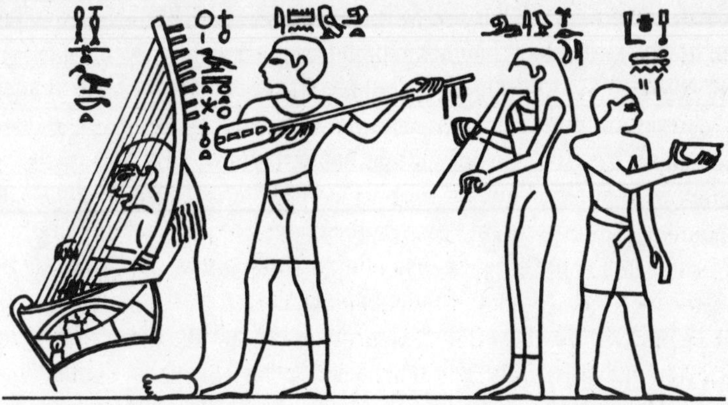

Abb. 51: Musiker. Darstellung im Grab des Amen-em-hat in Theben-West aus der 18. Dynastie.
***Übersetzung** (von links nach rechts):*
1. *Die Favoritin [Sängerin], Baket.*
2. *[Worte des Lieds des Lautenspielers] Ein schöner Tag, um eine glückliche Zeit zu verleben.*
3. *Amen-em-hat.*
4. *Ruiu-resti.*
5. *Der Erste Diener, Tjeni.*

ten besetzten Stoff, an dem ein geschnitzter und vergoldeter Gepardenkopf angebracht war (siehe Abb. 4, S. 22).

Die Musik und die Sprechgesänge, die mit der Liturgie einhergingen, wurden von besonders geschulten Musikern und Sängern vorgetragen. Zu den Tempelmusikern gehörten auch Harfenisten, Flötisten, Trommler, aber das Instrument für heilige Rituale war das Sistrum, eine Metallrassel mit einem Rahmen in Form einer Schlinge und lose darin angebrachten Stäben. Der Rahmen war häufig dem Kopf der Hathor nachgebildet, der Göttin, mit der das Instrument vor allem in Verbindung gebracht wurde. Der Titel »Sistrum-Spieler« konnte auch »Priester der Hathor« bedeuten. Die Götter wurden von Sängern und Tänzern unterhalten, ganz besonders während der mehrtägigen Hochfeste, bei denen zudem professionelle Akrobaten und Jongleure engagiert wurden (Abb. 51).

Schon seit den älteren Epochen gab es einige Priesterinnen, vor allem an Kultstätten von Göttinnen wie Hathor, Isis und Bastet; ansonsten war die Priesterschaft männlichen Geschlechts (siehe Abb. 14, S. 42 und Abb. 39, S. 126). Musiker konnten hingegen Männer wie Frauen sein, der Beruf der Sängerin war hochangesehen. Die weiblichen Tempelbediensteten in ihrer Gesamtheit nannte man »die Favoritinnen«. So hießen auch die Konkubinen, woraus man freilich nicht den Schluß ziehen sollte, daß es sich um Priesterinnen wie die vestalischen Jungfrauen Roms gehandelt hätte. Ebenso wie die Stundenpriester konnten die Favoritinnen heiraten und Familie haben.

Es ist ungeklärt, inwieweit die Reinigungsriten der *Wabu* auch für weibliche Tempelbedienstete galten, die ja keinen so engen Kontakt mit den Göttern hatten wie die männlichen Priester. Alle »Favoritinnen« unterstanden der »Oberin des Harems des Gottes«. Tjuia, die Mutter von Königin Tije und Großmutter von Echnaton hatte dieses Amt an der Kultstätte des Fruchtbarkeitsgottes Min in Achmin inne.

Am Anfang der 18. Dynastie hatte die Königin häufig den – eher religiösen als königlichen – Titel »Gottesgemahlin«, der über mehrere Generationen hinweg von der Mutter an die Tochter oder von der Schwester an die Schwester weitergegeben wurde. Vielleicht handelt es sich um einen Vorläufer des Titels »Gottesgemahlin des Amun«, dem von der 21. Dynastie an große Bedeutung zukam. Die Könige regierten das Land damals von Tanis im Delta aus, während in Theben, im religiösen Herzen des Landes, nach und nach der »Hohepriester des Amun« die autonome Herrschaft erlangte. Heri-Hor, ein Inhaber dieses Amtes, ließ sich auf Reliefs in Karnak bei rituellen Handlungen darstellen, die traditionell dem König vorbehalten waren. Er bezeichnete sich als Oberbefehlshaber und Herrscher und nahm nach und nach sämtliche Königstitel und -insignien an. Seine Nachfolger konnten sich sowohl die Herrschaft über die Thebais als auch ein gutes Verhältnis zu den tanitischen Königen bewahren: Mehrere Hohepriester nacheinander hatten Prinzessinnen aus dem Norden zur Gemahlin. Ihre Macht erstreckte sich so weit in die südlichen Länder hinein, daß sie sich Vizekönig von Nubien und sogar Wesir nennen konnten. Ihre Gemahlinnen aus dem Königshaus nahmen den Titel »Gottesgemahlin des Amun« an und hatten als solche eine Vielzahl von Priestertiteln. »Die Gottesgemahlin des Amun« Nes-Chons, Gemahlin von Pi-nedjem II., hatte nach einer Inschrift auf ihrem Sarg die folgenden Titel:

> »Erstes Oberhaupt der Favoritinnen des Amun-Re, des Königs der Götter; Oberin im Hause der Mut der Großen, Herrin von Ascheru; Priesterin des Onuris-Schu, des Sohns des Re; Priesterin von Min, Horus und Isis in Achmin; Priesterin des Horus, des Herrn von Djuef; Gottesmutter von Chons, dem Kind; die Erste des Amun-Re, des Königs der Götter; Oberhaupt der adligen Damen.«

Pi-nedjem II. war der Enkel des ersten Hohepriesters, der offiziell die Königswürde beansprucht hatte. An den Titeln seiner Gemahlin läßt sich ablesen, daß sich der Machtbereich der Priesterkönige von Theben bis weit nach Mittelägypten hinein erstreckte. Der religiöse Charakter dieses Königtums wurde dadurch unterstrichen, daß häufig Amun-Re um Rat in politischen Fragen gebeten wurde. Es gibt mehrere gut belegte Beispiele für Orakelentscheidungen, die in einer Neigung oder im Anhalten der Barke des Gottes zum Ausdruck kamen, darunter auch die Entscheidung über die Erbansprüche der Prinzessin Maat-ka-Re, die von der Göttertriade Amun, Mut und Chonsu gefällt wurde. In der späten 21. Dynastie trug eine Königstochter nicht nur den Titel »Gottesgemahlin des Amun«, sondern wurde ihm auch als Gemahlin geweiht, wodurch sie die »Hand des Gottes« und »Gottesanbeterin« wurde, eine zölibatäre Priesterin, die über beträchtlichen politischen Einfluß verfügte und im Tempel Riten vollzog, die bis dahin dem König oder dem Hohepriester vorbehalten waren. Ihr Name wurde in Kartusche geschrieben, wie es einer – auch von der Priesterschaft anerkannten – Repräsentantin der Königsmacht gebührte. Als Theben schließlich seine Unabhängigkeit an eine neue Königsdynastie aus Nubien verlor, wurde die amtierende »Gottesgemahlin des Amun«, die eine Tochter des letzten Königs der 23. Dynastie war, vom neuen König gezwungen, als ihre Nachfolgerin seine Tochter einzusetzen, woran man sieht, welche große politische Bedeutung die Nubier der Stellung der »Hohepriesterin des Amun« beimaßen. Die Kapellen, die zur Zeit der 25. Dynastie für die »Gottesgemahlinnen des Amun« als Totenschreine gebaut wurden, kann man in Medinet Habu besichtigen, den Sarkophag der letzten »Gottesgemahlin des Amun«, Anch-es-en-nefer-ib-Re, im Britischen Museum in London.

Neben den Tempeln der Götter gab es für Priester auch noch andere Tätigkeitsbereiche, vor allem die Totenkulte der Könige. Im Alten Reich stand der Totentempel des Königs beim Pyramidengrab, und rundherum entstand eine kleine Ortschaft, in der die Tempelbediensteten ihre Wohn- und Arbeitsräume hatten (siehe Abb. 47, S. 145). Im Neuen Reich ließen die Könige das Grab und den Totentempel getrennt voneinander errichten: Der Tempel für den Kult des verstorbenen Herrschers wurde nun auf der Talsohle, unterhalb der westlichen Felsen von Theben errichtet. Der König versah seinen Totentempel mit einer Landstiftung, aus deren Erträgen die Opfer fortgeführt werden konnten, die seine dauerhafte Versorgung garantieren sollten. Die Tempel waren außerdem dem Reichsgott Amun geweiht, zu dessen Ehren täglich Riten vollzogen wurden, solange der Bauherr noch lebte.

Den Totentempel des Königs nannte man üblicherweise »Haus der Millionen Jahre«, worin die Hoffnung des Königs auf das ewige Leben zum Ausdruck kam. Leider funktionierten die Totenstiftungen nicht so lange, wie die Stifter sich das vorgestellt hatten. Der Totentempel Amenophis' III. war der größte, der je in Theben gebaut wurde. Eine große Stele im Tempel beschrieb dessen prachtvolle Ausgestaltung: Die Türen waren mit Gold und Bronze beschlagen, die Säulen mit Gold, Silber und Halbedelsteinen eingelegt, der Fußboden bestand aus weißem Alabaster. Doch schon 150 Jahre nach der Errichtung dieses »Hauses der Millionen Jahre« war es abgerissen, und die Steine fanden beim Bau vom Totentempel des Königs Mer-en-Ptah Verwendung. Selbst die Stele wurde wiederbenutzt. Eine Aufzählung der militärischen Siege des Mer-en-Ptah wurde in den Stein gemeißelt, und heute nennt man sie üblicherweise Israel-Stele. Von dem Tempel sind nur die sogenannten Memnonskolosse übriggeblieben, die sich vor dem Eingangspylon befanden. Medinet Habu, ursprünglich der Totentempel Ramses' III., eines Königs der 20. Dynastie, wurde zum Verwaltungszentrum der gesamten Königsnekropole und beherbergte sowohl die Amtsräume des

Wesirs und der Besteuerungsbeamten als auch die Magazine für die kostbare Habe des Königs und wahrscheinlich auch für die Dinge, die als Grabbeigaben vorgesehen waren.
Sofern sie es sich leisten konnten, ließen auch einfache Ägypter einen Grabbau für sich errichten, mit einer kleinen Kapelle oder Opferstätte, die auf bescheidenem Niveau demselben Zweck diente wie die Totentempel der Könige. Der Erbe des Verstorbenen führte in der Regel die Begräbniszeremonien durch und später den Totenkult. Wenn die Familie wohlhabend genug war, betraute sie Priester mit diesen Aufgaben und entlohnte sie aus den Erträgen einer Totenstiftung. In jeder bedeutenden Nekropole war eine große Zahl von Priestern beschäftigt: an den Totentempeln der Könige, an den Kultstätten von Totengottheiten wie Osiris und Sokar und als »Ka-Priester« an den Totenschreinen der Privatgräber.
Beim Totenkult reichte die Variationsbreite der vollzogenen Riten von der schlichten Rezitation der Opferformel, wie sie auf der Totenstele festgehalten war, bis zur vollständigen Totenliturgie, bei der Speise-, Trank-, Blumen- und Weihrauchopfer dargebracht und Gebete gesprochen wurden. Regelmäßig versammelte sich die Familie in der Kapelle, um der Verstorbenen zu gedenken und um ähnlich wie noch heute im Ahnenkult mit ihnen Kontakt aufzunehmen. Dabei nahmen die Lebenden und die Toten der Familie gemeinsam eine Mahlzeit ein, die jüngeren Generationen besprachen ihre Probleme und erhofften sich Antworten von den verehrten Vorfahren. Der Schrein wurde saubergehalten und von Zeit zu Zeit neu gestrichen, und der Grabschacht wurde immer dann geöffnet, wenn eine weitere Beisetzung vorgenommen werden mußte. Manche Schreine in der Arbeitersiedlung von Amarna hatten sogar einen kleinen Garten und einen Kochplatz, was darauf hindeutet, daß sie häufig besucht wurden – eine sehr persönliche Form von Religion.
Die Götter beschäftigten in ihren Tempeln ungeheuer viele Menschen in allen Funktionen, längst nicht nur Priester, die wiederum in ihrer Mehrzahl Stundenpriester waren. Im Alltag kam man als gewöhnlicher Ägypter ohne Priester aus, weil man den meisten religiösen Verpflichtungen selber nachkommen konnte. Es war jedoch nur recht und billig,

wenn man sich als Diener in den Häusern der Götter anbot, um sie zu ehren, und wenn sie auf einen aufmerksam wurden, weil man sich nützlich machte, konnte das später, wenn man an der Pforte zur Ewigkeit vor Osiris stand, nur von Vorteil sein.
Tabelle 13 ist mit der hieroglyphischen Bezeichnung für eine Priesterphyle überschrieben. Es sind Titel von Priestern und anderen Tempelbediensteten aufgeführt sowie einige Namen ihrer Wirkungsstätten.

	*(sa »Phyle«)*
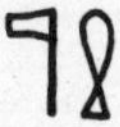	*hem-netjer* *Priester (wörtlich übersetzt: Diener des Gottes)*
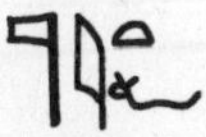 oder 	*it-netjer* *Vater des Gottes*
	*sem (setem)* *zelebrierender Priester*
	*heri-heb* *Vorlesepriester (= Rezitationspriester)*
 oder 	*heri-udehu* *Opfertischpriester*
	*chenu* *Musiker, Sänger(Plural; mask.)*
	*ihiu* *Sistrumspieler (Hathorpriester)*
	*chebu* *Tänzer (Plural; mask.)*
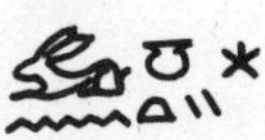	*wenuti* *Stundenpriester, Sternenbeobachter, Verwalter des Kalenders*
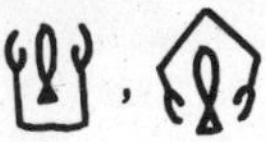	*hem-ka* *Ka-Priester (des Totenkults)*
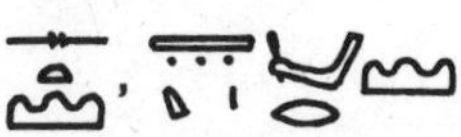	*semit, ta-djeser* *Begräbnisstätte, Nekropole*
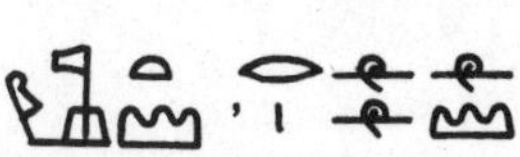	*cheret-hetjer, ra-setjau* *Nekropole, Totenreich*

Tabelle 13: Die Priesterschaft

	*(sa »Phyle«)*
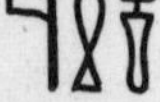	*hem-netjer-tepi* *Erster Prophet, Hoherpriester*
	*wab* *Reiner, Laienpriester*
	*wab-aa* *Oberster der Laienpriester*
	*chuau* *Die Preisenden, Priesterschaft*
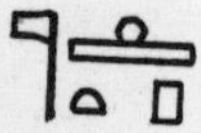	*hotep-netjer* *Opfer an die Götter*
	*henut* *Musikantin (Plural; fem.)*
	*schemait Tempelsängerin*
	*chebiut* *Tänzerinnen (Plural; fem.)*
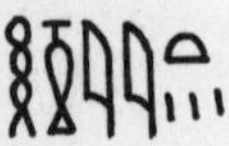	*hesiut* *Favoritinnen (weibliche Tempelbedienstete)*
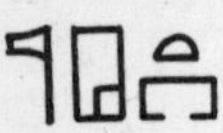	*hut-netjer* *Tempel*
	*seh, per, kar* *Schrein, Kapelle*
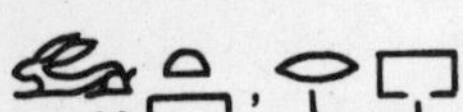	*wenet, ra-per* *Allerheiligstes, Heiligtum, Kultstätte*

Tabelle 13: Die Priesterschaft

sedjem-asch em set-maat
»Diener am Platz der Wahrheit«

8. DIE DIENER AM PLATZ DER WAHRHEIT

Nur sehr wenige Ägypter der Unterschicht konnten sich eine richtige osirische Beerdigung leisten. Alle anderen konnten nur darauf hoffen, daß sie in der Erinnerung ihrer Verwandten fortlebten oder daß – sofern sie im Dienst einer wohlhabenden Familie gestanden hatten – ihr Name oder ihr Porträt ins Grab ihres Herrn aufgenommen wurde. Auf Reliefs im Grab des Ptah-hotep, eines Wesirs zur Zeit der 5. Dynastie, sind die Namen und Titel von zwei Dienern seines Haushalts festgehalten, und vom »Aufseher der Schreiber« Seschem-nefer ist sogar der Kosename, Tjefu, genannt. Im Grab des Mereru-ka in Sakkara ist in einer Ecke ein Relief zu finden, das detailliert das Leben am Fluß darstellt; in einem kleinen Boot ist der Künstler dargestellt, was einer Künstlersignatur gleichkommt. Es handelt sich bei den genannten Beispielen jedoch um Ägypter aus der Mittelschicht, die vielleicht in den weniger gefragten Teilen der Nekropole von Sakkara selber bescheidene Gräber hatten. Ägyptische Bauern auf Darstellungen in Gräbern bleiben meistens anonym.

Manche Städter beschafften sich Begräbnisstätten, indem sie ältere Gräber usurpierten. In einigen Fällen wurden zusätzliche Grabschächte und -kammern in fremden Gräbern angelegt, nachdem diese von Grabräubern heimgesucht worden waren. Die Namen dieser »Grabbesetzer« schrieb man auf die Särge, die Mumifizierungsbinden und wahrscheinlich auch auf die wenigen Grabbeigaben, die man sich leisten konnte, aber weil die Gräber oft erneut ausgeraubt wurden, lassen sich diese Toten meist nicht mehr identifizieren. In der 3. Zwischenzeit und der folgenden Spätzeit wurden in Memphis mehrere solcher nachgeschobener Bestattungen in Gräbern aus der Zeit der vorangegange-

Abb. 52: Unsinnige Inschrift auf einem der Särge, die im memphitischen Grab des In-rud-ef in Memphis von »Grabbesetzern« bestattet wurden.

nen Dynastien vorgenommen. Im Grab des In-rud-ef wurde ein Sarg gefunden, auf dem sich das, was zunächst nach einer Hieroglypheninschrift aussieht, bei näherer Betrachtung als unsinniges Gekrakel erweist, in das ein paar richtige Hieroglyphen eingestreut waren, um das Ganze echt erscheinen zu lassen. Offensichtlich war der »Schreiber« in der Kunst des Lesens und Schreibens kaum mehr bewandert als sein Auftraggeber (Abb. 52).

Nur in wenigen der antiken Siedlungen kann heute gegraben werden, weil die meisten unter moderner Bebauung liegen; die wenigen erforschten Städte und Dörfer können nicht als typische Beispiele altägyptischer Siedlungen gelten. Kahun (El-Lahun), die Stadt der Pyramidenbauer im Mittleren Reich, und die Ansiedlung der Handwerker, die in der Stadt Achet-Aten arbeiteten, wuchsen nicht aus alten Siedlungskernen, sondern wurden zu einem ganz bestimmten Zweck angelegt und mit Leuten besiedelt, die bestimmte Fertigkeiten hatten oder bestimmte Leistungen er-

Abb. 53: Ramessidische Stele des Aufsehers Nefer-hotep aus Deir el-Medine, heute im Britischen Museum in London. Er huldigt dem vergöttlichten Amenophis I. und seiner Mutter, Königin Amose-Neferet-ari.

***Übersetzung:** (Der König): Der Gute Gott, Herr der Beiden Länder: (Djeser-ka-Re), Herr der Erscheinungen: (Amen-hotep).*

(Die Königin): (Ah-mes-Neferet-ari), sie möge leben.

(Über dem Mann): Sohn des Vorstehers der Mannschaft, Neb-nefer, der Gerechtfertigte, Nefer-(em)-hotep.

(Kolumnen von rechts nach links zu lesen): Gebete geben für den Guten Gott den Herrn der Beiden Länder: (Djeser-Ka-Re), Sohn des Re, Herr der Erscheinungen: (Amen-hotep), dem Leben gegeben ist; Erde küssen für die Große Königliche Gemahlin: (Ah-mose Neferet-ari), der Leben gegeben ist, damit sie leben, Glück und Gesundheit geben mögen dem Ka des Vorstehers der Mannschaft am Platz der Wahrheit Nefer-hotep, der Gerechtfertigte.

bringen konnten. Beide Orte waren nur relativ kurze Zeit bewohnt, Achet-Aten kaum für die Dauer einer Generation.

Die reichste archäologische Ausbeute verdanken wir der Siedlung, die heute als Deir el-Medine bekannt ist und versteckt in den thebanischen Bergen liegt, anderthalb Kilometer vom Tal der Könige entfernt. Die alten Ägypter nannten den Ort »Platz der Wahrheit«, und seine Bewohner zählten nicht nur zu den privilegiertesten Vertretern ihrer Gesellschaftsschicht, sondern auch – wie eine Fülle von Urkunden aus dem Dorf belegt – zu den des Lesens und Schreibens kundigsten. Die meisten Bewohner waren Handwerker, die man ausgewählt hatte, weil sie erstklassige Arbeit leisteten, waren sie doch für die Errichtung und Ausgestaltung der Grabbauten in den beiden »königlichen Tälern« zuständig. Das Tal der Könige nannten sie den »Großen Ort«. Der erste König, der seinen Grabbau hier errichten ließ, getrennt vom Totentempel, war Thutmosis I. Für die Bewohner von Deir el-Medine wurde später aber ein anderer König als Begründer ihrer Siedlung angesehen, der Vater von Thutmosis I., Amenophis I. Er und seine Mutter, Ahmose-Neferet-ari, galten als Schutzpatrone des Ortes, und seit dem Beginn der 19. Dynastie hatten sie eigene Kultstätten und besondere Festtage, an denen sie als Lokalgottheiten verehrt wurden (Abb. 53).

Aus den Kapellen, die vor dem Nordtor des Dorfes auf offenem Gelände standen, ragte die Amenophis' I. heraus. Am Fest des vergöttlichten Königs und seiner Mutter trug man ihre Statuen durch das Dorf und sogar zum »Großen Ort«, damit sie die laufenden Arbeiten begutachten und segnen konnten. Die Handwerker weihten Amenophis I. viele ihrer Statuen und erbaten oft seinen Rat oder seine Hilfe in den verschiedensten persönlichen Angelegenheiten, etwa bei der Interpretation von Träumen, bei der Rückgewinnung verlorenen oder gestohlenen Eigentums oder bei der Einschätzung ihrer Aussichten auf eine Beförderung. Die königlichen Schutzpatrone wurden auch auf Totenstelen von Handwerkern dargestellt wie der des Aufsehers Nefer-hotep.

Die Männer, welche die frühesten Königsgräber in der 18. Dynastie schufen, scheinen sich jeweils nur so lange in Deir el-Medine eingerichtet zu haben, wie die aktuellen Arbeiten dauerten. Man erwartete von ihnen, daß sie so schnell und unauffällig wie möglich arbeiteten.

Daraus resultiert auch die Lage des Ortes: Von hier war das Tal der Könige bequem zu erreichen, und man konnte unbeobachtet kommen und gehen. Die Oberaufsicht über die Arbeiter gehörte ursprünglich zu den Aufgaben des »Vorstehers der königlichen Arbeiten«. Als unter Thutmosis I. das erste Grab im Tal selbst gebaut wurde, hatte die Bauleitung der Beamte Ineni, dem auch die königlichen Bauprojekte in Karnak unterstanden. Manchmal übernahm aber auch – wie unter Hatschepsut – der »Hohepriester des Amun« die Oberaufsicht.

Unter Tut-anch-Amun war Maia sowohl Schatzmeister als auch »Vorsteher der Arbeiten« am Westufer (siehe Abb. 43, S. 135). Damals war das Dorf – abgesehen von einer Unterbrechung während der Regierungszeit Achenatens – seit der Gründung um 1500 v. Chr., also seit etwa 150 Jahren, beinahe durchgehend bewohnt. In der Regierungszeit des Hor-em-hab, am Ende der 18. Dynastie, scheint die Gemeinde die offizielle Anerkennung erlangt zu haben, da den Familien der Siedlung Land zugeteilt wurde. Die Stellung des »königlichen Handwerkers« war erblich geworden, und im Dorf wohnte nun eine dauerhaft ansässige, vom Staat versorgte Einwohnerschaft.

Seit der Zeit der 19. Dynastie hatte der Wesir die Oberaufsicht über den »Platz der Wahrheit«. Ein »Rat der Dorfältesten« entschied über geringfügige Streitfälle, während bei schweren Disziplinarfällen und bei Straftaten wie Grabraub oder Gotteslästerung der Wesir in Theben eingeschaltet wurde.

Die gesamte Arbeiterschaft wurde »Mannschaft am Platz der Wahrheit« genannt. (Das Wort »Mannschaft« verwendete man auch für die Besatzung eines Schiffes.) Außerdem gab es für die »königlichen Handwerker« die Bezeichnung »Diener am Platz der Wahrheit« – mit der dieses Kapitel überschrieben ist: das Ohr eines Ochsen war die Hieroglyphe für »Diener« und auch für »hören« und »gehorchen«. Die Zahl der Männer, die unmittelbar als Handwerker beschäftigt waren, schwankte zwischen zirka 30 in Zeiten ohne große Bauvorhaben und zirka 50 in baufreudigen Zeiten wie den mittleren Regierungsjahren Ramses' II. Neue Leute für die »Mannschaft« wurden meist aus den Söhnen der Mitglieder rekrutiert. Ein führender Dorfbewohner, meist einer der Schreiber des Dorfes, wurde zum »Vorsteher der Jugendlichen am Platz der Wahrheit« und »Meister der Lehrlinge« ernannt. Er leitete die Knaben und jungen Männer des Dorfes an und sprach Empfehlungen über die Aufnahme in die »Mannschaft« aus (Abb. 54).

Oberster Schreiber des Dorfes war der »Schreiber des Grabes«, der vom Wesir persönlich eingesetzt wurde und in der Regel mindestens einen Gehilfen hatte. Unter Ramses III. gab es dann zwei »Schreiber des Grabes«, von denen jeder einer der beiden »Seiten« zugeordnet war. Die »Mannschaft« war nämlich seit jeher in zwei Gruppen geteilt, die man die beiden »Seiten« bzw. die »Schar zur Rechten« und die »Schar zur Linken« nannte, weil jede von ihnen für die Arbeiten auf einer Seite des Grabs zuständig war.

Es ist ungeklärt, ob beide Gruppen gleichzeitig oder im Schichtbetrieb im Grab arbeiteten und wie strikt sich die Handwerker bei der Arbeit an die ihnen zugewiesene »Seite« hielten. Die Hauptaufgabe des Schreibers bestand in der Führung eines Tagebuchs über den Fortgang der Arbeiten mit einer Anwesenheitsliste. Auszüge aus diesem Tagebuch sind eine aufschlußreiche Lektüre. Der »Schreiber des Grabes« führt das ausgegebene Werkzeug und Material auf, berichtet detailliert über Verletzungen und Unfälle und nennt für das Fehlen von Arbeitern Gründe, die vom Besuch einer Beerdigung bis zu Trunkenheit reichen. Als Mittler leitete der Schreiber des Grabes die Anordnungen des Wesirs an die Handwerker und Beschwerden der Handwerker an den Wesir weiter. Im Dorf hatte er zudem die Funktion eines Notars, der Testamente, Arbeitsverträge, Verkaufsurkunden und andere Privaturkunden aufsetzte.

Der »Schreiber des Grabes« hatte beträchtlichen Einfluß, insbesondere bei Rechtsfällen und anstehenden Beförderungen, und aus mehreren erhaltenen Dokumenten geht klar hervor, daß sich viele Amtsinhaber nicht scheuten, Bestechungen anzunehmen. Gegen Ken-her-chepeschef, der unter Ramses II. »Schreiber des Grabes« wurde und über vierzig Jahre lang im Amt blieb, wurde zweimal der Vorwurf erhoben, daß er Bestechungen angenommen und seine Macht dazu mißbraucht habe, »königliche Handwerker« während der Dienstzeit an seinem eigenen Grab arbeiten zu lassen. Das Amt des »Schreibers des Grabes« war nicht von vornherein erblich, da es ein Maß an Bildung und Fachwissen er-

Abb. 54: Vignette vom Totenpapyrus des Schreibers Neb-hepet aus seinem Grab in Deir el-Medine.
Übersetzung: *Osiris, der Reine, der Schreiber am Platz der Wahrheit, Vorsteher der Jugendlichen im Horizont der Ewigkeit (Meister der Lehrlinge) Neb-hepet, der Gerechtfertigte.*

forderte, das sich nicht jeder aneignen konnte. Ken-her-chepesch-ef, der Sohn des Pa-nacht, der vom Schreiber Ra-mose als Nachfolger eingesetzt worden war, nannte beide Männer »Vater« – ein gutes Beispiel dafür, daß die Verwendung von Wörtern, die ein Verwandtschaftsverhältnis anzeigen, nicht immer wörtlich genommen werden darf (Abb. 55, S. 166).

Zum »Obersten Handwerker« oder »Vorsteher der Mannschaft« (»zur Rechten« oder »zur Linken«) wurde man im Namen des Königs vom Wesir ernannt. Das Amt ging dennoch fast immer vom Vater auf den Sohn oder vom Bruder auf den Bruder über. Die Vorsteher und die Schreiber waren die Repräsentanten des Ortes; an sie waren alle Schrei-

Abb. 55: Der »Schreiber des Grabes« Buteh-Amen. Darstellung aus seinem Grab in Deir el-Medine. Die Hieroglyphen, die von seiner Hand stammen könnten, sind für einen Mann in seiner Stellung ziemlich flüchtig geschrieben.
Übersetzung: *Osiris, Schreiber am Platz der Wahrheit Buteh-Amen, der Gerechtfertigte.*

ben adressiert, und sie regelten alle Behördenangelegenheiten in Theben. Die Vorsteher mußten die Arbeiterschaft in jeder Hinsicht überwachen, etwa auch bei der Ausgabe von Werkzeug und Material. Wenn die Arbeitsbelastung zu groß wurde und zusätzliche Leute ins Dorf geholt werden mußten, teilten ihnen die Aufseher die Arbeit zu, und wenn die Zeiten nicht so gut waren, mußten die Aufseher zusammen mit den Schreibern Entlassungen vornehmen. Für das Amt des »Vorstehers der Mannschaft« wurden auch die Titel »Großer der Mannschaft« und »Oberster der Mannschaft« verwendet – zum Beispiel im Grab des Inher-chau, einem der am prachtvollsten ausgeschmückten Gräber im Raum Theben. Außerdem führte Inher-chau den Titel »Vorsteher der Arbeit im Horizont der Ewigkeit«. Man nannte das Königsgrab den »Horizont«, weil man glaubte, daß der verstorbene König am westlichen Horizont – wo die Sonne untergeht – in die Unterwelt gelangte.
Jeder Aufseher hatte einen Stellvertreter oder Gehilfen, an den er einen Teil seiner Aufgaben delegieren konnte; häufig war das ein Verwandter, wenn möglich der Sohn. Die Stellvertreter nahmen an den regelmäßigen Kontrollgängen auf den Baustellen teil und übten die Funktion von

Gemeinderäten aus, die für Ordnung im Ort zu sorgen hatten. Dennoch wurden sie auf den täglichen Dienstplänen zusammen mit den normalen Handwerkern aufgeführt und scheinen kaum mehr Lohn bekommen zu haben. In der Rangfolge kamen sie nach den Zeichnern, von denen die wunderbaren Reliefs in den Gräbern der 19. und 20. Dynastie vorgezeichnet und ausgemalt wurden (siehe die Überschrift des 5. Kapitels, S. 106).
Auch die anderen Handwerker – Zimmerleute, Bildhauer, Steinhauer – waren Meister ihres Fachs und brachten eine Fülle von künstlerischem Talent nach Deir el-Medine. Es ist daher nicht verwunderlich, daß auch die Gräber, die die Dorfbewohner für sich selbst bauten, sehr eindrucksvoll sind und sich in Farbgebung und Detailarbeit mit denen des Adels messen konnten. Vielleicht machten an ruhigen Tagen einige »Diener am Platz der Wahrheit« blau, um an Privatgräbern wie denen auf dem Asasif oberhalb von Deir el-Bahari oder im Dra Abu Naga oberhalb des Ramesseums zu arbeiten. Im Normalfall aber dürften die königlichen Aufträge während der Dienstzeit keinen Spielraum gelassen haben, so daß man einander nur in der Freizeit bei eigenen Grabbauten helfen konnte (Abb. 56, S. 168).
Die Handwerker wurden vom Staat entlohnt. In der Nähe von Deir el-Medine selbst gab es kein landwirtschaftlich nutzbares Land, aber einige Familien besaßen und bearbeiteten Land in der Flußebene. Sämtliche Lebensmittel mußten auf Eseln ins Dorf gebracht werden, und da es weder eine Quelle noch einen Brunnen gab, muß täglich Wasser gebracht worden sein. Es gab am »Platz der Wahrheit« auch eine große Zahl von Arbeitern, die nicht direkt am Grabbau arbeiteten: Wasser- und andere Träger, Holzfäller und Karawanenführer, aber auch die staatlichen Wildvogeljäger, Fischer und Gärtner, die das Dorf mit Lebensmitteln versorgten.
Der Naturallohn bestand hauptsächlich aus Getreide, das man teils zum Brotbacken und Bierbrauen, teils als Zahlungsmittel im Tauschhandel verwendete. Aus Aufzeichnungen über die Anlieferung von Lebensmitteln geht hervor, daß der »Platz der Wahrheit« besonders gut versorgt wurde und die Bewohner an Festtagen ganz vorzüglich speisten. Die Torhüter des Grabes – einer für jede »Seite« – nahmen die Lebensmit-

Abb. 56: Bild auf einem Uschebti-Kasten aus Deir el-Medine.
Übersetzung *(von rechts nach links zu lesen): Osiris, der Bildhauer am Platz der Wahrheit Nacht-Amen, der Gerechtfertigte; seine Gemahlin (hier als »Schwester« bezeichnet), Herrin des Hauses Nub-em-schaset, die Gerechtfertigte.*

Abb. 57: Bild von einer Stele aus Deir el-Medine.
Übersetzung: *Wächter am Platz der Wahrheit Nebui, der Gerechtfertigte.*

tellieferungen in Empfang und waren für ihre Verteilung zuständig. Sie galten als Leibgarde der Schreiber und wurden häufig als Boten sowie als Gerichtsvollzieher eingesetzt, die das Vermögen von Steuer- und anderen Schuldnern einzogen. Als »Torhüter« war man daher nicht unbedingt der beliebteste Mann im Dorf.

Für den Schutz der Gräber und des Dorfs waren vor allem die Torhüter und die »Wächter« zuständig. Die »Wächter des Grabes« nahmen das gelieferte Baumaterial und andere erforderlichen Güter in Empfang, zum Beispiel das Leinen, aus dem die Dochte für die Kerzenlampen der Arbeiter hergestellt wurden. Den größten Wert von all den von den »Wächtern« verwalteten Gegenständen hatte das Werkzeug aus Kupfer und Bronze, das grundsätzlich bei der Ausgabe und bei der Rückgabe gewogen werden mußte. Metall war so wertvoll, daß man stumpfes oder defektes Werkzeug nie achtlos wegwarf, sondern zum Schleifen oder Umgießen gab. Die Wächter mußten über alles Buch führen, auch über den kleinsten Meißel. In mehreren Fällen, in denen Werkzeug abhanden kam, ist gut belegt, daß man einander gegenseitig des Diebstahls und der Bestechung bezichtigte. Andere Arbeiter, etwa die Gipsmörtelmischer, Töpfer und Wasserträger, unterstanden den Wächtern und lebten meist außerhalb von Deir el-Medine.

Ein Teil des Handwerkerlohns konnte in Form von Dienstleistungsstunden bezahlt werden. Die Zahl der Arbeitstage, die einer Familie zustanden, bemaß sich nach der Stellung des Haushaltsvorstands. Einer Aufzeichnung ist zu entnehmen, daß einer älteren Frau aus dem Dorf zehn Tage im Monat ein Diener zustand. Sie konnte niedrige und zeitraubende Arbeiten wie Waschen, Putzen, Getreide mahlen und Bierbrauen von Dienern der Gemeinschaft verrichten lassen, sie konnte aber auch ihr Guthaben an Arbeitstagen ganz oder teilweise gegen andere Dienstleistungen oder gegen Waren tauschen. Man wies die Diener, die der Staat dem Ort zur Verfügung stellte, nicht einzelnen Haushalten zu, sondern teilte ihre Arbeitskraft nach einem bestimmten Schlüssel auf.

Bei regelmäßigen Kontrollgängen am »Großen Ort« ging es nicht nur um den Baufortschritt beim neuen Grabbau, sondern auch um die Sicherheitsvorkehrungen bei den älteren. Man war im Ort schnell mit dem Vorwurf der Grabräuberei bei der Hand, der sich aber anscheinend nur in sehr wenigen Fällen beweisen ließ. Ein Handwerker hätte aber auch in einer sehr verzweifelten Lage sein müssen, um solch ein abscheuliches Verbrechen in der Nähe seines Wohnorts zu verüben, damit sein Leben aufs Spiel zu setzen und seine Familie zu gefährden. In Theben waren Beamte stationiert, die sich am besten als Polizisten beschreiben lassen, die *Medjai.* Ihr Name ging auf den nubischen Stamm zurück, dessen Angehörige als hervorragende Bogenschützen bekannt waren. Im Kriegsfall bildeten die eingezogenen *Medjai* ganze Regimenter, und in Friedenszeiten leisteten sie Polizeidienst.

Der Vorgesetzte der *Medjai,* die für den »Platz der Wahrheit« zuständig waren, hatte seine Diensträume bei einem der königlichen Totentempel. Die *Medjai* erhielten ihre Befehle vom Bürgermeister von Theben-West und waren im großen und ganzen unabhängig vom »Platz der Wahrheit«. Sie arbeiteten aber beim Schutz der Siedlung und des »Großen Ortes« eng mit den Torhütern und den Wächtern zusammen. Die *Medjai* wohnten zwar nicht am »Platz der Wahrheit«, hatten aber viele

Geschäftsbeziehungen mit den Dorfbewohnern. Sie kauften und verkauften Waren und mieteten häufig Lastesel für ihre Inspektionsreisen. Aus der großen Zahl von erhaltenen Urkunden aus Deir el-Medine geht klar hervor, daß die meisten Handwerker und auch viele Frauen lesen und vielleicht sogar schreiben konnten. Viele Testamente und Eigentumsübertragungen sind erhalten. Mehrere Frauen im Dorf hatten eigenes, von den Eltern oder dem Ehemann geerbtes Vermögen. Kinderlose Paare adoptierten Kinder, die keine Waisen zu sein brauchten, und gaben ihre Besitztümer und Positionen an sie weiter. Ein Beispiel hierfür läßt sich auf die Regierungszeit Ramses' II. datieren: Der Aufseher Nefer-hotep adoptierte den Handwerker Pa-neb, Sohn des Handwerkers Nefer-senut, und setzte ihn zu seinem Erben ein. Daraufhin befehdeten sich Pa-neb und Nefer-hoteps jüngerer Bruder Amen-nacht, der gehofft hatte, den Posten des Vorstehers zu erben. Als Pa-neb Stellvertreter der Mannschaft wurde, erhob Amen-nacht Einspruch, weil er der Ansicht war, daß ihm, als Blutsverwandtem des Aufsehers, und nicht dessen Adoptivsohn diese Stellung zustehen würde. Man versuchte Pa-neb mit verschiedenen Beschuldigungen beim Gemeinderat und sogar am Hof des Wesirs in Mißkredit zu bringen, und als Nefer-hotep starb, wurde sogar angedeutet, Pa-neb habe ihn mißhandelt. Dennoch wurde Pa-neb als Nachfolger seines Adoptivvaters Vorsteher, was Amen-nacht als Kränkung empfand. Man warf Pa-neb unzüchtiges Betragen, Trunkenheit und Gewalttätigkeit vor und bezichtigte ihn sowie seinen Sohn und Stellvertreter Aa-pahet schließlich sogar der Grabräuberei. Es scheint, daß der Jähzorn des Pa-neb und seine feindselige Haltung gegenüber seiner Adoptivfamilie schließlich zu seinem Sturz führten. Rekonstruieren läßt sich das alles, weil es in einen Zeitraum fällt, aus dem eine Fülle von Urkunden erhalten ist; er umfaßt den größten Teil der 19. und den Anfang der 20. Dynastie.

Die »Diener am Platz der Wahrheit« waren in dieser Zeit vollbeschäftigt, doch das Verhältnis zur Verwaltung war häufig gespannt. Es kam immer wieder zu Verzögerungen bei der Lieferung von Verpflegung, das heißt zu Lohnrückständen. Verschärft wurde die Situation dadurch, daß die königlichen Auftraggeber nicht mehr in der Nähe residierten, weil die Ramessiden die Hauptstadt von Theben ins Delta verlegt hatten.

Trotz der Beschwerdebriefe des »Schreibers des Grabes« an den Wesir in Theben trafen Getreidelieferungen oft mit mehr als zwanzig Tagen Verspätung ein, und auch dann kam nur ein Bruchteil dessen, was den Handwerkern zustand. Sie fühlten sich so ungerecht behandelt, daß sie schließlich die Arbeit niederlegten, unter der Führung ihrer Schreiber und Aufseher zum Totentempel Ramses' III. zogen und eine Art Sitzstreik durchführten, weil sie wußten, daß dort ein Teil der ihnen zustehenden Vorräte gelagert war. Am nächsten Tag folgte ein Sitzstreik vor dem Ramesseum. Sie fanden die Unterstützung des Polizeichefs, der für sie in Verhandlungen eintrat. Als sie das Getreide schließlich, in Teillieferungen, erhielten, kam es zum Teil aus den persönlichen Vorräten des Wesirs, des Hohenpriesters des Amun und des Bürgermeisters von Theben. Die Vorräte der Speicher, aus denen die Lieferungen eigentlich hätten kommen sollen, scheinen Veruntreuungen großen Stils zum Opfer gefallen zu sein. Beamte hatten, in der Annahme, daß die ferne Führung nichts davon merken würde, auf Kosten der königlichen Speicher ihre eigenen gefüllt. Zu leiden hatten darunter die Handwerker, als letzte in der Versorgungskette.

Die meisten Urkunden vom »Platz der Wahrheit« sind in hieratischer Schrift auf Ostraka geschrieben, und manche Handschriften sind äußerst schwer zu lesen, besonders die von Ken-her-chepesch-ef. Hieroglyphen finden sich hier nur an den Wänden in den Gräbern der Handwerker. Mit Hilfe dieser Inschriften, die Namen und Titel angeben, lassen sich die ziemlich komplizierten Verwandtschaftsverhältnisse zusammensetzen. Die Gräber von Deir el-Medine sind zwar klein, aber prachtvoll ausgeschmückt und für viele Fragestellungen sehr aufschlußreich, deshalb ist ihre Bedeutung durchaus mit den Königsgräbern vergleichbar, an denen die »Diener am Platz der Wahrheit« arbeiteten.

In Tabelle 14, die mit dem Ausdruck »Handwerkermannschaft am Platz der Wahrheit« überschrieben ist, sind Titel königlicher Handwerker und anderer Einwohner des Ortes zusammengestellt, wie man sie auf Totenstelen und Grabbeigaben aus Deir el-Medine finden kann.

	*(isut mst-maat »Handwerkermannschaft am Platz der Wahrheit«)*
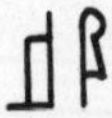	*set-maat* *Platz der Wahrheit (Handwerkerdorf bei Deir el-Medine)*
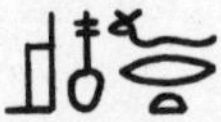	*set-neferet* *Schöner Ort (Das Tal der Königinnen)*
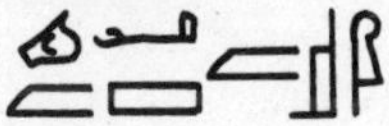	*sedjem-asch-em set-maat* *Diener am Platz der Wahrheit (Handwerker)*
	*imi-ra-isut* *Vorsteher der Handwerkermannschaft*
	*aa-en-isut* *Oberster Handwerker*
	*sesch-qedut* *Zeichner, Maler*
	*tjai-medjat* *Bildhauer*
	*cherti-netjer* *Steinmetz*
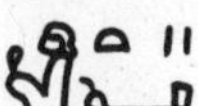	*iri* *Wächter*
	*schesemu* *Bote*
	*aperu* *Arbeitermannschaft*
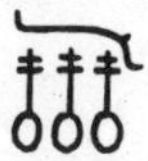	*imi-ra-neferu* *Vorsteher der jungen Männer (Meister der Lehrlinge)*

Tabelle 14: Die Handwerker

	*(isut mst-maat »Handwerkermannschaft am Platz der Wahrheit«)*
	*set-weret* *Großer Ort (Das Tal der Könige)*
	*pa-cher* *Der Grabbau (Königsgrab im Bau)*
	*hemuu* *Handwerker*
	*heri-isut* *Vorsteher der Mannschaft*
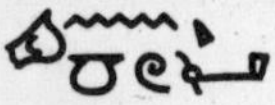	*idenu* *Stellvertreter*
	*hemuu* *Handwerker, Zimmermann*
	*medjeh* *Zimmermann, Steinhauer*
	*kauti* *Einfacher Arbeiter, Träger*
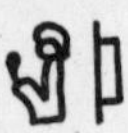	*iri-aa* *Torhüter*
	*merut* *Weber (Plural)*
	*qenbet* *Dorfälteste, Rat, Gerichtshof*
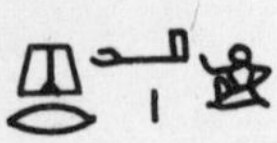	*cheri-a* *Lehrling*

Tabelle 14: Die Handwerker

Kriegsbeute des Na'rmer
400 000 Rinder, 1 422 000 Ziegen, 120 000 Gefangene

9. ZÄHLEN

Einer Schrift geht häufig eine Methode zur Aufzeichnung von Zahlen voraus. Primitive Höhlenmaler machten Strichlisten oder schnitzten Kerben in Knochen oder Holz, vermutlich, um die Zahl der erlegten Tiere oder das Verstreichen der Zeit festzuhalten. Diese einfachen Striche – einer pro Tier oder Tag – sind die elementarste aller Zählmethoden und gehen einer richtigen Schrift um Jahrtausende voraus.

Auf dieses einfache System – ein Strich pro Einheit – gingen auch die ägyptischen Zahlzeichen zurück, aber schon in vordynastischer Zeit kamen Zeichen hinzu, mit denen sich große Zahlen weniger aufwendig darstellen ließen, und zwar Zeichen für die Zehnerpotenzen: 10, 100, 1000 und so weiter bis zu einer Million. In Ägypten bediente man sich also seit frühester Zeit eines Zehnersystems, ohne daß man je einen Stellenwert ausgebildet hätte. Dagegen hatte Mesopotamien ein Sechzigersystem, von dem wir die Unterteilung der Stunde und des Winkelgrads in 60 Minuten und 60 mal 60 Sekunden übernommen haben. Dieser Unterschied ist einer der Hinweise darauf, daß sich die ägyptische Zivilisation eigenständig entwickelt hat.

Zahlen über zwei wurden meist nicht als Begriff, sondern als Ziffer geschrieben. Auf der Zeremonialkeule des Na'rmer ist mit primitiven Hieroglyphen – wie sie sich am Kopf dieses Kapitels finden – die Kriegsbeute an Rindern, Ziegen und Gefangenen festgehalten. Es sind eindeutig die gleichen Zeichen, die bis zum Ende der ptolemäischen Ära in Gebrauch blieben. Ob man Na'rmer glauben kann, daß 1 422 000 Ziegen, 400 000 Rinder und 120 000 Männer erbeutet wurden, ist eine andere Frage. Die angegebene Zahl von Kriegsgefangenen ist erstaun-

Abb. 58: Prinzessin Neferet-jabet. Darstellung auf einem Relief aus Giza, heute im Louvre in Paris. Unter und neben dem Opfertisch sind die verschiedenen Opfergaben aufgeführt, von denen sie je tausend verlangt. Die drei Lotospflanzen-Zeichen vor und hinter dem Opferständer stehen für je 1000.

lich hoch, wenn man bedenkt, daß Ägypten wahrscheinlich nur wenige Millionen Einwohner hatte.

Zu den Reliefs in Medinet Habu mit Bildern von den Feldzügen Ramses' III. gehören mehrere Darstellungen, auf denen der König die Kriegsbeute inspiziert und die Zahl der Gefallenen und Gefangenen angegeben ist. Zur Berechnung der Anzahl der getöteten Feinde wurden den Gefallenen die rechte Hand oder der Penis abgetrennt. Es gibt Bilder von Schreibern beim Abzählen ganzer Haufen solcher grausiger Überreste. Soldaten, die solche Trophäen ablieferten, scheinen einen Anteil

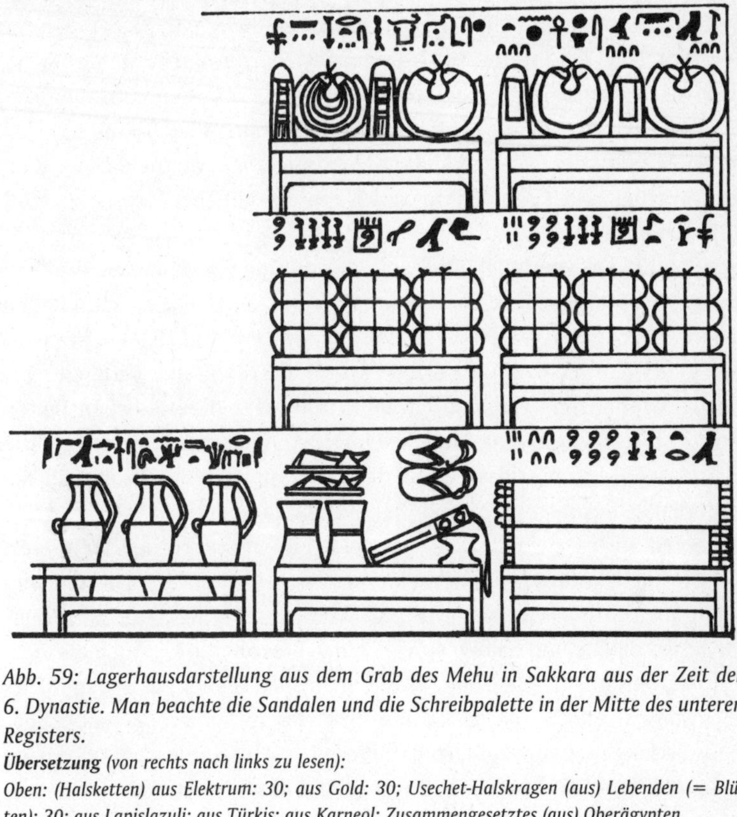

Abb. 59: Lagerhausdarstellung aus dem Grab des Mehu in Sakkara aus der Zeit der 6. Dynastie. Man beachte die Sandalen und die Schreibpalette in der Mitte des unteren Registers.

Übersetzung *(von rechts nach links zu lesen):*

Oben: (Halsketten) aus Elektrum: 30; aus Gold: 30; Usechet-Halskragen (aus) Lebenden (= Blüten): 30; aus Lapislazuli; aus Türkis; aus Karneol; Zusammengesetztes (aus) Oberägypten.

Mitte: Königsleinen, Bahnen von 100 Ellen Länge: 3405; beste Leinentüchter, Bahnen von 100 Ellen Länge: 4200.

Unten: Binsen(bündel): 2645; Wein, der dem königlichen Siegelträger gehört, dem Einzigen Gefährten, Mehi.

der Kriegsbeute als Prämie erhalten zu haben. Die Zahlen bei den verschiedenen Darstellungen stimmen zwar nicht genau überein, aber in etwa scheinen die Ägypter beim ersten Libyenfeldzug 12 000 Feinde getötet und 1000 gefangengenommen zu haben. Genauer sind die Angaben auf den Reliefs, die den zweiten Zusammenstoß mit den Libyern darstellen. Bei einer Schlacht, bei der die Ägypter die Libyer durch die östliche Wüste trieben, wurden 2175 Männer getötet und 2052 Personen gefangengenommen, darunter 283 Jugendliche und 588 Frauen. Die Libyer hatten ihre Familien und ihren ganzen Besitz mitgebracht, weil sie beabsichtigten, in Ägypten einzufallen und sich im Land anzusiedeln. Als Kriegsbeute wurden ihnen insgesamt 42000 Rinder, Schafe, Ziegen, Pferde, Esel und andere Nutztiere abgenommen. Diese Zahlen sprechen doch sehr dafür, daß Na'rmers Angaben etwas zu groß ausgefallen sind.

Die Zahlen auf Grabreliefs und auf Stelen in den Totenkapellen geben an, welche Mengen der Grabherr von den einzelnen Opfergaben haben wollte. Bescheiden waren diese Wünsche selten, und regelmäßig wurden gleich im Tausend nach Laiben Brot und Krügen Bier verlangt.

Das Lotospflanzen-Zeichen für 1000 ist die Ziffer, die in solchen Texten am häufigsten vorkommt. Manche Opferlisten beschränken sich auf die elementaren Erfordernisse eines Haushalts, bei der Ernährung auf die Grundnahrungsmittel Brot und Bier. Zu umfangreicheren Speisezetteln gehörten auch Ochsenfleisch und Wildvögel und eventuell Wein statt Bier. Neben Nahrung benötigte man unter anderem Natron und Weihrauch für Reinigungsriten, Alabaster- und Steingefäße für die erforderlichen Öle und Salben sowie Leinen sowohl für Kleidung als auch zur Verwendung im Haushalt. Wollte man sichergehen, daß man nichts Wichtiges vergessen hatte, konnte man außerdem nach »allem Lebenden« verlangen, womit pflanzliche Produkte gemeint waren, oder nach »allem Süßen«, also nach Obst, Honig und dergleichen. Zur erwünschten Güte der Gaben hieß es manchmal: »All die guten und reinen Dinge, von denen die Götter selbst leben.« (siehe Abb. 68, S. 201).

Anspruchsvollere Grabherren legten in tabellarischen Übersichten genau fest, wie viele Brotlaibe und Fleischstücke welcher Sorten sie haben wollten. Könige bekundeten ihre Frömmigkeit mit ähnlichen Übersichten an Tempelwänden, die festschrieben, welche Opfer dem Gott darzubringen waren. Amenophis III. legte für Karnak einen solchen Opferkatalog fest, und im Sanktuarium seines Tempels in Luxor ist dargestellt, wie er Amun sorgfältig ausgewählte Opfergaben darbrachte, darunter vier Ochsen, von denen jeder eine andere Farbe hatte.

Abb. 60: Teil einer Darstellung mit Vieh vom Gut des Wesirs Ptah-hotep aus seinem Grab in Sakkara. Die verschiedenen Vogelarten lassen sich anhand von charakteristischen Merkmalen unterscheiden, zum Beispiel an der Form des Schwanzes.
Übersetzung *(obere Reihe; von rechts nach links zu lesen): 121 200; 121 200; 11 110.*
(untere Reihe): 120 000; 121 022; 111 200.

Auf ähnliche Weise wurde der Tempelbesitz dargestellt, und in einigen der Lagerräume, die das Sanktuarium von Tempeln umgeben, sind an den Wänden noch Inventare zu sehen. Sie gaben an, was in dem Raum im Idealfall gelagert sein sollte und nicht unbedingt, was tatsächlich zu einem bestimmten Zeitpunkt gelagert war. Realistischer waren Inventare für praktische Zwecke, die in hieratischer Schrift auf Papyrus geschrieben und regelmäßig aktualisiert wurden. Oft wurden Inventare privater Lagerhäuser an Grabwänden festgehalten, was es dem Grabherrn erlauben sollte, seine Habe in die nächste Welt mitzunehmen. Zu den dargestellten Kostbarkeiten gehörten Krüge mit Öl und Wein, Stoffballen, Möbel, Steinzeug und Lederwaren.

Der Wesir Ptah-hotep ließ in seinem Grab in Sakkara sogar das Vieh von seinen privaten Landgütern darstellen, zum Beispiel ein paar Exemplare von jeder Enten- und Gänseart, jeweils mit Ziffern, die die Größe der Schar angeben. Bei den Zahlenangaben dürfte übertrieben worden sein, auch wenn vom Besitz des einflußreichsten Menschen der Beiden Länder die Rede ist (Abb. 60).

Gruppen von Schreibern hielten exakt fest, welche Mengen an Gütern als Abgaben an die Lagerhäuser und insbesondere an die Kornspeicher des Königs und der Tempel gingen. Auf Reliefs in Deir el-Bahari, die Handelsexpeditionen der Hat-schepsut in das Land Punt schildern, ist unter anderem zu sehen, wie Weihrauch, der für Tempelrituale in Ägypten bestimmt war, in Meßsäcke gefüllt wurde. Der Meßsack oder -korb für Trockengüter, insbesondere für Getreide, war das *heqat;* man hat errechnet, daß er etwas mehr als 4,8 Liter faßte. Getreide wurde nach Volumen und nicht nach Gewicht gemessen, die Qualität wurde daher nicht angemessen berücksichtigt. Da Getreide als Zahlungsmittel im Tauschhandel diente, brauchte man auch kleinere Maßeinheiten als das *heqat.* Ein Zehntel eines *heqat* war ein *hin* (ungefähr ein halber Liter), den man mit einem Meßkrug bestimmte.

Weitere kleinere Einheiten eines *heqat* wurden mit Hilfe der sogenannten »Horusaugenbruchteile« bezeichnet, die reziproken Werte der Zweierpotenzen, also ein Halb, ein Viertel, ein Achtel und so weiter bis zu einem Vierundsechzigstel des *heqat.* Sie galten als Teile des »Auges von Horus«, eines machtvollen Amuletts, das auch als »heilendes« oder »geheiltes Auge« bezeichnet wurde. Es stand für das Auge, das Horus bei einem seiner Kämpfe gegen Seth verloren hatte, das ihm aber von Isis oder Hathor oder Thot zurückgegeben worden war. Dann gab es noch, als kleinstes Hohlmaß, das *ra,* das Mundvoll. Fünf Mundvoll ergaben ein Vierundsechzigstel eines *heqat,* das folglich 320 *ra* hatte.

Der Wert eines Quantums Getreide konnte aber auch mit einer Meßeinheit für den Gehalt des Biers oder Brots bestimmt werden, das sich aus diesem Getreide herstellen ließ. Dieser »Back«- oder »Sudwert« war definiert als die Zahl der Laibe Brot oder Krüge Bier einer bestimmten Sorte, die aus einem *heqat* Getreide hergestellt werden konnten. Je stärker das Bier und je hochwertiger das Brot, desto niedriger der »Sud«- bzw. »Backwert« des Getreides. Bier wurde mit dem *des*-Krug gemessen, der ungefähr soviel faßte wie ein *hin.*

Die Berechnung von Volumen war nicht zuletzt für die Kontrolleure der Kornspeicher wichtig. Der mathematische Papyrus Rhind im Britischen Museum liefert Beispiele für die Berechnung des Rauminhalts rechteckiger oder zylindrischer Kornspeicher sowie Tabellen für die Umrechnung von »Horusaugenbruchteilen« und *hinu.* Damit man solche Berechnungen anstellen konnte, mußten die Abmessungen des Speichers bekannt sein.

Die Grundeinheit für die Längenmaße war die »Elle«, *meh* genannt, die als die Länge eines Unterarms vom Ellenbogen bis zur Spitze des Mittelfingers definiert war. Da die Arme bekanntlich nicht bei allen Menschen gleich lang sind, wurde die Elle schon sehr früh in der ägyptischen Geschichte genormt. Die Königselle, die bei der Landvermessung und bei Bauten verwendet wurde, war ungefähr 52,3 cm lang, also beträchtlich länger als ihre griechische oder römische Entsprechung. Außerdem wurde eine kleine Elle, *meh-scherit,* von 45 cm verwendet. Die Differenz zwischen den beiden betrug eine Handbreite, genauer gesagt die Breite eines Handtellers, *schesep* genannt. Eine königliche Elle hatte sieben, eine kleine Elle sechs Handbreit. Einem Handbreit entsprachen vier Finger, ein königlicher Kubit hatte also 28 Fingerbreiten. Ein Finger, *djeba,* war 1,9 cm breit. Versucht man eine Beziehung zwischen Flächen- und Hohlmaß herzustellen, so läßt sich für eine Kubikelle ein Hohlmaß von 30 *heqat* ermitteln.
Meßstäbe für Ellen, auf denen Handbreit, Fingerbreit und Bruchteile von Fingerbreit eingezeichnet waren, sind in einer Reihe von Museen zu besichtigen. Zwei davon, eine im Louvre, die andere in Turin, stammen aus der Zeit der späten 18. Dynastie und gehörten dem Schatzmeister Maia. Die Markierungen auf dem Stab im Louvre zeigen, daß auch noch andere Maßeinheiten im Gebrauch waren, wie zum Beispiel die Spanne, *pedj,* also der Abstand von der Spitze des Daumens bis zur Spitze des kleinen Fingers bei gespreizter Hand. Jede Fingerbreite auf dem Meßstab ist mit dem Namen der Gottheit beschriftet, die über sie wachte. Bei den ersten neun Fingern waren das die Götter der Neunheit von Heliopolis mit Ausnahme von Tefnut, die durch Horus ersetzt wurde. Wir kennen auch noch andere Meßstäbe, zum Beispiel aus dem Grab des Cha, eines Architekten Amenophis' III., dem sie neben anderem Werkzeug beigegeben worden waren.
Genaue Abmessungen waren unverzichtbar, wenn die Fundamente eines Gebäudes gelegt wurden. Das Ausmessen des Grundrisses hieß »Spannen der Schnur«, und man glaubte, daß Seschat, die Göttin des Rechnens und der Archive, darüber wachte. Die verwendete Schnur (manchmal auch »Stab« genannt) war 100 Ellen lang und hatte für jede Elle einen Knoten. Der Palermostein aus der Zeit der 5. Dynastie, auf dem Jahr für

Jahr die wichtigsten Ereignisse in der Regierungszeit der frühesten ägyptischen Könige aufgeführt sind, verzeichnet mehrmals das »Spannen der Schnur« für Tempel oder Paläste (siehe Abb. 64, S. 189).

Der in mehrere Fragmente zerbrochene Stein, der nach der sizilianischen Stadt benannt ist, weil sich sein größter Teil im dortigen Museum befindet, gibt auch detaillierte Zahlenangaben, z. B. über die Schiffsladungen von Holz, die aus dem Libanon importiert wurden, und über den Bau neuer Schiffe aus diesem Holz. Bei diesen Schiffen ist entweder die Länge in Ellen oder die Zahl der Ruder angegeben, mit denen sie fortbewegt wurden. Demnach waren einige dieser Schiffe 100 Ellen, also über 52 Meter lang. Das größte Schiff, das man bisher in Ägypten gefunden hat, ist die Sonnenbarke, die neben der Großen Pyramide des Cheops in Giza vergraben war. Die Barke ist etwas mehr als 43 Meter lang und mußte möglicherweise – trotz fünf gewaltiger Ruder auf jeder Seite – von anderen Schiffen ins Schlepptau genommen werden.

Vielleicht wurde sie aber auch gar nicht auf dem Fluß eingesetzt, sondern nur zu dem Zweck gebaut, als *duat-taui*-Schiff mit dem König begraben zu werden, als Unterweltschiff, wie der Palermostein im Abschnitt über die Regierungszeit von Cheops Vater Snofru eines aufführt (Abb. 62).

Die alten Ägypter konnten mit ihren primitiven Meßmethoden und Geräten sehr genau messen. Die riesigen Steinblöcke, die wie Pfropfen in dem ansteigenden Gang der Großen Pyramide sitzen, sind nur etwas über einen Zentimeter schmaler und nur etwas über drei Zentimeter niedriger als der Gang selbst. Es blieb also nur sehr wenig Spielraum, als man die Blöcke von der Großen Galerie den Gang hinunterbugsierte.

Die Steuerschätzer vermaßen jedes Jahr die Felder, um von der Fläche des bebauten Landes auf den zu erwartenden Ernteertrag schließen zu können. Sie bedienten sich dabei – wie die Architekten beim Ausmessen des Grundrisses – der »Schnur« bzw. des »Stabs« und machten ihre Flächenangaben entweder in *setjat*, in »Quadratstäben«, oder in Landstreifen von einer Elle Breite und 100 Ellen Länge. In der ptolemäischen Zeit erhielt *setjat* dann den Namen *Arure*. Auf der Basis der Landvermessung wurde eine Steuerforderung von zirka 20 Prozent der zu erwartenden Ernte erhoben.

Abb. 61: Die Göttin Seschat, Hüterin der Urkunden. Darstellung aus dem Totentempel Sesostris' I. in El-Lischt; heute im Metropolitan Museum of Fine Arts in New York.
***Übersetzung:** Die Erste des Gotteshauses.*

Abb. 62: Ausschnitt aus dem Text auf dem Palermostein mit Angaben über Ereignisse in einem Jahr der Regierungszeit des Königs Snofru aus der 3. Dynastie.
***Übersetzung** (von rechts nach links zu lesen): Der Bau von 35 Häusern 122 Stück Vieh, der Bau eines 100-Ellen-duat-taui-Schiffs aus Zedernholz, der Bau von zwei 100-Ellen-Schiffen aus meru-Holz, die siebte Zählung, [Höhe des Nils] 5 Ellen, 1 Handbreit, 1 Fingerbreit.*

Die Steinhauer arbeiteten nicht weniger genau als die Landvermesser und konnten Steine exakt in der vorgeschriebenen Größe liefern. Die Grundfläche der Großen Pyramide nimmt immerhin etwas mehr als 5,3 Hektar ein und ist doch ein nahezu perfektes Quadrat. Die größte Diskrepanz bei den Seitenlängen liegt unter 20 Zentimetern und bei allen Ecken fehlen nur Sekunden zu einem exakt rechten Winkel. Ähnlich genau zeigen die Seiten von Norden nach Süden bzw. von Osten nach Westen. Im mathematischen Papyrus Rhind finden sich Rechenbeispiele für die Ermittlung von Neigungswinkel, Höhe und Rauminhalt einer Pyramide. Ein anderer mathematischer Papyrus, heute im Moskauer Museum der Schönen Künste, befaßt sich mit der Berechnung des Rauminhalts eines Pyramidenstumpfs. Damit ließ sich zum Beispiel der Bedarf an Steinen für den Bau der Großen Pyramide bestimmen. Wie Notizen von Steinbrucharbeitern in rotem Ocker auf einigen in Tempeln verbauten Blöcken zeigen, hielten auch Handwerker, die ansonsten nicht schreiben konnten, Maßangaben fest.

Bei wertvollerem Material wie bei Metallen und Halbedelsteinen zählte nicht das Volumen, sondern das Gewicht. Dabei war die Grundeinheit der *deben* (zirka 91 Gramm). Der zehnte Teil eines *deben* war ein *qedet*. Die Gewichte für die Waagen hatten die Form von Ringen oder die Gestalt von Tieren, damit man sie leicht auseinanderhalten konnte. Die verwendeten Waagen waren vom gleichen Typ wie in Darstellungen vom »Wiegen des Herzens«: gleicharmige Balkenwaagen, etwa wie beim Symbol des Sternkreiszeichens Waage.

Auch der Wert von Werkzeug und Haushaltsutensilien aus Kupfer und Bronze, also zum Beispiel von Meißel, Pickel- und Messerklingen oder von Becken, Wasserkrügen und Vasen wurde nach dem Gewicht bestimmt. Ein defekter Metallgegenstand hatte einen Materialwert, der kaum niedriger war als der Wert des intakten Utensils.

Münzgeld gab es in Ägypten nicht, bis es unter Fremdherrschaft eingeführt wurde. Zeitweise gab es jedoch feste Relationen für den Tausch von Waren und Dienstleistungen. Die Löhne bestanden in der Regel aus Nahrungsmitteln, vor allem Getreide, und aus Kleidung. Arbeiter und Handwerker konnten Waren oder Steuern abarbeiten. Oft dienten beim Warentausch Kupfer oder Bronze als Wertmesser: Man bestimmte den

Wert der einzelnen Waren, indem man sie mit einem bestimmten Kupfer- oder Bronzegewicht gleichsetzte. Wollte man etwas erwerben, einigte man sich mit dem Veräußerer darauf, welchen Metallwert es hatte, und mußte dann Waren dagegensetzen, für die man sich auf den gleichen Metallwert einigen konnte. Wechsel und Arbeitsverträge zeigen, daß dieses komplizierte System funktionierte.
Die Herrscher anderer Länder betrachteten Ägypten als reiches Land. Als Freundschaftsgeschenke schickten die Herrscher einander Gold, und ein babylonischer König verlangte immer mehr, gab es doch, wie er sagte, im Land seines Bruders, des Königs von Ägypten, Gold wie Staub. Auf Darstellungen von Tributleistungen bringen Träger aus Retjenu (Nordsyrien), Palästina und anderen exotischen Ländern wie Kreta gehämmerte Gefäße mit fremden Mustern aus Bronze, Kupfer, Silber und Gold, wogegen Träger aus dem Süden, aus den nubischen Territorien, Gold bringen: auf Tabletts und in Taschen, als Klumpen oder Staub oder zu Ringen gegossen. Bei den Metallen, die den Tempeln gestiftet wurden, sind die Gewichtsangaben enorm hoch. Im Großen Papyrus Harris im Britischen Museum sind alle Stiftungen Ramses' III. an die Tempel aufgeführt. In dem folgenden Ausschnitt geht es um Stiftungen an den Tempel des Re in Heliopolis. Hier sind die Gewichte allerdings nur in *deben* wiedergegeben, während der Papyrus sie bis auf Bruchteile eines *quedet* genau angibt:

Feingold »von den Waagen« [unverarbeitet]	1278 d
Feingold und Elektrum in Form von Gefäßen und Ornamenten	198 d
Silber von den Waagen und Silber in Gefäßen	1891 d
Silber in Form von gehämmerten Arbeiten	394 d
Schwarzes Kupfer [Bronze] von den Waagen	67 d
Kupfer in Form von gehämmerten Arbeiten	400 d
Kupfer in Form von Gefäßen	1416 d

Was man sonst noch aus diesen Metallen machen kann, geht auch aus dem Papyrus hervor, zum Beispiel aus dem folgenden Ausschnitt, der von den Stiftungen an den Tempel des Ptah in Memphis handelt: »Ich habe für dich [Gott Ptah] Statuen des Königs aus getriebenem Gold ge-

Abb. 63: Aus der Auflistung der Stiftungen Amenophis' III. an den Karnaktempel. Die angegebenen Gewichte entsprechen ungefähr 440 Kilogramm Türkis und 620 Kilogramm Karneol.
Übersetzung: *Türkis, das ein Gewicht von 4820 deben hat; Karneol, das ein Gewicht von 6823 deben hat.*

schaffen, andere aus reinem Silber, ebenfalls getriebene Arbeiten, wie er vor dir kniet, eine Vase und einen Opfertisch tragend. Ich habe für dich einen großen Vasentisch geschaffen, für deinen Hof, mit Feingold überzogen.«
Türen, Türpfosten und -stürze überzog man mit Gold oder Elektrum oder mit Bronze, in die Gold eingelegt war. Säulen, Fußböden und Wände dekorierte man mit bunten Steinen – mit Karneol, Jaspis, Malachit, Türkis. Welche Mengen solcher Steine Amenophis III. bei seinen Arbeiten am Karnaktempel brauchte, ist am dritten Pylon aufgelistet (Abb. 63).
In Papyri zur Heilkunst werden manchmal die Ingredienzien von Arzneien genannt und Mengenangaben gemacht, vor allem bei wertvollen Substanzen wie Gewürzen und Weihrauch. Die empfohlenen Mengen sind entweder in *ra* angegeben (ein Mundvoll ist das ägyptische Gegenstück zu unserem Teelöffel) oder in Gewichtseinheiten. Man konnte anscheinend auch sehr kleine Mengen genau abwiegen, wobei man als Gewichte Weizenkörner oder Samen des Johannisbrotbaums nahm, da ein Korn dem anderen und ein Samen dem anderen nach Größe und Gewicht erstaunlich ähnlich ist.
Die Ägypter entwickelten nie eine theoretische Mathematik, aber ihre Buchführung und ihre praktischen Berechnungen auf Gebieten wie der Architektur und der Landvermessung sind beachtliche Leistungen. Die überaus eindrucksvollen und langlebigen Monumente und die erstaunlich stabile Gesellschaft, die sie ermöglicht haben, sprechen für sich.
Die ägyptischen Hieroglyphen für Zahlen und Maßeinheiten finden sich in der Tabelle 15, die mit dem Verb *heseb,* »zählen« oder »rechnen«, überschrieben ist.

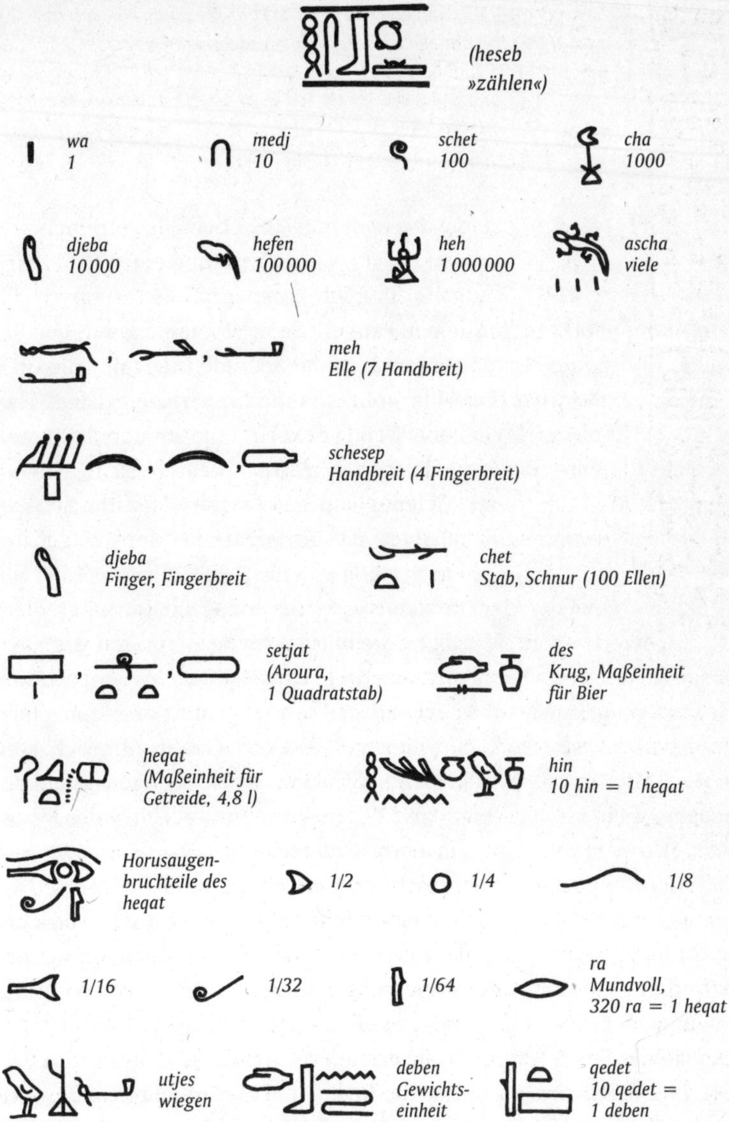

Tabelle 15: Zählen

abed 2 achet 17
»2. Monat der Überschwemmungszeit, Tag 17«

10. ZEIT

Die alten Ägypter hatten zwei Kalender, die in Verbindung miteinander völlig ausreichten für die Datierung von Urkunden und die Orientierung im Landwirtschaftszyklus, auf dem die Wirtschaft des Landes beruhte. Das Naturereignis, das alle Ägypter am unmittelbarsten betraf, war die Nilüberschwemmung. Auf Grund der Sommerregen im heutigen Äthiopien führte der Nil jedes Jahr auf ganzer Länge Hochwasser und überschwemmte die Felder. Die abgelagerten Schwebstoffe machten den Boden ertragreich und gaben ihm die Farbe, dem das Land seinen alten Namen verdankte: Kemet, das »schwarze Land«.
Um rechtzeitig Vorbereitungen treffen zu können, mußten die Menschen in Ägypten wissen, wann die Überschwemmung kommen würde. Bewässerungskanäle und -gräben mußten gesäubert, Zisternen und Wasserhebewerke (Schadufs) instand gesetzt werden. An mehreren Stellen des Flußlaufs, zum Beispiel auf der Insel Elephantine bei Assuan, wurden Meßstationen gebaut, die wie eine steile Steintreppe ins Wasser hinabführten und heute als Nilometer bekannt sind. Man verfolgt das Steigen und Sinken des Flusses genau und hielt den niedrigsten und den höchsten Wasserstand mit einer Kerbe oder Farbmarkierung an der Wand des Nilometers fest, was einen Meßwert für den Unterschied zwischen Niedrig- und Hochwasser ergab. Auf dem Palermostein sind solche Meßwerte aufgezeichnet.
Der Text auf dem Palermostein steht in rechteckigen Feldern; in jedem von ihnen sind Ereignisse aus einem Regierungsjahr eines Königs festgehalten. Die Rippe des Palmenblatts als Hieroglyphe für *renpet*, »Jahr«, trennt die Felder voneinander. Unter jedem Feld ist ein kleineres Vier-

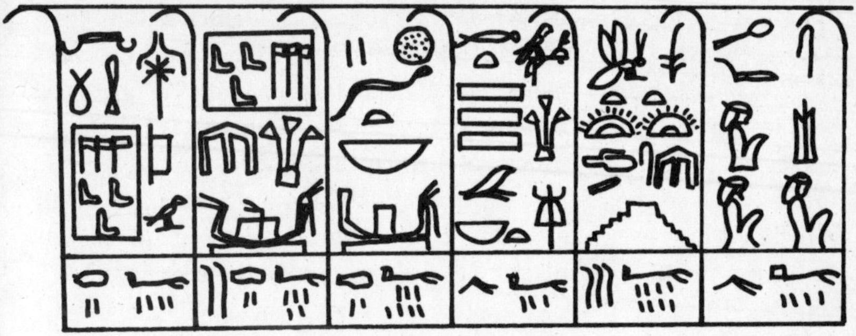

Abb. 64: Dieser Auszug aus dem Text des Palermosteins befaßt sich mit sechs Regierungsjahren eines Herrschers. Es könnte sich um Den, einen König der 2. Dynastie, handeln.
***Übersetzung:** (von rechts nach links zu lesen):*
1. *Niederschlagung des Beduinen (Nil: 4 Ellen, 1 Spanne).*
2. *Erscheinen des Königs von Ober- und Unterägypten; Heb Sed (Nil: 8 Ellen, 3 Fingerbreit).*
3. *[Zählung] aller Leute des Nordens, Westens, Südens und Ostens (Nil: 3 Ellen, 1 Spanne).*
4. *Zweite Feier des Festes des Djet (Nil: 7 Ellen, 2 Handbreit).*
5. *[Plan des] Tempels mit Namen »Throne der Götter«, Fest des Sokar (Nil: 5 Ellen, 2 Handbreit, 2 Fingerbreit).*
6. *Spannen der Schnur für den Tempel mit Namen »Throne der Götter« durch den Priester des Seschat, große Tür (Nil: 4 Ellen, 2 Handbreit).*

eck, in dem der Meßwert vom Nilometer für das entsprechende Jahr in Ellen, Handbreit (oder -spannen) und Fingerbreit verzeichnet ist.
Solche Aufzeichnungen, die kontinuierlich Jahrhunderte hindurch geführt wurden, konnten die Priester und Schreiber am Nilometer heranziehen, um abzuschätzen, ob die Überschwemmung gut oder schlecht ausfiel.
Extremwerte bedeuteten Naturkatastrophe und Hungersnot. Am Wasserstand war zwar auch dann nichts zu ändern, wenn man vorgewarnt war, aber man konnte wenigstens Maßnahmen ergreifen, mit denen sich die Auswirkungen abmildern ließen. Bei zu niedrigem Nilstand konnte Getreide aus den privaten Vorräten von Notabeln oder aus den Kornspeichern der Tempel an die örtliche Bevölkerung ausgegeben werden. War mit einem zu hohen Nil zu rechnen, mußten die Deiche der Dörfer verstärkt werden. In diesem Fall konnten Grenzzeichen zer-

stört werden, was leicht zu Streitigkeiten zwischen Landbesitzern führte, weshalb das Land immer wieder neu vermessen werden mußte. Die Gerichte mußten sich häufig mit Fällen illegaler Inbesitznahme von Land und mit Erbangelegenheiten befassen, bei denen die Teilung des Besitzes strittig war. Nach den sogenannten Zwischenzeiten ohne Zentralgewalt, in denen es zu anarchischen Zuständen kam, war die Rechtsprechung in solchen Fällen, für einen König, der als aufrichtiger und gerechter Herrscher gelten wollte, eine der vordringlichsten Aufgaben. Zu Beginn der 12. Dynastie richtete Sesostris I. eine Grenzkommission ein, deren Beamte das ganze Land neu vermaßen, die Grenzen der Gaue neu festlegten und den Landbesitz der einzelnen Ägypter kartierten. Angaben dazu finden sich auf der »Weißen Kapelle« Sesostris' I. Dieser kleine Bau war im Tempelbezirk von Karnak errichtet worden, mußte später jedoch anderen Gebäuden weichen. Im Neuen Reich dienten die Steinblöcke der abgerissenen Kapelle als Füllmaterial für neue Pylone des Karnaktempels. Bei der Restaurierung dieser Torbauten hat man die Bruchstücke geborgen und die Kapelle Sesostris' I. wie ein dreidimensionales Puzzle wieder zusammengesetzt. Die Reliefs sind sehr gut erhalten, da sie vor äußeren Einflüssen geschützt waren, solange sie in den Pylonen aus dem Neuen Reich verborgen waren. Heute ist die Kapelle eines der eindrucksvollsten Baudenkmäler im Freiluftmuseum in Karnak.

Das Einsetzen der Überschwemmung, der im alten Ägypten solch großer Bedeutung zukam, kündigte das neue Jahr an, dessen Beginn anhand eines astronomischen Vorgangs bestimmt wurde: des heliakischen Aufgangs des Sirius. Der Hundstern (den die Ägypter Sopdet und die Griechen Sothis nannten) und 35 weitere helle Sterne waren die *Ichem-seku*. Sie gehen in der Morgendämmerung, also heliakisch auf, und zwar alle zehn Tage einer, das ganze Jahr hindurch – daher der griechische Name Dekan. Nach dem ersten Frühaufgang erscheint der Dekan dann jeden Tag ein paar Minuten früher, und zehn Tage später geht der nächste auf. Der Tag hatte zweimal zwölf Stunden, wobei man sowohl den Lichttag als auch die Nacht jeweils in zwölf gleiche Abschnitte unterteilte. Die Länge einer Stunde war daher am Tag und bei Nacht und je nach Jahreszeit unterschiedlich lang (Abb. 65).

Abb. 65: Teil der »astronomischen« Decke im Grab Sethos' I. im Tal der Könige. Die Figuren der Sternbilder decken sich nicht mit unseren Konstellationen; der Stier (der in anderen »Tierkreisen« als Rinderkeule dargestellt ist) könnte allerdings für Ursa major, den Großen Bären, stehen.

In den Darstellungen, mit denen bei einigen Gräbern die Decken und Wände ausgeschmückt sind, spricht man vom »Tierkreis«, obwohl es keinen Hinweis darauf gibt, daß im Ägypten der vorhellenistischen Zeit Astrologie praktiziert worden wäre. Es sind »Himmelskarten«, auf denen die Sterne der Übersichtlichkeit halber in Bilder eingefügt wurden, die Namen trugen. Dabei wurden andere Sterne zu Bildern zusammengefaßt als bei unseren Sternbildern. Der ägyptische »Tierkreis«, wie er zum Beispiel in den Gräbern Sethos' I. und Ramses' VI. dargestellt ist, konzentriert sich auf die Sterne, die von den alten Ägyptern als die »Unvergänglichen« bezeichnet wurden – auf die Sterne, die nie untergehen.

Im Grab Thutmosis' III. im Tal der Könige ist eine Wand für die Namen der Sterne reserviert, die über die Nachtstunden wachten, über die Stunden, in denen, wie man glaubte, der verstorbene König mit dem Sonnengott die gefahrvolle Reise durch die Tiefen der Unterwelt machte, um beim Sonnenaufgang am östlichen Horizont zur Wiedergeburt aufzusteigen. Von den Priestern, denen die Beobachtung der Sterne oblag, wurde der Aufgang der Dekane und die beobachtbare Wanderung der »Unvergänglichen« aufgezeichnet. Das regelmäßige Erscheinen der Sterne wurde sorgfältig beobachtet, weil sowohl die Landwirtschaft als auch die meisten religiösen Feste, die mit dem Land in Verbindung gebracht wurden, sich danach richteten.

Auch die Mondphasen wurden genau verfolgt. Der aufgehende Mond als Hieroglyphe war die Abkürzung für das Wort »Monat«. Der Tag des Neumonds hieß der »Erste des Monats« und war Thot geweiht, am Tag des Vollmonds war das »Fest des Halbmonats«. Die Herrscher der 18. Dynastie scheinen den Mondgott ganz besonders verehrt zu haben, denn ihre Namen sind häufig – wie bei Thut-mose – mit dem des Mondgottes Thot zusammengesetzt oder – wie in Ah-mose – mit dem des alten Mondgottes Iah, des Mondes in seiner physischen Gestalt.

Im bürgerlichen Kalender hatte der Monat dreißig Tage, war also etwas länger als ein Mondumlauf. Die Sonne war die Hieroglyphe für »Tag« und für den Gott Re, und sie diente auch als Determinativ aller Ausdrücke, die mit der Zeit in Verbindung standen. Das Jahr hatte drei Jahreszeiten mit je vier Monaten und zusätzlich »die fünf Tage zu dem Jahr«, die heute unter der griechischen Bezeichnung Epagomene bekannt sind. Mit diesen fünf Tagen hatte das Jahr 365 Tage. Die Jahreszeiten hießen »Überschwemmung«, »Aussaat« (Hervorkommen) und »Ernte« (Hitze). Die beiden letzten werden oft als Winter und Sommer wiedergegeben. Ein Datum bestand aus Tag, Monat und Jahreszeit – wie in dem Beispiel am Anfang dieses Kapitels, das vom Stein von Rosette stammt und »zweiter Monat der Überschwemmung, Tag 17« lautet. Die fünf Epagomene wurden als die Geburtstage von Osiris, Horus, Seth, Isis und Nephthys gefeiert; der Neujahrstag war in Kultzentren im ganzen Land verschiedenen anderen Göttern, vor allem Hathor, geweiht, und hieß die »Öffnung des Jahres«.

Für das Viertel eines Tages, das zu einem vollen Sonnenjahr fehlte, gab es keinen Ausgleich. Deshalb verschob sich der bürgerliche Kalender gegenüber dem astronomischen alle vier Jahre um annähernd einen Tag. In einer Lebensspanne war die Verschiebung nicht offensichtlich, und für die meisten Ägypter war die Diskrepanz unerheblich, weil sie sich ohnehin nach dem Landwirtschaftszyklus richteten. Ein Problem sahen darin hingegen die Schreiber in Epochen, in denen sie ihre Schriftstücke mitten im Hochsommer, wenn das Land ausgedörrt war, auf die Jahreszeit Überschwemmung datieren mußten. Ein Papyrus aus der Ramessidenzeit beschreibt diese Situation: »Der Winter ist im Sommer gekommen, die Monate sind verkehrt, die Stunden verworren.«

Die beiden auseinanderdriftenden Kalender deckten sich einmal in 1450 Jahren, wenn der Beginn des bürgerlichen Jahres, der erste Tag des ersten Monats der Überschwemmung, wieder mit dem heliakischen Aufgang des Sirius zusammenfiel. Die Ägypter sahen nie die Notwendigkeit zur Bereinigung dieser Unstimmigkeiten, doch in ptolemäischer Zeit nahmen sich griechische Denker des Problems an, und 237 v. Chr. schlug Ptolemaios III. die Einführung eines zusätzlichen (Feier-) Tags vor, um den Kalender in Ordnung zu bringen. »Die Reichsfeste, die im Winter gefeiert werden, sollten wieder im Sommer gefeiert werden, die Sonne ändert sich alle vier Jahre um einen Tag, und die anderen Feste, die jetzt im Sommer gefeiert werden, sollten in Zukunft im Winter gefeiert werden, wie es in der Vergangenheit war.«

Die Neuerung setzte sich nicht durch. Die Ägypter hielten an ihrem sich wandelnden Kalender fest, bis Augustus im Jahre 30 v. Chr. den julianischen Kalender durchsetzte.

Im Lauf der dynastischen Geschichte weist eine Reihe von Schreibern auf den heliakischen Aufgang des Sirius hin, aber nur einmal wird die genaue Übereinstimmung der beiden Kalender festgehalten, und zwar erst 139 n. Chr. Wenn man von hier aus in Sprüngen von ungefähr 1450 Jahren zurückgeht, erhält man die Daten, an denen der bürgerliche Kalender eingeführt worden sein könnte. In Frage käme demnach auch ein Datum zwischen 2780 und 2760 v. Chr., aber zu dieser Zeit war der bürgerliche Kalender mit ziemlicher Sicherheit bereits in Gebrauch. Man muß also noch einmal 1450 Jahre zurückgehen und kommt zu dem Ergebnis, daß der bürgerliche Kalender schon in vordynastischer Zeit eingeführt wurde. Ein Papyrus aus dem Tempel in El-Lahun am Zugang zum Fajjum datiert den heliakischen Aufgang des Sirius auf den 25. Tag des ersten Monats im Winter im siebten Regierungsjahr Sesostris' III. Dieses Datum liegt in unserer Zeitrechnung um das Jahr 1872

v. Chr. Es ist einer der ganz wenigen »Fixpunkte«, an denen die Ägyptologen ihre Chronologie festmachen.

Der Palermostein zeigt, daß es schon am Anfang der dynastischen Zeit ein festes Verfahren für Zeitangaben gab. Der Text, der wahrscheinlich aus verschiedenen amtlichen Aufzeichnungen zusammengestellt wurde, berichtet von den ersten fünf Dynastien. Die Jahreszählung begann nicht mit einem angenommenen Anfang der ägyptischen Geschichte, man bezog sich vielmehr auf die Regierungszeit des jeweiligen Königs. Die Datierung von Ereignissen, Denkmälern, Urkunden hatte die Form: »Jahr X unter der Herrschaft von König N«. Über Zeiten, in denen sich zwei Könige den Thron teilten, weil der Sohn schon zu Lebzeiten des Vaters gekrönt worden war, oder in denen zwei oder mehr Herrscher gleichzeitig von verschiedenen Hauptstädten aus regierten und die Königswürde beanspruchten, sagt dieses System nichts aus. Mitregenten und Gegenkönige blieben unberücksichtigt. Der Turiner Königspapyrus, der zu den wichtigsten historischen Urkunden zählt, listet die Könige von Ägypten bis zur 17. Dynastie auf und gibt bei jedem die Zahl der Regierungsjahre an, ohne Lücken oder Überschneidungen zwischen Regierungszeiten zu verzeichnen.

Auf dem Palermostein, dessen drei bedeutendste Fragmente sich in Palermo, Kairo und im University College in London befinden, fehlen bei einigen Regierungszeiten wesentliche Teile oder sind beschädigt, so daß manchmal sogar der Königsname fehlt. Anhand von Angaben in den erhaltenen Teilen läßt sich dennoch ein plausibler Zeitrahmen abstecken.

Zum Beispiel wurde alle zwei Jahre eine Viehzählung vorgenommen, die als »Ausführung der Zählung« bezeichnet wurde. Wenn die fünfte Zählung genannt ist, befindet man sich entweder im neunten oder im zehnten Regierungsjahr des Königs, je nachdem, ob die erste Viehzählung im ersten oder im zweiten stattgefunden hat (siehe Abb. 62, S. 183 und Abb. 66).

In anderen Fällen sind solche »Datierungen« weniger aufschlußreich. Auf dem Elfenbeintäfelchen aus der Regierungszeit des Den, eines Königs der 2. Dynastie, wird der »Ersten Ausführung der Niederschlagung des Ostens« gedacht. Da nicht hinzugefügt ist, in welchem Regierungs-

Abb. 66: Elfenbeintäfelchen der 2. Dynastie aus Abydos, heute im Britischen Museum in London. Das Bild, auf dem König Den einen Feind niederschlägt, steht für einen Feldzug gegen östliche Beduinenstämme.
Übersetzung: *(unter dem Arm des Königs): Sorgt für das Ende von (das Bild des Feindes steht hier anstelle eines zusätzlichen Schriftzeichens).*
(ganz rechts): Erste Ausführung der Niederschlagung des Ostens.

jahr des Königs dieser Feldzug gegen Beduinenstämme der östlichen Wüstenregionen stattfand, gibt diese Angabe für die Zeitbestimmung nicht besonders viel her. Aber möglicherweise kann man Den die dritte Reihe der Jahresfelder auf dem Palermostein zuordnen. Sie ist nicht vollständig erhalten, und es läßt sich nicht genau sagen, wie viele Jahresfelder am rechten und am linken Rand verlorengegangen sind. Vom Namen des Königs, dessen Regierungszeit beschrieben wird, ist nur der Schluß erhalten. Im zweiten der erhaltenen Jahresfelder (von rechts) wird jedoch von der »Niederschlagung der Beduinen« berichtet, was gut zu der Beschreibung auf dem Elfenbeintäfelchen passen würde (vgl. Abb. 64 und 66). Vierzehn Jahresfelder sind erhalten, und am rech-

ten Rand des Fragments taucht gerade noch der Schluß des Königsnamens auf. Da der Name des Herrschers zweifellos mittig über die Reihe der Felder gesetzt wurde, in denen seine Taten beschrieben wurden, kann man davon ausgehen, daß er etwa 32, mindestens aber 28 Jahre regiert hat. Dergleichen Datierungsprobleme hat man also sogar bei Urkunden wie dem Palermostein, die zu den wertvollsten historischen Zeugnissen gezählt werden.
Monumente zum Gedenken an bestimmte Ereignisse geben oft mehr Aufschluß. Der Sanktuarbereich, den Thutmosis III. in Karnak errichten ließ, ist mit inschriftlichen Annalen versehen, die genau über die Feldzüge des Königs berichten:

»Jahr 31, erster Monat des Sommers, Tag 3: Liste von dem, was Seine Majestät in diesem Jahr errang.
Jahr 33: Siehe, Seine Majestät war im Lande Retjenu. Er errichtete eine Stele östlich des Wassers [des Euphrats], er errichtete eine weitere neben der Stele seines Vaters, des Königs von Ober- und Unterägypten, Aa-cheperu-Re Thutmosis [I.].«

Die – sehr anschauliche und detaillierte – Schilderung des Geschehens hat man gewiß aus den Kriegstagebüchern übernommen, die auf Befehl Thutmosis' III. geführt wurden. Im einleitenden Abschnitt der Annalen heißt es:

»Siehe, Seine Majestät ordnete die Aufzeichnung der Siege an, die er errang vom Jahr 23 bis zum Jahr 42, in dem diese Inschrift an diesem Heiligtum angebracht wurde, auf daß ihm das Leben für immer gegeben werde … So wurde alles, was Seine Majestät dieser Stadt oder jenem elenden Feind und seinem Heer tat, aufgezeichnet, jeden Tag mit Namen [Datum], und aufbewahrt auf einer Lederrolle im Tempel des Amun bis auf diesen Tag.«

Die Inschriften auf dem riesigen Obelisken, der heute in Rom auf dem Lateransplatz steht, wurden gegen Ende der Regierungszeit Thutmosis' III. in den Stein gehauen. Aus späteren Zusätzen, ebenfalls in Hieroglyphenschrift, geht jedoch hervor, daß es seinem Enkel Thutmosis IV. überlassen blieb, den Obelisken an der vorgesehenen Stelle, dem Vorhof des achten Pylons im Karnaktempel, zu errichten. Obwohl diese verwickelte Geschichte inschriftlich auf dem Obelisken steht, läßt sich dieser nicht genau datieren, weil sich der Text sehr vager Formulierungen bedient.

> »Thutmosis [IV.], gezeugt von Re, geliebt von Amun. Es war Seine Majestät, die den einen großen Obelisken verschönte, den sein Vater [sic!], der König von Ober- und Unterägypten, Mencheperre, Thutmosis [III.] [aus den Steinbrüchen bei Assuan] gebracht hatte, nachdem Seine Majestät diesen Obelisken gefunden hatte, der 35 Jahre auf der Seite liegend in den Händen der Handwerker gewesen war, im Süden von Karnak. [Das Andenken] an meinen Vater gebot, daß ich ihn für ihn errichtete, bin ich doch sein Sohn, sein Retter.«

Nach dreißig Regierungsjahren kam eine zusätzliche Möglichkeit zur Datierung von Ereignissen innerhalb der Regierungszeit des Königs hinzu. Im Jahr 30 wurde das erste *Heb-sed*, das erste Fest des Regierungsjubiläums, gefeiert und danach alle drei oder vier Jahre ein weiteres. So sind von Ramses II., der fast 86 Jahre lang regiert hat, 13, vielleicht auch 14 Sedfeste bekannt. Wenn man weiß, wann das erste Jubiläum gefeiert wurde, liefert jedes weitere – für ägyptische Verhältnisse – ein recht genaues Datum. In Deir el-Bahari ist überliefert, daß auch Hat-schepsut, von der man weiß, daß sie nur 22 Jahre regiert hat, Obelisken zum Gedenken an ihr erstes Jubiläum errichten ließ. Bei der Rückdatierung ihres Herrschaftsantritts stützte sie sich auf die zweifelhafte Behauptung einer Mitregentschaft mit ihrem Vater, Thutmosis I. Von anderen Königen weiß man, daß sie ähnlich verfuhren. Vielleicht betrachteten sie die Erhebung zum Kronprinzen als geeigneten Anfangspunkt für die Zählung ihrer Regierungsjahre.

Mit einer Inschrift in Medinet Habu, seinem Totentempel, legte Ramses III. fest, welche Feste dort zu feiern waren. Der Tempel sollte, wie Abydos, als nationale Kultstätte betrachtet werden. Die Inschrift beginnt mit einem Datum: »Jahr 12, erster Monat des Sommers, Tag 26, der Tag der Krönung des Königs auf dem Horusthron, als er von seinem Vater Re die königlichen Insignien erhielt.«

Demnach wurde der Festkalender am Jahrestag der Krönung des Königs eingeführt. Er enthält einige neue Feste zum Gedenken an die Siege des Königs, etwa das »Töten der Meschwesch«, das im ersten Monat des Winters zur Erinnerung an den zweiten Libyenfeldzug des Königs gefeiert werden sollte. Die Meschwesch waren der wichtigste libysche Stamm des Bündnisses, das im elften Jahr der Regierung des Königs einen Einfall nach Ägypten versuchte.

Der Kalender führt zunächst die Opfergaben auf, die an jedem Tag des Jahres als Teil des Tempelrituals darzubringen waren. Dann kommen einige der monatlichen und halbmonatlichen Feste, dann die Hochfeste des ganzen Jahres, beginnend mit dem Jahrestag der Krönung, und schließlich, in chronologischer Reihenfolge, die übrigen bedeutenden Festtage, beginnend mit dem »Aufgang des Sirius« am Neujahrstag. Bei jedem Fest ist angegeben, wie viele Tage es dauerte. Das größte thebanische Fest, das Opetfest, dauerte nach diesem Kalender 24 Tage, während es unter Thutmosis III. nur elf Tage gedauert hatte. Der Papyrus Harris gibt für das Opetfest eine Dauer von 27 Tagen an, was darauf hindeutet, daß es von Ramses III. in den späten Jahren seiner Regierung um drei Tage verlängert wurde. Der Papyrus Harris listet noch mehr Opfergaben auf als der Kalender von Medinet Habu, der auch schon sehr hohe Anforderungen stellt und außerdem bei jeder Opfergabe angibt, welches Schatzhaus, Landgut oder welche religiöse Einrichtung dafür aufzukommen hatte. In dem religiösen Festkalender waren also auch präzise Verwaltungsvorschriften niedergelegt.

Königslisten wie die Sethos' I. in Abydos oder der Turiner Königspapyrus sind für »absolute« Datierungen von begrenztem Wert. In einer Reihe von »Biographien« aus Privatgräbern sind zwar auch historische Ereignisse aus der Lebensspanne des Grabherrn aufgeführt, sie sind jedoch selten datiert, und wenn ein Datum angegeben ist, besteht es oft nur aus dem Regierungsjahr des Königs, dessen Name in manchen Fällen genannt ist, in anderen nicht. In der Einleitung zur »Geschichte des Sinuhe«, eines populären literarischen Werks aus dem Mittleren Reich,

Abb. 67: Ein Datum vom Stein von Rosette, heute im Britischen Museum in London
Übersetzung: *Vierter Monat des Sommers, der Tag der Geburt des Guten Gottes, der ewiglich lebt.*

ist das Sterbedatum Amenemhets I. genannt: »Jahr 30, dritter Monat der Überschwemmung, Tag 7. Der Gott stieg zu seinem Horizont auf, der König von Ober- und Unterägypten, Sehetep-ib-Re, stieg zum Himmel auf zur Vereinigung mit der Sonnenscheibe, zur Verschmelzung seiner göttlichen Glieder mit dem, der ihn geschaffen hat.«

So ein genaues Datum ist eine Seltenheit. Selbst bei der Korrespondenz Ägyptens mit abhängigen Territorien und anderen Reichen sind Daten nicht üblich. Datieren oder wenigstens in eine chronologische Reihenfolge bringen kann man die Briefe nur anhand der genannten Ereignisse und Personen und anhand des Vergleichs mit anderen Zivilisationen. Je später in der dynastischen Zeit ein Ereignis eintrat, desto besser kann man es auf unsere Zeitrechnung beziehen, weil man es mit mehr außerägyptischen Quellen abgleichen kann. In der ptolemäischen Zeit, als der ägyptische Hof in ständigem Austausch mit den anderen Zentren der hellenistischen Welt stand, bediente man sich bei amtlichen Urkunden in der Regel des Griechischen. Die Monate des ägyptischen Kalenders bekamen nun Namen, die sich in den meisten Fällen von den Namen bedeutender religiöser Feste ableiteten. Der hieroglyphische Text auf dem Stein von Rosette bedient sich der traditionellen Daten – Monat, Tag, Jahreszeit – und versieht sie gelegentlich mit einem Zusatz, zum Beispiel: »der Jahrestag der Geburt des Königs«. Ansonsten gibt es allerdings kaum einen Anhaltspunkt dafür, daß die Ägypter Geburtstag gefeiert oder auch nur gewußt hätten, wie alt sie sind (Abb. 67).

Tag für Tag wurden Alltagsangelegenheiten aufgezeichnet, und Urkunden wie Tempelinventare und Aufzeichnungen über Lieferungen an die Lagerhäuser zeigen, daß die ägyptischen Schreiber ihre Schriftstücke in der Regel datierten. Manchmal sind diese Datierungen recht ausführlich und nennen neben den üblichen Angaben – Tag, Monat, Jahreszeit – auch noch das religiöse Fest, das gerade gefeiert wurde.

Das »Tagebuch« des »Schreibers des Grabes« in Deir el-Medine enthält neben Informationen über den Arbeitsalltag der Mannschaft auch einige wertvolle historische Daten. Wie bei Thronbesteigungen üblich hatte die Mannschaft ein paar Tage frei, als Ramses-Si-Ptah, ein König der 19. Dynastie, die Regierung antrat. Die Wiederaufnahme der Arbeit nach vier Tagen Urlaub hält der Schreiber folgendermaßen fest: »Sie jubelten, und im ersten Monat des Winters, Tag 23, ging die Mannschaft zurück zum Großen Ort, zur Arbeit.« Angaben in dem Tagebuch legen außerdem nahe, daß die »Woche« zehn Tage hatte und der neunte und zehnte Ruhetage waren.

Die Arbeiter, die tief im Fels in Gräbern arbeiteten, brauchten künstliches Licht. Der Schreiber zeichnete auch Materiallieferungen für die Herstellung von »Lichtern« auf, die aus Dochten aus gezwirbeltem Leinen und flachen Schalen mit Öl bestanden, dem Salz beigegeben war, damit es nicht qualmte. Die Dochte wurden aus Leinenabfällen hergestellt, die man zu diesem Zweck sammelte. Wenn die Arbeiter die Dochte mit einem bestimmten Tierfett einfetteten bzw. »salbten«, waren als Vertreter der Dorfältesten entweder die Aufseher oder ihre Stellvertreter oder die »Wächter« anwesend, denn die Fette und Öle, die für die Kerzen verwendet wurden, waren sehr wertvoll. Man ging davon aus, daß ein *hin*-Krug Fett für zwanzig Dochte von etwa 35 Zentimeter Länge und ein großer Krug Öl als Brennstoff für 400 Dochte reichte. Dank dieser Standardisierung konnte man ziemlich genau sagen, wie lange ein Licht brannte. Außerdem war der Docht die alphabetische Hieroglyphe für ein emphatisches »h«.

Abb. 68: Auf dieser Stele aus dem Mittleren Reich steht ein einfacher Text, der hauptsächlich aus Namen und Titeln besteht, die in diesem Buch schon an anderer Stelle besprochen wurden. Eine Übersetzung steht auf Seite 202, aber vielleicht ist es für den Leser eine interessante Übung, selber eine Übersetzung zu versuchen, bevor er umblättert.

***Übersetzung** (von rechts nach links zu lesen):*

1. *Ein Opfer, das der König dem Osiris gibt, dem Herrn von Djedu, dem Großen Gott, dem Herrn von Abdju,*
2. *damit er geben möge Brot und Bier, Ochsen, Geflügel, Alabaster und Leinen und alle guten Dinge dem Erbprinzen, Gaufürsten, königlichen Siegelbewahrer …*
3. *Einzigem Gefährten, Vorsteher der beiden Häuser des Silbers und des Goldes, Vorsteher der beiden Häuser des Goldes, Herr der Geheimnisse*
4. *des Königs in jeder seiner Residenzen, Siegelbewahrer Rehu-er-djer-sen, gezeugt von Hapi, der Gerechtfertigte (wörtlich: von wahrer Stimme).*

Über dem Tisch: je 1000 an Brot, Bier, Ochsen, Geflügel, Alabaster und Leinen
Über der rechten Figur: [Ritual], vollzogen vom Vorlesepriester Hekat-ef
Zwischen Wasserkrug und Hekat-ef: Da ist sein Bruder.
Vor den Unterschenkeln des Rehu-er-djer-sen: Bedarf

5. *der ehrwürdige Ipi, geboren von Anch-Mut; seine Gemahlin Pai-es;*
6. *sein geliebter Sohn Ipi; seine geliebte Tochter Sat-Useret, die Gerechtfertigte;*
7. *der ehrwürdige Chenti-cheti-hotep, geboren von Anch-Mut; seine Gemahlin Sat-Pe;*
8. *seine Tochter Didiu; seine Gemahlin Ren-ef-anch; seine Tochter Henut;*
9. *sein Sohn Chenti-cheti-hotep; sein Sohn Chenti-cheti-hotep, der Gerechtfertigte;*
10. *der ehrwürdige Sen-Useret, geboren von Iubet, der Gerechtfertigten und Ehrwürdigen;*
11. *seine Gemahlin Sat-Useret; sein Sohn Itjai, der Gerechtfertigte und Ehrwürdige;*
12. *sein Sohn User-Montju; sein Sohn Di-Sobek, der Gerechtfertigte;*
13. *seine Tochter Sat-Hathor; seine Tochter Itep, die Gerechtfertigte;*
14. *seine Tochter Anch-Mut, die Gerechtfertigte; seine Tochter Iubet.*

Der normale Arbeitstag scheint acht Arbeitsstunden gehabt zu haben, vier vor der Mittagspause und vier danach. Der Schreiber hielt peinlich genau fest, wie viele Lichter jede der beiden »Seiten« der Mannschaft am Vormittag und am Nachmittag verbrauchte. Die beiden folgenden Einträge im Tagebuch sind auf das Jahr 6 der Regierungszeit Sethos' II. datiert.

»Erster Monat des Winters, Tag 5; Verbrauch von Kerzen, die am selben Tag hergestellt worden sind:
rechts 6, links 6, insgesamt 12
rechts 6, links 5, insgesamt 11
Vierter Monat der Überschwemmung, Tag 16; Verbrauch von Kerzen, die am selben Tag hergestellt worden sind:
16 und 16, 32; 13 und 13 gleich 26; insgesamt 58.«

Abb. 69: Formel, die häufig in Verbindung mit dem König auftritt.
***Übersetzung:** (dem) Leben gewährt werden möge wie Re ewiglich.*

Die Zahlenreihen beziehen sich auf die beiden »Seiten« der Mannschaft für den Vormittag und für den Nachmittag. Weil das für die Lichter verwendete Material wertvoll war, gab es in den Lagerhütten im Tal der Könige immer nur einen Vorrat für wenige Tage – daher die genaue Aufzeichnung des Verbrauchs. Die schwankenden Zahlen beim Lichterverbrauch könnten sich durch verschieden lange Arbeitszeiten oder unterschiedlich viele Arbeitskräfte auf den beiden »Seiten« erklären.

In der Spätzeit wurde die Klepsydra, die griechische Wasseruhr, eingeführt, was nichts daran änderte, daß der größte Teil der ägyptischen Bevölkerung die Tageszeit am Sonnenstand und die Jahreszeit am Wasserstand des Nils ablas. Nur die Beamten brauchten ein System für Zeitangaben. Die Personifikation des Begriffes »Jahr« wurde von den Ägyptern als kniende Figur dargestellt, die in jeder Hand die Hieroglyphe für »Jahr« hielt, die Rippe eines Palmblatts. In dem durchbrochenen Schnitzwerk der Rückenlehne des Zedernstuhls aus dem Grab des Tutanch-Amun ist diese Gottheit dargestellt.

Die Personifikation für Jahr ist auch über der Tabelle 15 dargestellt, in der Bezeichnungen, die bei ägyptischen Datumsangaben verwendet wurden, sowie die Namen einiger religiöser Feste zusammengestellt sind. Die Ziffern, die zum Schreiben ägyptischer Daten benötigt werden, finden sich in der Tabelle am Ende des 9. Kapitels (S. 187).

Heh, der »Gott der Jahre«, symbolisierte die Ewigkeit, und eine ähnliche Figur, die das Zeichen für »Jahr« als Kopfschmuck trug, war die Hieroglyphe für 1 000 000. Die alten Ägypter oder jedenfalls die Gebildeten unter ihnen konnten sich einen Zeitraum von einer Million Jahren vorstellen. Vor allem glaubten sie daran, daß man im Land des Osiris ewig leben konnte, und zu den am häufigsten und inbrünstigsten ausgesprochenen Wünschen gehörte der, daß der Name eines Menschen ewig leben möge. Hieroglyphen übermittelten solche Wünsche mit symbolischer und bildhafter Eleganz.

	*(Heh »Jahresgott«)*
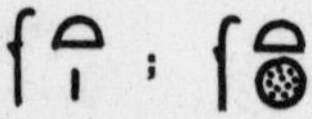	*renpet; renpet-sep* *Jahr, Regierungsjahr*
	*abed* *Monat*
	*heru* *Tag*
	*wepet-renpet* *Neujahrstag (wörtlich: »Öffnung des Jahres«)*
	*achet* *Jahreszeit der Überschwemmung*
	*peret* *Jahreszeit der Aussaat*
	*schemu* *Jahreszeit der Ernte/Hitze (Sommer)*
	*heriu-renpet* *Epagomene (die fünf zusätzlichen Tage des Jahres)*
	*arqi* *letzter Tag des Monats*
	*duait* *Morgen*
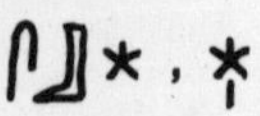	*seba* *Stern*
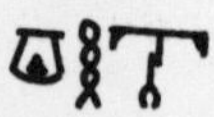	*gereh* *Nacht*
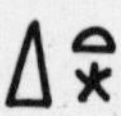	*sepdet* *Sothis (Sirius), der Hundstern*

Tabelle 16: Der Kalender

	*(Heh »Jahresgott«)*
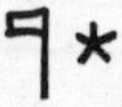	*netjer-duai* *der Morgenstern (Venus)*
	*Ichemu-sek* *Zirkumpolarsterne*
	*netjer-deru* *unvergängliche Sterne (»die nie untergehen«)*
	*Hor-descher* *Roter Horus (Mars)*
	*Hor-ka-pet* *Horus, der Stier des Himmels (Saturn)*
	*Seba-schemau-pet* *Stern des südlichen Himmels (Jupiter)*
	*pesdjentiu* *Fest des Neumonds*
	*wag* *Wag-Fest am 18. Tag im Monat der Achet-Jahreszeit*
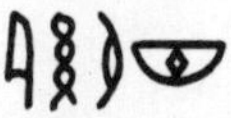	*ih* *Fest des 18. Tages im Monat*
	*djehuti* *Fest des Thot (1. Tag des Monats der Achet-Jahreszeit)*
	*semdet* *Fest des 15. Tages im Monat, Halbmond*
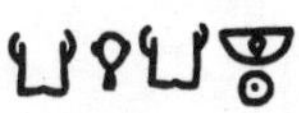	*Ka-her-ka* *Fest des Koiak, Fest des Osiris* *(ab 19. Dynastie im 4. Monat der Achet-Jahreszeit)*
	*heb-(nebet)-teh* *Fest der (Herrin der) Trunkenheit (= Hathor; Neujahr)*

Tabelle 16: Der Kalender

REGISTER